STMG

i-Manuel

LA SOLUTION NUMÉRIQUE POUR ENRICHIR L'ENSEIGNEMENT

W0341624

- **En usage collectif,** pour animer la classe et vidéoprojeter les activités et les corrections.
- **En usage individuel** pour motiver et faire travailler les élèves sur poste informatique.

COMMENT ACCÉDER À VOTRE i-Manuel ÉLÈVE

Pour ACTIVER votre i-Manuel

▶ Transmettez votre clé d'activation imprimée ci-dessous à votre enseignant qui, en retour, vous communiquera vos **identifiant** et **mot de passe**.

votre clé d'activation élève

BP24-HYY3M-K5JJ7

PRONOTE.net

Votre établissement est équipé de Pronote.net : activez et accédez à votre i-Manuel avec vos identifiants Pronote depuis Pronote.net

Ensuite, pour vous CONNECTER

▶ Rendez-vous sur **www.i-manuel.fr** et connectez-vous à votre espace élève avec vos **identifiant** et **mot de passe**.

À SAVOIR

- **Votre clé d'activation élève est unique et personnelle**, une fois utilisée, elle ne sera plus valide. Elle offre un accès à un seul élève pour une période de 24 mois (à compter de la première activation) et ne peut être réutilisée par d'autres élèves les années suivantes.
- L'activation des licences i-Manuel des élèves est laissée au libre choix de l'enseignant et l'ouvrage imprimé peut toujours être utilisé seul.

Pour l'enseignant : rendez-vous sur www.nathan.fr/i-manuel pour contacter votre délégué pédagogique Nathan, disposer de toutes les informations pratiques pour créer vos classes, activer les licences de vos élèves et équiper vos élèves de nouvelles licences.

Nathan TECHNIQUE

Nathan TECHNIQUE

Crédits photographiques

5 Fotolia/ARochau ; **6** Fotolia/anyaberkut ; **7g** Fotolia/Picture-Factory ; **7d** Fotolia/sakhorn38 ; **8g** Fotolia/Jeremy Tamisier ; **8d** Shutterstock/Jinga ; **9fd** M. Gile/Urba Images Server ; **9b** Editions Dalloz ; **10** Fotolia/Johan Larson ; **11** Fotolia/FotolEdhar ; **12** Fotolia/milantefotolia ; **13** Fotolia/jazz_paint ; **15** iStockphoto/arenysam ; **16** Fotolia/fotomaster ; **17** Fotolia/Drobot Dean ; **18** Shutterstock/Rechitan Sorin ; **19** Fotolia/Fabio Roncaglia ; **20h** Fotolia/Pictures news ; **20b** Fotolia/aleksicze ; **22h** Fotolia/Vanoa2 ; **22b** Fotolia/Loic Le Brusq ; **23** Fotolia/snapgalleria ; **25** Photopqr/Ouest France/Nohras/Maxppp ; **26** Fotolia/Masson ; **27h** iStockphoto/RealRedHair ; **27b** Fotolia/apops ; **28** iStockphoto/nojustice ; **29, 32** Fotolia/PHOTOMORPHIC PTE. LTD ; **30** Shutterstock/Irène Tee Salu ; **31** Fotolia/BillionPhotos.com ; **33** Guillaume Bonnefont/IP3 Press ; **34** © FG 2010 ; **35** Fotolia/Bernard 63 ; **37h** Fotolia/SUNchese ; **37b** Fotolia/Yuriy Shevtsov ; **38** Fotolia/Topanga ; **39, 40, 48** Fotolia/Monkey Business ; **41** Fotolia/Brocreative ; **42** Fotolia/Maksim Kostenko ; **43** Fotolia/Auremar ; **45, 46** Fotolia/JackF ; **49** iStockphoto/Markanja ; **51** Daniel Joubert/CIT'images ; **52, 55, 59** Fotolia/PHOTOMORPHIC PTE. LTD ; **53** Fotolia/milphoto ; **54** Fotolia/RAW ; **56** Eric Notariani/CIT'images ; **58h** Fotolia/Olaf Wandruschka ; **58b** Fotolia/Drivepix ; **60** Fotolia/apops ; **63** Fotolia/Vladimir Voronin ; **64, 71** Fotolia/Minerva Studio ; **65** Fotolia/Rokfeler ; **66** Fotolia/philippe Devanne ; **67** Alina Solovyona-Vincent/Getty images ; **68** Fotolia/biaze ; **69** Fotolia/Brad Pict ; **73** Fotolia/Kadmy ; **75, 76, 80** Fotolia/DragonImages ; **77** Fotolia/philippe Devanne ; **78** Fotolia/TonyRecena ; **82** Fotolia/kues1 ; **83** Fotolia/gewitterkind ; **84** Fotolia/PHOTOMORPHIC PTE. LTD ; **85** Fotolia/Monkey Business ; **87** Fotolia/goodluz ; **89, 90, 93, 94** Fotolia/pressmaster ; **91h** Fotolia/viperagp ; **91b** Fotolia/Syda Productions ; **93g** © RATP – Tous droits réservés ; **93d** © La Française des Jeux ; **95** Fotolia/Scott Griessel ; **97g** Pascal Sittler/Rea ; **97d** Guillaume Bonnefont/IP3 Press/Maxppp ; **99** Fotolia/Philippe Devanne ; **101h** Fotolia/yevgeniy11 ; **101b** Fotolia/denissimonov ; **102** Fotolia/Sergey Ryzhov ; **103** © Phonandroid – Tous droits réservés ; **104** Fotolia/Minerva Studio ; **105h** Fotolia/Bill ; **105b** Fotolia/Vitaly Krivosheev ; **106** © Accor hotel – Tous droits réservés ; **108h** Fotolia/Lasha Kilasonia ; **108b** © Ministère de l'économie et des Finances 2012 ; **110** Fotolia/Aliaksei Lasevich ; **113** Fotolia/Mariusz Blach ; **115** Robin Langlois/CIT'images ; **116, 119, 121** Fotolia/Minerva Studio ; **117** Shutterstock/Lichtmeister ; **120** Fotolia/Martin Lang ; **123** Tibor Bognar/Photononstop ; **125, 129, 131, 133** Fotolia/sepy ; **127** Shutterstock/Lichtmeister ; **128** Fotolia/Ralf Geithe ; **129** © CFEnet/CCI ; **130** Fotolia/Africa Studio ; **132** Fotolia/Daoud ; **134h** Fotolia/iakovlev ; **134b** © 2011 Les Scop ; **137** Patrice Hauser/Hemis.fr ; **138h, 143g, 144** Fotolia/apops ; **138m** © Intermarché, © 2009 Doctor's Associates Inc., © Groupe Hypromat 2011 – Tous droits réservés ; **139** Fotolia/Rido ; **141h** Fotolia/Chlorophyle ; **141m, 143d** Fotolia/PHOTOMORPHIC PTE. LTD ; **142** Fotolia/zhu difeng ; **145** Fotolia/auremar ; **147** Fotolia/industrieblick.

Illustrations : François San Millan
Sauf p. 31, 45, 53, 66, 82, 94, 109 et 120 : Rachid Maraï

Infographies : Christophe Vallée
Sauf p. 46 : Vincent Landrin

MIXTE
Papier issu de sources responsables
FSC® C022030
FSC www.fsc.org

N° projet : 10231496 - Dépôt légal : Avril 2017 - NORD COMPO
Achevé d'imprimer en Italie par L.E.G.O. S.p. A., Lavis (TN)

Édition : Julie Besné, Isabelle Remy
Conception couverture : Vincent Rioult
Conception maquette : Aude Paradis
Mise en pages : Nord Compo

ISBN : 978-2-09-164821-7

sommaire

Liste des ressources vidéo complémentaires

(disponibles en streaming ou en téléchargement sur le site compagnon du livre)

1 La responsabilité civile et le dommage

MISE EN SITUATION

L'année dernière, Noélia, une jeune femme active et dynamique, a découvert le VTT, qui est vite devenu sa nouvelle passion. Elle s'est alors inscrite dans un club. Il y a quelques mois, au cours d'une sortie en montagne, Antoine l'a violemment percutée en essayant de la dépasser sur un sentier étroit et caillouteux. Antoine s'en sort indemne. Pour Noélia, en revanche, le bilan est plus lourd : 15 points de suture au visage, une fracture du bassin et des deux poignets. Après une hospitalisation de plusieurs semaines et trois mois d'arrêt de travail, Noélia est aujourd'hui valide mais reste traumatisée par l'accident. Elle a vécu plusieurs mois d'inquiétude, de souffrance et de soins et elle estime que cet accident a été à l'origine de la dégradation de sa vie personnelle (divorce et perte de son emploi de représentante pharmaceutique).

L'enquête de la gendarmerie a révélé qu'Antoine se trouvait alors en état d'ivresse, comme cela avait été soupçonné lors du constat de l'accident. Noélia est furieuse et pense saisir la justice afin qu'Antoine soit condamné à indemniser son préjudice.

1. Listez les personnes concernées par cette affaire.
2. Quelles sont les conséquences de l'accident pour Noélia ?
3. Pourquoi Noélia ne se retourne-t-elle pas contre le club de VTT ?

I La responsabilité civile

A. La distinction entre responsabilité civile et responsabilité pénale

MISE EN SITUATION Peu experte en droit, Noélia s'adresse à un avocat, maître Ghost. Celui-ci lui confirme qu'elle peut mettre en cause Antoine. Il lui conseille d'intenter une action en justice.

DOCUMENT 1 Sanctions encourues pour ivresse sur la voie publique

Une personne trouvée en état d'ivresse par les forces de l'ordre :
– peut être conduite au poste le plus proche ou en cellule de dégrisement où elle sera retenue jusqu'à ce qu'elle ait recouvré la raison. En général, cette phase dure 6 heures mais la durée peut être laissée à la libre appréciation des forces de l'ordre (art. L. 3341-1 du Code de la santé publique) ;
– en cas d'ivresse très prononcée, voire de coma éthylique, la personne peut être conduite à l'hôpital afin d'y être examinée. Après un examen, un « bulletin de non-hospitalisation » est délivré et atteste que la personne peut être conduite en cellule de dégrisement et/ou auditionnée. La personne sera convoquée au poste pour être auditionnée après son séjour.

Enfin, une fois l'audition terminée, deux sanctions sont alors applicables :
– le placement en garde à vue, notamment en cas de faits graves suite à l'état d'ébriété (coups et blessures, meurtres…) ;
– la convocation auprès d'un juge de proximité. C'est ce dernier qui décidera de la sanction. La personne encourt alors une contravention de seconde classe pouvant atteindre 150 € (art. R. 3353-1 du Code de la santé publique).

https://amende.ooreka.fr/

DOCUMENT 2 Les différentes responsabilités

Responsabilité pénale
C'est l'obligation de supporter une peine en punition d'une infraction à l'ordre social.

Responsabilité civile
C'est l'obligation de réparer le dommage causé à un tiers.

Responsabilité contractuelle
C'est l'obligation de réparer le dommage causé à un cocontractant par l'inexécution ou la mauvaise exécution du contrat.

Responsabilité extracontractuelle
C'est l'obligation de réparer le dommage causé par sa faute, par des personnes ou des choses dont on doit répondre.

1. Noélia peut-elle intenter une action en responsabilité pénale contre Antoine ? Justifiez votre réponse.

2. Noélia peut-elle intenter une action en responsabilité contractuelle contre Antoine ? Justifiez votre réponse.

....

3. Quel est le point commun entre la responsabilité contractuelle et la responsabilité extracontractuelle ?

....

....

DOCUMENT 3 Les fonctions des responsabilités civile et pénale

Fonction de la responsabilité civile	Fonction de la responsabilité pénale
La responsabilité civile vise plus à assurer la réparation du dommage au profit de la personne qui en a été la victime qu'à sanctionner celui qui a causé ce dommage. 	La responsabilité pénale vise la sanction de comportements considérés comme des atteintes à l'ordre public. Elle ne vise pas la réparation du dommage causé à la victime. 

4. Quel type de responsabilité vise à :
– sanctionner un comportement illicite ? ....
– compenser le préjudice subi par une victime ? ....

5. Quel type d'action en responsabilité l'avocat de Noélia doit-il choisir pour que sa cliente obtienne réparation ? Justifiez votre réponse.

....

....

....

6. Quel type d'action en responsabilité l'avocat de Noélia doit-il choisir pour qu'Antoine soit condamné à une peine ? Justifiez votre réponse.

....

....

....

B. Les juridictions compétentes et les sanctions encourues

MISE EN SITUATION Noélia et son avocat conviennent de réclamer la somme de 12 500 euros en réparation de l'ensemble des frais et préjudices subis. Noélia hésite encore entre saisir une juridiction civile ou une juridiction répressive. Elle interroge maître Ghost sur les sanctions encourues par Antoine dans l'un et l'autre cas.

DOCUMENT 4 Les juridictions compétentes et les sanctions

Action	En responsabilité civile	En responsabilité pénale
Juridiction compétente	**Tribunaux civils** Tribunal d'instance **ou** Tribunal de grande instance si litige > à 10 000 €	**Juridictions répressives** – Tribunal de police pour les contraventions (ex. : violences volontaires avec une incapacité totale de travail [ITT] inférieure à 8 jours) – Tribunal correctionnel pour les délits (ex. : fait de causer involontairement des blessures entraînant une ITT de plus de 3 mois) – Cour d'assises pour les crimes (ex. : viol)
Délai de prescription de l'action publique*	– 5 ans – 10 ans (dommage corporel)	– 1 an pour les contraventions – 3 ans pour les délits – 10 ans pour les crimes
Sanctions	Réparation en nature (ex. : démolition d'une construction) **ou** Réparation par équivalent : versement d'une somme d'argent (dommages-intérêts) 	– Amende – Emprisonnement – Peines complémentaires (ex. : fermeture d'un établissement, interdiction d'exercer une profession...) 

* Délai au terme duquel toute poursuite est impossible.

7. **Quelle juridiction civile est compétente pour statuer sur le litige entre Noélia et Antoine ? Justifiez votre réponse.**

....

....

8. **Devant quelle juridiction répressive Noélia pourrait-elle agir afin d'obtenir une condamnation d'Antoine pour « blessures involontaires » ?**

....

....

DOCUMENT 5 La conjugaison des responsabilités civile et pénale

Si les responsabilités civile et pénale ont des fonctions différentes, il est des cas où la victime peut se plaindre d'un agissement qui lui a porté préjudice et qui constitue en même temps une atteinte à l'ordre social. Ainsi, la victime d'un vol, d'une agression ou de toute autre faute pénale qui est aussi une faute civile peut engager une action :

– soit devant les juridictions pénales (appelées « juridictions répressives ») : la victime se porte « partie civile » ; la condamnation pénale entraîne, en principe, reconnaissance de la faute civile ;

– soit devant les tribunaux civils.

L'action de la victime a toujours pour but d'obtenir une indemnisation.

DOCUMENT 6 Les deux actions possibles

Le choix entre ces deux options [voie civile ou voie pénale] peut dépendre de l'état d'esprit dans lequel se trouve la victime. Si elle est animée d'un sentiment de révolte contre le comportement délictueux de l'auteur de l'infraction, elle choisira la voie pénale de manière à ce que ce dernier soit condamné à une peine, indépendamment de la réparation du dommage. […]

Droit de l'entreprise, Lamy.

9. L'action en justice auprès d'une juridiction répressive permettrait-elle à Noélia d'obtenir réparation de son préjudice ? Justifiez votre réponse.

....

....

....

10. Pourquoi Noélia choisirait-elle de saisir la juridiction pénale plutôt qu'un tribunal civil ?

....

....

11. Quelles sanctions pourront être prononcées contre Antoine si Noélia intente une action en justice devant :

– le tribunal civil compétent ?

....

– la juridiction répressive compétente ?

....

II Le dommage, condition de la responsabilité civile

A. Les différents types de dommage

MISE EN SITUATION Depuis son accident, Noélia a vu sa vie profondément changer. Outre son divorce et la perte de son emploi, elle souffre aujourd'hui de graves complexes, dus aux cicatrices sur son visage. Elle estime que ces événements résultent de l'accident, au même titre que les souffrances physiques et les frais médicaux engagés. Elle prétend en effet que la douleur a entraîné une altération de son comportement tant personnel que professionnel.

DOCUMENT 7 L'existence d'un dommage

L'existence d'un dommage (ou préjudice), c'est-à-dire une atteinte portée à un droit, est la condition première de la responsabilité civile. Il existe plusieurs classifications des dommages : on distingue les dommages matériel, corporel et moral, et les dommages patrimonial et extrapatrimonial. Ces deux classifications peuvent être combinées.

DOCUMENT 8 Les différents types de dommage réparable

Dommage	Définition	Exemples
Matériel	C'est l'atteinte aux biens d'une personne :	
	– soit qui consiste en une perte subie ;	– Destruction ou détérioration d'un bien
	– soit qui repose sur un gain manqué ;	– Devanture d'une boutique endommagée obligeant la fermeture temporaire
	– soit qui est la conséquence matérielle d'un dommage corporel.	– Frais médicaux, d'hospitalisation ; perte de revenus suite à une incapacité de travail ou à un « enlaidissement » (pour une actrice, par exemple) ; frais d'aménagement de l'habitat rendus nécessaires par une infirmité
Corporel	C'est l'atteinte à l'intégrité physique d'une personne. Le dommage corporel peut avoir des **conséquences matérielles et morales**.	Blessures physiques
Moral	Il peut :	
	– soit être **autonome** ;	– Atteinte à l'honneur, aux droits extrapatrimoniaux d'une personne (vie privée, présomption d'innocence, etc.)
	– soit **résulter d'un dommage corporel** ;	– Souffrances physiques (« prix de la douleur ») ; préjudice esthétique ; préjudice d'affection lié à la souffrance morale causée par le décès d'un proche, voire par la perte d'un animal ; préjudice d'agrément : altération de la capacité à accomplir les gestes banals du quotidien
	– soit résulter d'un **dommage matériel.**	– Peine causée par la destruction d'un objet ayant une valeur sentimentale (par exemple, un vase ancien ayant appartenu à une grand-mère défunte)

■ Dommage patrimonial : atteinte à un droit patrimonial d'une personne.
■ Dommage extrapatrimonial : atteinte à un droit extrapatrimonial d'une personne.

12. **Rappelez la distinction entre le droit patrimonial et le droit extrapatrimonial.**

....

....

13. **Listez et caractérisez, dans le tableau ci-dessous, les dommages invoqués par Noélia.**

N°	Dommage invoqué	Matériel, corporel ou moral ?	Patrimonial ou extrapatrimonial ?
1	Divorce	– Frais de justice : matériel – Peine endurée : moral	– Patrimonial – Extrapatrimonial
2			
3			
4			
5			

B. Le dommage réparable

MISE EN SITUATION Comme Noélia est en bons termes avec son ex-mari, Stéphane, elle le présente à son avocat afin qu'il témoigne des conséquences dommageables que l'accident et ses suites ont eus sur leur vie de couple. Stéphane explique à Maître Ghost qu'il considère en effet être lui aussi victime de cet événement : Noélia, se sentant diminuée tant sur le plan physique qu'esthétique, a sombré dans la morosité. De plus en plus distants, Noélia et Stéphane ont fini par divorcer, renonçant de ce fait à leur projet d'enfant. D'ailleurs, depuis sa fracture du bassin, Noélia est obsédée par la crainte de ne plus pouvoir donner naissance à un enfant.

DOCUMENT 9 **Les quatre caractères du dommage réparable**

Un dommage est réparable s'il présente les quatre caractères suivants. Il doit être :

- **CERTAIN :** pour qu'il y ait réparation du préjudice, il faut qu'il soit certain, ou du moins très vraisemblable. Le dommage ne doit donc pas être éventuel. Toutefois, le préjudice peut parfaitement n'être que futur ou même consister en une « perte de chance » ;
Exemple de dommage futur : une personne lourdement handicapée à la suite d'un accident aura besoin d'une assistance à domicile à son retour.
Exemple de « perte de chance » : un étudiant est empêché de passer un examen par un accident. Pour réparer ce dommage, les juges tiendront compte de la probabilité de réussite.
- **PERSONNEL :** seule la victime du dommage peut en demander réparation, qu'il s'agisse de la victime directe ou de la victime par ricochet ;
- **DIRECT :** le préjudice doit être clairement la conséquence du fait générateur de la responsabilité. En cas de dommages « en cascade », il appartient au juge de déterminer où s'arrête le dommage direct ;
Exemple : un chef d'entreprise est victime de diffamation sur un réseau social. Son entreprise périclite, son épouse demande le divorce, il plonge dans une profonde dépression et perd la garde de ses enfants.
- **LÉGITIME :** la réparation d'un préjudice n'est pas concevable si l'intérêt de la victime n'est pas légitime et juridiquement protégé.
Exemple : la perte d'une cargaison de produits stupéfiants ne peut pas être réparée.

14. **Noélia peut-elle dès maintenant demander réparation pour le préjudice considérable que lui causerait l'impossibilité d'avoir un enfant ? Justifiez votre réponse.**

....

....

15. **Complétez le tableau ci-dessous selon l'exemple fourni.**

Dommages invoqués par Noélia	Certain	Direct	Légitime	Réparable	Justification
Dommages (matériel et moral) liés au divorce	Oui	Non	Oui	Non	Il est impossible de prouver que le divorce résulte directement des souffrances causées à Noélia par l'accident.
Dommage matériel résultant de la perte de son emploi					
Souffrances physiques					
Frais médicaux (examens médicaux, interventions chirurgicales...)					
Dommage esthétique					

DOCUMENT 10 La victime immédiate et la victime par ricochet

La victime **immédiate** ou **directe** est celle qui a subi le dommage dans sa personne ou dans ses biens.

La victime **par ricochet** ou **indirecte** est celle qui a souffert d'un préjudice parce qu'une première personne, la victime directe, avec laquelle elle avait des liens, a subi un dommage. C'est par ricochet que cette personne subit un préjudice.

DOCUMENT 11 Les différents dommages par ricochet

Les dommages par ricochet sont aussi variés que les dommages subis par une victime directe. Ils peuvent être de type :

– patrimonial : ainsi, un père de famille, seule source de revenus d'un ménage, est gravement blessé aux deux mains par un chien au cours de son jogging. Il ne peut plus exercer son métier de chef cuisinier. Sa compagne et ses enfants subissent un dommage patrimonial par ricochet ;

– extrapatrimonial : par exemple, une jeune femme meurt, fauchée par un chauffard. La peine et la douleur résultant de la perte d'un être cher constitue, pour son époux, un préjudice moral par ricochet.

16. **Complétez le tableau ci-dessous.**

Dommages invoqués par Stéphane	Certain	Direct	Légitime	Réparable	Justification
Dommages (matériel et moral) liés au divorce					
Perte d'une possibilité d'avoir un enfant avec Noélia					

1 Les pollueurs sont désormais les payeurs !

Au cours d'une tempête, un pétrolier s'échoue au large du Pays basque. Le pétrole atteint rapidement les côtes et souille les plages. Les communes concernées par la catastrophe et les associations de protection de l'environnement estiment la durée du nettoyage à plusieurs mois.

1. Identifiez les victimes de dommages, ainsi que les dommages subis.
2. Qui est responsable ?
3. Quel type d'action en responsabilité les victimes peuvent-elles engager ?

DOCUMENT 1 La ténacité de la LPO* a porté ses fruits

La chambre criminelle de la Cour de cassation a rendu mardi 22 mars 2016 un arrêt entérinant la reconnaissance du préjudice écologique au profit de la LPO suite à la pollution (fuite d'hydrocarbures) de l'estuaire de la Loire en mars 2008 à la raffinerie Total de Donges (Loire-Atlantique). [...] Presque quatre ans après l'arrêt ERIKA, et quelques jours après l'adoption à l'Assemblée nationale du texte qui inscrit le préjudice écologique dans le Code civil, cette décision de principe est importante pour la LPO, les acteurs de la protection de l'environnement et la nature.

www.lpo.fr, 24/03/2016.

*Ligue pour la Protection des oiseaux

DOCUMENT 2 Le préjudice écologique dans le Code civil

Article 1246 Toute personne responsable d'un préjudice écologique est tenue de le réparer.
Article 1247 Est réparable [...] le préjudice écologique consistant en une atteinte non négligeable aux éléments ou aux fonctions des écosystèmes ou aux bénéfices collectifs tirés par l'homme de l'environnement.
Article 1248 L'action en réparation du préjudice écologique est ouverte à toute personne ayant qualité et intérêt à agir, telle que l'Etat, [...] les collectivités territoriales [...] ainsi que les établissements publics et les associations [...] qui ont pour objet la protection de la nature et la défense de l'environnement.

2 Facebook et vie privée...

Emy est en classe de seconde. Un samedi, au cours d'une sortie au bowling, elle a croisé son professeur d'anglais accompagné de sa famille. Celui-ci, novice et un peu mauvais joueur, s'est emporté à plusieurs reprises contre son épouse. Emy, amusée par la scène, l'a filmée discrètement et s'est empressée de la poster sur Facebook. Cette vidéo fut très appréciée des lycéens mais beaucoup moins du professeur, qui a décidé de porter l'affaire en justice.

1. Quel dommage le professeur d'Emy a-t-il subi ? Qualifiez ce dommage.
2. Qui est responsable des actes préjudiciables commis par Emy ?
3. Le comportement d'Emy est-il seulement répréhensible au plan civil ?

DOCUMENT 1 L'enfant au cœur des réseaux sociaux

Dès qu'il cause un dommage à autrui, l'enfant peut être poursuivi [...]. Les suites de ces dommages peuvent retomber sur ses parents, vers qui se retourneront les victimes [...]. On le sait, les enfants sont de grands utilisateurs de réseaux sociaux [...]. À cette occasion, dans le feu de leurs conversations, ils peuvent tenir des propos agressifs ou injurieux. Sans le savoir, ils peuvent être aussi la source de dommages civils, d'atteintes à la vie privée par la diffusion de photos ou de vidéos ou même d'infractions pénales [...].

I. Bufflier, « Réseaux sociaux : votre enfant est-il bien assuré ? », *Le Figaro*.

DOCUMENT 2 Le respect de la vie privée

L'article 9 du Code civil précise que « chacun a droit au respect de sa vie privée ».

L'article 226-1 du Code pénal prévoit des sanctions contre celui qui, « au moyen d'un procédé quelconque » porte atteinte « à l'intimité de la vie privée d'autrui ».

TESTEZ VOS CONNAISSANCES !

Indiquez la ou les bonnes réponses aux propositions suivantes.

1. La responsabilité civile :
- ❑ est l'obligation de supporter une peine en punition d'une infraction à l'ordre social.
- ❑ est l'obligation de réparer le dommage causé à un tiers.
- ❑ est contractuelle ou extracontractuelle.

2. L'action en responsabilité civile peut uniquement être intentée devant les juridictions civiles.
- ❑ Vrai
- ❑ Faux

3. Les juridictions répressives peuvent prononcer des sanctions civiles.
- ❑ Jamais
- ❑ Parfois
- ❑ Toujours

4. L'existence d'un dommage est la condition première de la responsabilité civile.
- ❑ Vrai
- ❑ Faux

5. Seuls les dommages patrimoniaux sont réparables.
- ❑ Vrai
- ❑ Faux

6. Pour être réparable, le dommage doit être :
- ❑ normal, réel et matériel.
- ❑ certain, personnel, direct et légitime.

7. Seule la victime directe d'un dommage peut obtenir réparation.
- ❑ Vrai
- ❑ Faux

L'ESSENTIEL

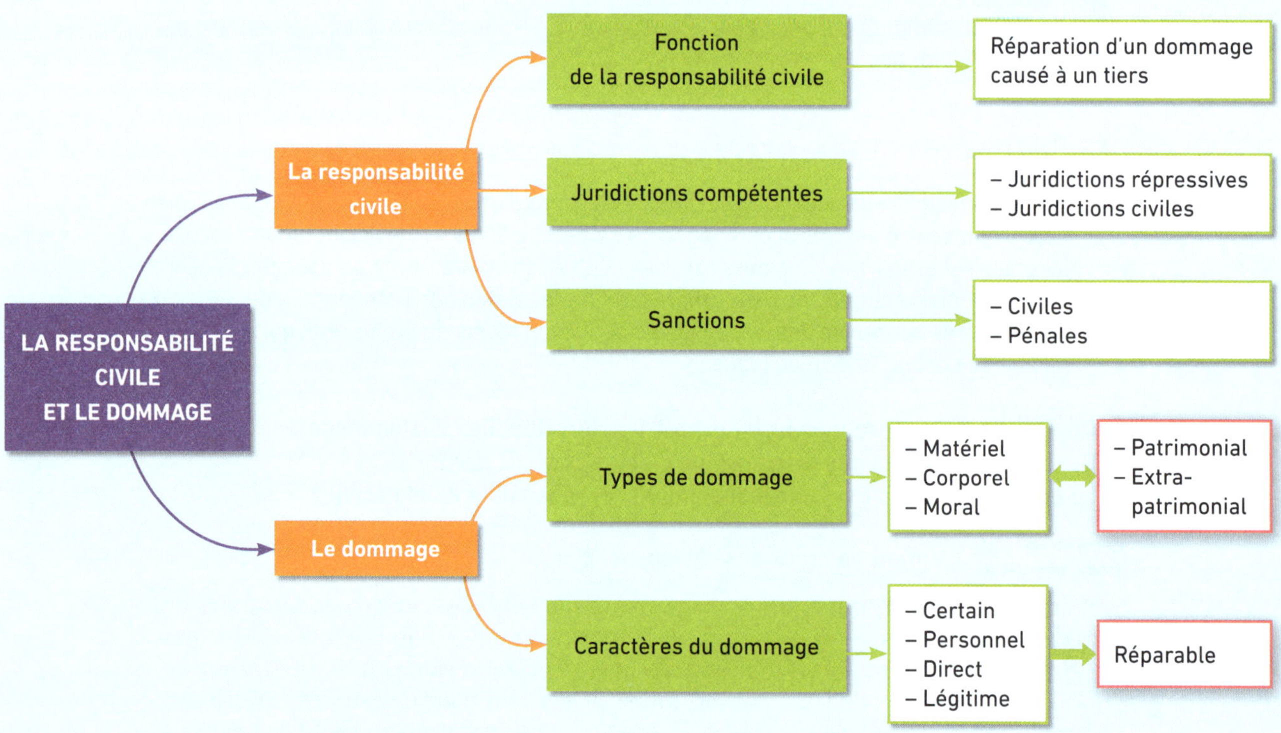

MOTS-CLÉS

- **Responsabilité civile**
- **Responsabilité contractuelle**
- **Responsabilité extracontractuelle**
- **Responsabilité pénale**
- **Sanction civile**
- **Sanction pénale**

2 Les différents régimes de responsabilité civile

MISE EN SITUATION

Cette année, Amel et Grégoire Rochard ont décidé de s'offrir des vacances d'été calmes et reposantes avec leurs deux enfants, dans le village de Pérignat-sur-Allier (Puy-de-Dôme).

Amel s'imagine faisant de longues balades à pied et Grégoire va pouvoir pratiquer son sport favori, l'escalade. À l'inverse, Sami, 10 ans, et Yannis, 12 ans, craignent de s'ennuyer à la campagne. Mais leur point de vue est négligé par leurs parents, qui veulent tout faire pour oublier des mois de contrariété…

En effet, un soir de cet hiver, en rentrant chez eux, ils ont eu la désagréable surprise de trouver leur appartement noirci par la fumée de l'incendie du logement de M. Grisou, leur voisin de palier, causé par l'explosion de sa chaudière. Les rumeurs ont vite circulé dans l'immeuble : certains ont prétendu que ce voisin négligeait l'entretien de sa chaudière tel qu'il est prescrit par la loi. Amel et Grégoire, comme plusieurs autres résidents, ont dû engager des sommes importantes pour remettre leur appartement en état.

1. Quel est le dommage subi par Amel et Grégoire ?
2. Quel événement est à l'origine de ce dommage ?
3. À qui peut-il être reproché ?

I La responsabilité pour faute

MISE EN SITUATION Comme chaque matin depuis son arrivée à Pérignat-sur-Allier, Amel part faire quelques courses. Appréciant la sérénité des lieux, elle marche en toute quiétude sur la chaussée, à quelques centimètres du trottoir. Attirée par un petit âne qu'elle veut aller caresser, Amel traverse brusquement la route en dehors de tout passage piéton. Elle est alors heurtée par un scooter électrique circulant sur la chaussée, malgré une manœuvre infructueuse du conducteur pour l'éviter, ce qui le déséquilibre et entraîne sa chute. Amel s'en sort indemne, mais le cyclomotoriste est blessé.

DOCUMENT 1 La faute dans le Code civil

Article 1240 (ex. 1382). Tout fait quelconque de l'homme, qui cause à autrui un dommage, oblige celui par la faute duquel il est arrivé à le réparer.

Article 1241 (ex. 1383). Chacun est responsable du dommage qu'il a causé non seulement par son fait, mais encore par sa négligence ou par son imprudence.

1. Qui est l'auteur d'une faute à l'origine de l'accident du cyclomotoriste ?

....

....

DOCUMENT 2 Les différents types de fautes

La faute prévue par les articles 1240 et 1241 du Code civil peut consister aussi bien dans une abstention (la personne ne fait pas quelque chose qu'elle aurait dû faire) que dans un acte positif (la personne agit). La responsabilité qui en découle est la même.

DOCUMENT 3 Les combinaisons possibles entre les différentes fautes

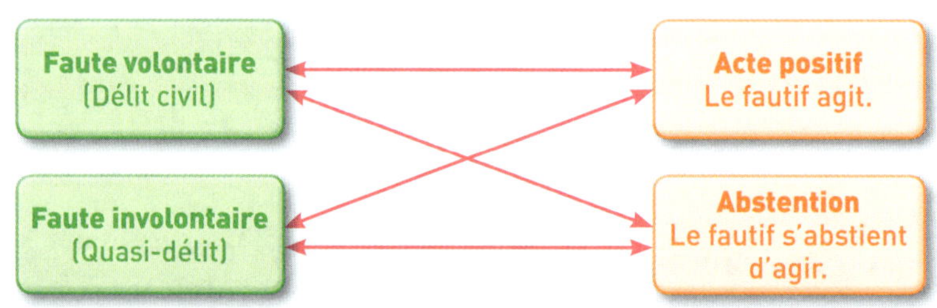

2. Caractérisez la faute commise à l'origine de cet accident.

....

....

3. Identifiez tous les types de fautes possibles à l'origine de la responsabilité extracontractuelle.

....

....

....

4. La responsabilité civile extracontractuelle est-elle atténuée en cas de faute d'imprudence ?

....

....

DOCUMENT 4 Les fautes d'imprudence ou de négligence

L'affirmation d'une responsabilité impliquant une comparaison entre ce qui a été et, éventuellement, ce qui aurait dû être, on constate donc qu'en ce qui concerne les fautes d'imprudence ou de négligence, les tribunaux se réfèrent au modèle abstrait que peut représenter [...] l'homme raisonnable placé dans la même situation.

F. Terré, Ph. Simler, Y. Lequette, *Droit civil, les Obligations*, Collection des Précis, série droit privé, éd. Dalloz.

5. **Comment Amel aurait-elle dû se comporter pour que la faute d'imprudence ne lui soit pas reprochée ?**

6. **La faute sanctionnée en droit correspond-elle toujours à une faute selon la morale ?**

DOCUMENT 5 La responsabilité pour faute

Une faute (C'est le fait générateur) → **Un lien de causalité** → **Un dommage** (Prouvé par la victime par tous moyens)

DOCUMENT 6 Le lien de causalité

Le lien de causalité est le **rapport de cause à effet** entre le fait générateur et le dommage. Ce lien doit être :
- **certain**, c'est-à-dire que la victime doit prouver la réalité (la certitude) du lien entre le fait générateur et le dommage. En pratique, les juges admettent que la victime apporte la preuve d'un ensemble de circonstances qui tendent à démontrer qu'il y a bien un lien entre le fait générateur et le dommage ;
- **direct**, c'est-à-dire que le fait générateur doit avoir été la cause directe et immédiate du dommage :
  • si un fait provoque plusieurs dommages, le juge retient le fait sans lequel les dommages ne seraient pas survenus,
  • si un seul dommage a été provoqué par plusieurs faits, le juge recherche celui des faits qui a joué un rôle prépondérant.

7. **Dans la situation d'Amel, relevez :**

– le dommage :

– le lien de causalité :

8. **Quelle preuve le cyclomotoriste doit-il apporter ?**

9. **Selon vous, le lien de causalité est-il établi ?**

II La responsabilité sans faute

A. La responsabilité du fait des choses

MISE EN SITUATION Rassuré sur l'état de sa compagne, Grégoire part le lendemain pour les falaises du Sancy afin de pratiquer l'escalade. Il s'arrête en chemin pour louer l'équipement nécessaire (casque, harnais, baudrier, corde...). Après une heure d'escalade, en maniant sa corde, il provoque une chute de pierres qui blesse des randonneurs en contrebas de la paroi.

DOCUMENT 7 La responsabilité du fait des choses

Fait dommageable d'une chose (C'est le fait générateur) → **Un lien de causalité** → **Un dommage** (Prouvé par la victime par tous moyens)

DOCUMENT 8 Article 1242 (ex. 1384) du Code civil (extrait)

On est responsable non seulement du dommage que l'on cause par son propre fait, mais encore de celui qui est causé par le fait [...] des choses que l'on a sous sa garde.

DOCUMENT 9 La garde de la chose

Garde de la chose = Usage de la chose + Direction + Contrôle

DOCUMENT 10 Une responsabilité sans faute

Il existe des cas où l'action, ou même la simple situation d'une personne, lui impose de réparer certains dommages alors même que cette personne n'a commis aucune faute. Cette responsabilité civile sans faute est notamment fondée sur l'idée de contrôle. Ainsi, lorsqu'une chose cause un dommage, le contrôleur de la chose en est responsable même s'il n'a pas commis de faute.

10. **Dans la situation de Grégoire, relevez :**

– le fait dommageable : ....

– le dommage : ....

– le lien de causalité : ....

11. **Le fait que Grégoire ne soit pas le propriétaire de la corde a-t-il une conséquence sur sa responsabilité ?**

....

....

12. **Grégoire peut-il prouver qu'il n'a commis aucune faute dans l'exercice de l'escalade pour se dégager de sa responsabilité ? Justifiez votre réponse.**

....

....

....

B. La responsabilité des parents

MISE EN SITUATION Sami et Yannis décident d'explorer les environs du village sans leurs parents. Sur le chemin, ils sont attirés par une grange ; en l'inspectant, ils découvrent qu'elle est pleine de foin. Les deux frères décident de fabriquer des torches pour s'éclairer et jouer. Après quelques minutes, Sami fait maladroitement tomber sa torche, ce qui provoque l'embrasement du foin. Conscients du danger, les deux garçons quittent précipitamment la grange en flammes. Ils alertent les voisins, qui préviennent les secours.

DOCUMENT 11 La responsabilité du fait d'autrui

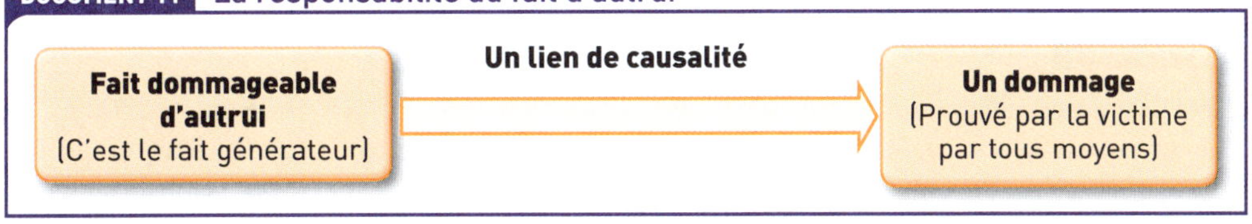

DOCUMENT 12 Article 1242 (ex. 1384) du Code civil (extraits)

On est responsable non seulement du dommage que l'on cause par son propre fait, mais encore de celui qui est causé par le fait des personnes dont on doit répondre [...].

Le père et la mère, en tant qu'ils exercent l'autorité parentale, sont solidairement responsables du dommage causé par leurs enfants mineurs habitant avec eux [...].

DOCUMENT 13 La responsabilité de plein droit des parents

Jusqu'à une époque relativement récente, la responsabilité des père et mère du fait de leurs enfants mineurs était fondée sur une présomption de faute dans l'observation de leurs devoirs de surveillance et d'éducation liés à l'autorité parentale. [...] Depuis un arrêt de 1997, la Cour de cassation considère que **les père et mère sont responsables de plein droit du fait de leurs enfants mineurs**. [...] Cette responsabilité objective présente un double intérêt : inciter les titulaires de l'autorité parentale à prendre les mesures propres à prévenir la survenance du dommage ; offrir aux victimes un débiteur solvable et le plus souvent assuré sans les obliger à démontrer une faute de sa part.

Sénat, « Responsabilité : des évolutions nécessaires », rapport d'information n° 558.

13. **Dans la situation de Sami et Yannis, relevez :**

– le fait dommageable : ....

– le dommage : ....

– le lien de causalité : ....

14. **Qui sont les auteurs du fait dommageable ?**

....

15. **Qui est responsable des dommages causés ?**

....

16. **L'absence ou la présence des responsables a-t-elle des incidences sur leur responsabilité ? Justifiez votre réponse.**

....

....

....

C. La responsabilité de l'employeur

MISE EN SITUATION Amel et Grégoire se rendent à Vichy pour découvrir la ville. Ils emmènent leurs enfants, qu'ils surveillent dorénavant étroitement. Juste devant eux, un passant se voit recouvert de peinture car un ouvrier a laissé tomber un pot depuis l'échafaudage sur lequel il était installé pour peindre la devanture d'une boutique. Le passant n'est pas blessé mais extrêmement furieux devant l'état de ses vêtements. Il réclame les coordonnées du patron de l'ouvrier qu'il tient pour responsable.

DOCUMENT 14 Article 1242 (ex. 1384) du Code civil (extraits)

On est responsable non seulement du dommage que l'on cause par son propre fait, mais encore de celui qui est causé par le fait des personnes dont on doit répondre [...].

Les commettants [employeurs] sont responsables du dommage causé par leurs préposés [salariés] dans les fonctions auxquelles ils les ont employés [...].

DOCUMENT 15 Les conditions de la responsabilité de l'employeur

L'existence d'un **lien de subordination** + La **faute** ou le **fait du salarié** à l'origine d'un dommage + Le **dommage** causé dans le **cadre professionnel**

17. Dans la situation de l'incident décrit ci-dessus, relevez :

– le fait dommageable : ....

– le dommage : ....

– le lien de causalité : ....

18. Qui est l'auteur du fait dommageable ?

....

....

19. Qui est responsable des dommages causés ?

....

....

20. Selon vous, quel est l'intérêt de désigner cette personne comme le responsable ?

....

....

....

III L'exonération de responsabilité

MISE EN SITUATION Les Rochard rentrent chez eux. Amel et Grégoire évoquent les péripéties qui ont marqué leur séjour à la campagne et s'interrogent sur les suites juridiques des divers incidents qu'ils ont provoqués. Ils se demandent en particulier quelles circonstances permettraient d'atténuer leur responsabilité.

DOCUMENT 16 Les causes d'exonération de responsabilité

Il existe trois causes d'exonération.

• La **force majeure** est un événement qui présente en principe trois caractéristiques. Il doit être :
- **imprévisible**, c'est-à-dire que l'on ne peut pas le prévoir ;
- **irrésistible**, c'est-à-dire insurmontable ; toute intervention humaine pour en éviter les conséquences serait inutile ;
- **extérieur** à la personne mise en cause ou à la chose, instrument du dommage.

> *Exemples :* une tempête, une chute de neige en plein été, le dérèglement brutal d'un système de circulation.

• Le **fait d'un tiers** présente les caractères suivants : l'imprévisibilité, l'irrésistibilité et l'absence d'influence de l'auteur du dommage sur le tiers.

> *Exemple :* un attentat terroriste causant un accident de métro exonère la RATP.

• Le **fait de la victime** exonère totalement le défendeur s'il est insurmontable et irrésistible (il est, par nature, extérieur au défendeur). En revanche, il ne l'exonère que partiellement (« partage de responsabilité ») s'il s'agit d'un fait quelconque (qui ne possède pas les caractères de la force majeure).

> *Exemple d'exonération totale :* le suicide d'une personne qui se précipite sous les roues d'un train exonère totalement la SNCF, qui est le gardien de la chose (le train).

> *Exemple d'exonération partielle :* un motard glisse sur les palmes d'un cocotier tombé sur la route ; le propriétaire de l'arbre – en tant que gardien de cet arbre – est partiellement responsable car la faute du motard – ne pas emprunter la portion de route dégagée – ne remplit pas les critères de la force majeure.

21. Complétez le tableau ci-dessous.

	Circonstances	Exonération de responsabilité	Causes d'exonération de responsabilité			
			Force majeure	Fait d'un tiers	Fait de la victime	
					Exonération totale	Exonération partielle
Responsabilité d'Amel dans le dommage subi par le cyclomotoriste	① L'ivresse du conducteur du cyclomoteur	❑ Oui ❑ Non	❑	❑	❑	❑
	② La foudre s'abattant sur un arbre qui menace de tomber sur Amel et qui la fait se précipiter sur la chaussée	❑ Oui ❑ Non	❑	❑	❑	❑
	③ Un motard circulant à vive allure sur le trottoir, heurtant Amel, projetée sur la chaussée	❑ Oui ❑ Non	❑	❑	❑	❑
Responsabilité des parents pour l'incendie causé par Sami et Yannis	④ La présence de produits extrêmement inflammables dans la grange	❑ Oui ❑ Non	❑	❑	❑	❑
	⑤ L'entrée brusque du propriétaire de la ferme dans la grange, provoquant un sursaut de Sami et la chute de la torche	❑ Oui ❑ Non	❑	❑	❑	❑
Responsabilité de Grégoire dans le dommage subi par les randonneurs	⑥ La présence des randonneurs sur une zone signalée comme dangereuse et interdite	❑ Oui ❑ Non	❑	❑	❑	❑
	⑦ Les fortes pluies tombées la veille de l'escalade de Grégoire ayant rendu la roche friable	❑ Oui ❑ Non	❑	❑	❑	❑

ACTIVITÉS

1 Quand des internes font le mur

Jonathan a 16 ans. Face à des résultats scolaires catastrophiques, ses parents ont décidé de lui faire poursuivre sa scolarité en internat. Ils l'ont inscrit dans un lycée situé à la campagne, loin des tentations de la ville et de certains de ses camarades peu fréquentables. Malheureusement, le travail de Jonathan ne s'est pas amélioré et son comportement au lycée s'est même aggravé. La nuit dernière, Jonathan et trois de ses camarades ont quitté l'internat sans autorisation. Ils se sont rendus dans une ferme voisine et ont improvisé une partie de paint-ball dans le poulailler. Plusieurs poules ont été blessées et d'autres tuées. Le fermier, alerté par les bruits, est intervenu pour faire cesser le jeu des adolescents. Ils se sont excusés mais le fermier est furieux et veut obtenir réparation.

1. Qui a subi un dommage ? Qualifiez ce dommage.
2. Qui sont les auteurs des faits ayant entraîné le dommage ?
3. Le lien de causalité entre le fait dommageable et le dommage sera-t-il facilement établi ?
4. Qui sera reconnu responsable du dommage subi par le fermier ? Précisez la règle de droit applicable.

DOCUMENT L'interprétation jurisprudentielle de l'exigence de cohabitation

Le mineur, même placé dans un établissement scolaire sous le régime de l'internat, cohabite toujours avec ses parents.

C'est ce qu'a décidé la 2e chambre civile de la Cour de cassation dans un arrêt du 16 novembre 2000 en affirmant que « le régime de l'internat ne constitue qu'une modalité de l'exercice de la scolarité qui n'interrompt pas la cohabitation entre le mineur et ses parents ».

2 Attention, chien méchant !

Comme tous les dimanches matin, Karima part faire son jogging aux alentours de son domicile, situé sur les collines niçoises. Un peu lassée de son parcours habituel, elle décide aujourd'hui de tester un nouveau parcours dont l'un de ses amis lui a parlé. Pour rejoindre le sentier public, elle doit emprunter une voie privée sur une centaine de mètres. Alors qu'elle vient juste de quitter le chemin privé, un chien, plutôt petit mais très agressif, se précipite vers elle en aboyant et lui mord violemment le mollet. Karima parvient à se dégager de l'emprise du chien et s'enfuit à toutes jambes. Elle souhaite obtenir réparation pour ses blessures.

1. Identifiez : le fait générateur, le dommage, le lien de causalité.
2. Qui est responsable du dommage subi par Karima ? Justifiez votre réponse.
3. Cette responsabilité aurait-elle été retenue si Karima s'était fait mordre alors qu'elle empruntait le chemin privé ? Justifiez votre réponse.
4. De quel type de responsabilité la responsabilité du fait des animaux se rapproche-t-elle ? Justifiez votre réponse.

DOCUMENT 1 Un avertissement clair

DOCUMENT 2 Le texte spécifique

Article 1243 (ex. 1385) du Code civil

Le propriétaire d'un animal, ou celui qui s'en sert, pendant qu'il est à son usage, est responsable du dommage que l'animal a causé, soit que l'animal fût sous sa garde, soit qu'il fût égaré ou échappé.

3 Quand le pénal s'en mêle

Jason est un jeune artiste peintre dont les goûts vestimentaires, pour le moins excentriques, ne font pas l'unanimité. Samedi soir dernier, il s'est vu refuser l'entrée d'une discothèque huppée de Paris. Le ton est monté entre lui et le videur, qui s'est alors montré violent envers Jason. Il l'a non seulement repoussé rudement, entraînant sa chute, mais encore il lui a asséné un coup de pied au visage. Bilan : une épaule fracturée et une arcade sourcilière ouverte. Jason ne doute pas de pouvoir obtenir la condamnation pénale du videur. Mais, imaginant que ce dernier est insolvable, il envisage d'agir en responsabilité civile contre l'employeur du videur pour obtenir réparation de son préjudice.

1. **Identifiez : le fait générateur, le dommage, le lien de causalité.**
2. **Qui est l'auteur du dommage subi par Jason ? Justifiez votre réponse.**
3. **Quel est le problème juridique soulevé par cette affaire ?**
4. **Jason peut-il agir contre l'employeur du videur pour obtenir réparation ? Justifiez votre réponse.**
5. **Jason peut-il craindre que l'employeur soit exonéré de sa responsabilité ? Justifiez votre réponse en analysant l'évolution jurisprudentielle qui ressort des documents 1 et 2.**

DOCUMENT 1 Une référence jurisprudentielle

D'après un arrêt de l'assemblée plénière de la Cour de cassation du 19 mai 1988, le commettant [l'employeur] peut s'exonérer de sa responsabilité civile dès lors qu'il démontre un abus de fonctions de la part de son préposé [salarié]. L'abus de fonctions est caractérisé lorsque le préposé a « agi hors des fonctions auxquelles il était employé, sans autorisation et à des fins étrangères à ses attributions ».

DOCUMENT 2 D'après un arrêt de la Cour de cassation du 12 mai 2011

Le 12 mai 2011, la 2e chambre civile de la Cour de cassation a désapprouvé une Cour d'appel d'avoir exclu la responsabilité d'un employeur.

En l'espèce, un homme avait été victime de violences lors de son expulsion d'une discothèque par les « videurs » employés de cette discothèque. Ceux-ci avaient été condamnés par le juge correctionnel au paiement d'une somme en réparation du préjudice subi par l'homme expulsé. La Cour d'appel avait considéré que la commission par les salariés d'une faute pénale volontaire, autre que de négligence ou d'imprudence, exonérait l'employeur de sa responsabilité civile.

Dans sa décision, très sévère à l'égard de l'employeur, la Cour de cassation affirme que la Cour d'appel n'avait pas établi que les videurs avaient agi « hors des fonctions auxquelles ils étaient employés, sans autorisation et à des fins étrangères à leurs attributions ». Les conditions permettant d'exonérer l'employeur de sa responsabilité civile n'étaient donc pas établies bien que les salariés aient commis une faute pénale.

TESTEZ VOS CONNAISSANCES !

Indiquez la ou les bonnes réponses aux propositions suivantes.

1. Un individu est responsable :
- ❑ de ses fautes personnelles.
- ❑ des dommages causés par son enfant mineur.
- ❑ des dommages causés par tous les membres de sa famille.

2. La faute commise peut être volontaire ou involontaire.
❑ Vrai ❑ Faux

3. La faute involontaire est toujours une abstention.
❑ Vrai ❑ Faux

4. Un cas de force majeure exonère toujours de sa responsabilité la personne mise en cause.
❑ Vrai ❑ Faux

5. La personne mise en cause est totalement exonérée de sa responsabilité lorsque :
- ❑ le fait d'un tiers a contribué au dommage.
- ❑ le fait d'un tiers, imprévisible et irrésistible, a contribué au dommage.
- ❑ le fait de la victime a contribué au dommage.

L'ESSENTIEL

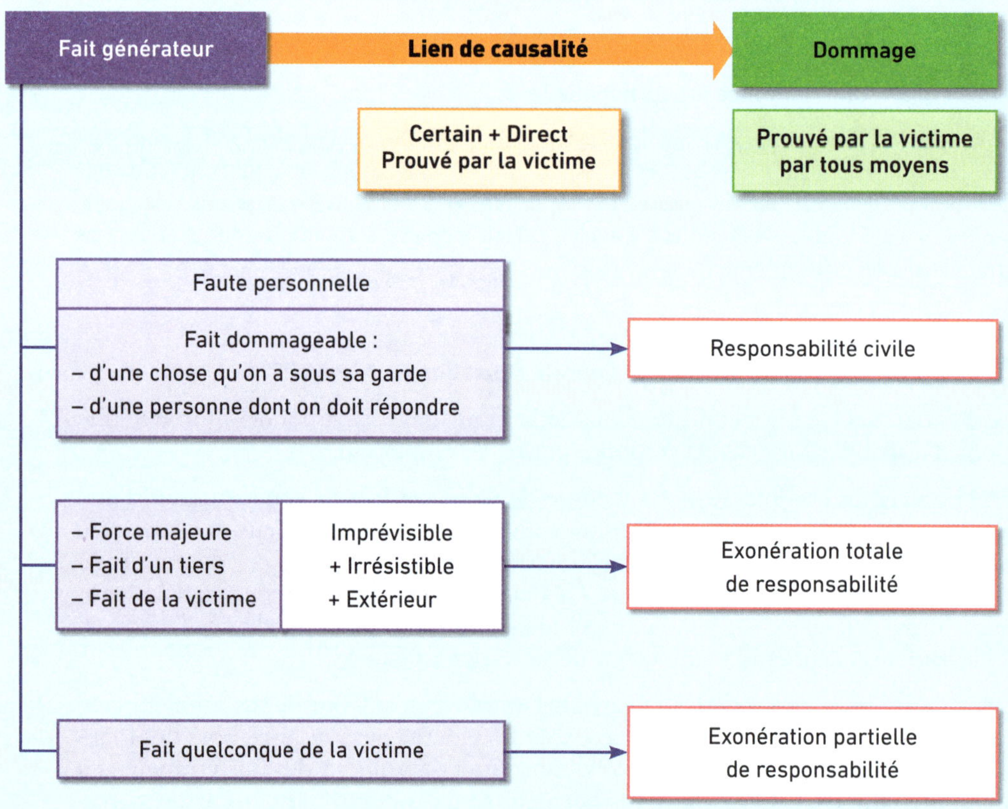

MOTS-CLÉS
- Exonération de responsabilité
- Faute
- Force majeure
- Lien de causalité

3 La réparation du dommage

MISE EN SITUATION

Joëlle Pagès, médecin, Damien Grinda, agent général de la compagnie d'assurances MARIF, et Chafia Saidi, avocate, sont des amis d'enfance. Souvent, au milieu de leur journée de travail, ils déjeunent ensemble. Inévitablement, il arrive que la conversation glisse vers le terrain professionnel.

Ce matin, Joëlle a expertisé Anaïs Weil, une jeune cycliste de 15 ans qui a été assez gravement blessée par un automobiliste, M. Aquila, client de la MARIF. L'affaire est évoquée par Chafia, chargée par la jeune victime de défendre ses intérêts. Chacun des amis prend plutôt parti pour les intérêts qu'il défend.

Chafia, de son côté, fait état d'un autre dossier, plus « piquant » celui-là : elle doit défendre les intérêts de Léa Fracassetti, célèbre actrice, qui attaque en justice le journal qui a fait paraître des photos de son fils de 5 ans, sans son autorisation. Sans être procédurière – selon ses dires –, la star a une autre affaire en cours chez maître Saidi : elle attend le jugement dans une affaire l'opposant à un voisin de son manoir en Bretagne qui aurait édifié un mur de clôture empiétant sur son terrain.

1. Quel est le dommage subi par Anaïs ?
2. Quel sont ceux subis par Léa Fracassetti ?
3. Ces dommages vous semblent-ils de même nature ? Justifiez.

I Les modalités de réparation du dommage

A. La réparation en nature

MISE EN SITUATION Léa Fracassetti entend bénéficier, dans l'affaire qui l'oppose au journal, d'une mesure de réparation réellement adaptée au trouble que lui ont causé les photographies de son jeune fils étalées dans tous les kiosques de France. Elle sait que d'autres personnes célèbres ont obtenu une publication judiciaire. Chafia, son avocate, lui promet de défendre cette prétention devant les juges. Par ailleurs, elle annonce une bonne nouvelle à sa cliente : son voisin breton a été condamné par le tribunal à démolir le mur construit en violation du bornage des propriétés.

DOCUMENT 1 Le choix de la réparation en nature

Si c'est la victime qui réclame une réparation en nature, le juge peut l'imposer au responsable [...]. Dans cette perspective, les décisions du juge peuvent être assez diverses : il peut, notamment, ordonner des mesures de publicité du jugement en matière de dommage moral ou commercial ou condamner à la fourniture de biens autres que de sommes d'argent. La Cour de cassation se réserve cependant le pouvoir de contrôler l'adéquation des mesures ordonnées à la réparation du préjudice constaté.

F. Terré, Ph. Simler, Y. Lequette, *Droit civil, les Obligations*, Collection des Précis, série droit privé, éd. Dalloz.

1. Quel est l'avantage de la réparation en nature du dommage ?

....

....

2. Le juge peut-il toujours accorder une réparation en nature ? Justifiez avec un exemple.

....

....

CLOSER CONDAMNÉ À LA DEMANDE DE MME JULIE GAYET

« Par jugement du 27 mars 2014, le tribunal de grande instance de Nanterre a condamné la société Morandini Magazines France, éditrice du magazine Closer, pour avoir porté atteinte à la vie privée et au droit à l'image de Mme Julie Gayet, dans l'édition du journal datée du 10 au 23 janvier 2014. »

DOCUMENT 2 La publication judiciaire

L'actrice Julie Gayet a obtenu réparation. Le magazine « Closer » a été condamné ce jeudi à lui verser 15 000 euros de dommages et intérêts [...]. Julie Gayet avait déposé plainte contre l'hebdomadaire pour avoir publié des photos volées. « Closer » avait également prêté à l'actrice une liaison avec François Hollande. Le magazine a également été condamné à une publication judiciaire en une de son magazine.

www.elle.fr, 27/03/2014.

3. Léa pourra-t-elle obtenir une publication du jugement ? Justifiez votre réponse.

....

....

....

4. En quoi cette réparation a-t-elle aussi un effet dissuasif ?

....

....

....

DOCUMENT 3 La démolition

D'après un arrêt de la Cour de cassation du 12 mai 2016

Attendu, selon l'arrêt attaqué, que la Société CEA fait grief à l'arrêt de lui enjoindre de procéder à la destruction de l'immeuble et à l'enlèvement de tous objets sous astreinte ;

Mais attendu qu'ayant retenu que le bâtiment de la Société CEA avait été érigé de telle manière que l'entrée de l'immeuble était désormais impossible, la cour d'appel a pu déduire l'existence d'un trouble manifestement illicite et a souverainement estimé que la cessation de ce trouble impliquait la démolition de la construction litigieuse ; par ces motifs : rejette le pourvoi.

DOCUMENT 4 Le rôle de l'astreinte

En matière de réparation en nature, il existe un risque lié au fait qu'on attend de la personne condamnée qu'elle exécute quelque chose. Si elle ne respecte pas la décision de justice, la victime est obligée d'en appeler à un huissier, qui doit faire intervenir la force publique. Pour éviter cette situation, le droit permet au tribunal de mettre à la charge de l'auteur du dommage une astreinte : c'est l'obligation de payer une somme d'argent à la victime aussi longtemps que la réparation en nature n'est pas exécutée.

5. **Comment le jugement favorable à Léa peut-il garantir que le mur sera démoli ?**

....

6. **En quoi la réparation en nature est-elle, pour Léa, la mieux adaptée, voire la seule efficace à réparer le dommage :**

– pour la violation de sa vie privée par le journal ? ....

....

– pour la construction du mur sur son terrain ? ....

....

B. La réparation par équivalent

MISE EN SITUATION Maître Chafia Saidi travaille sur de nombreux dossiers de victimes d'accidents. Actuellement, elle défend les intérêts de la famille Lamier : le père a été tué par l'effondrement accidentel du plafond d'un hypermarché ; sa fille, Camille, a subi de graves blessures aux jambes. L'expert médical qui l'a examinée a diagnostiqué une incapacité physique permanente, outre les souffrances endurées depuis l'accident.

DOCUMENT 5 Les dommages-intérêts

La réparation pécuniaire ou en valeur consiste à allouer à la victime des dommages-intérêts, c'est-à-dire une somme d'argent compensant le préjudice subi. Elle est de loin la forme de réparation la plus fréquemment utilisée. [...]
La réparation doit être équivalente au dommage. Le montant des dommages-intérêts doit, par conséquent, être égal ni plus ni moins au préjudice subi. C'est le principe de la réparation intégrale.

Droit de la responsabilité, Lamy.

7. **Quelle est la règle en matière d'indemnisation de la victime par équivalent ?**

....

....

DOCUMENT 6 Les éléments indifférents

Richesse ou pauvreté du responsable, richesse ou pauvreté de la victime	→	Modulation du montant des dommages-intérêts ?	NON
Gravité de la faute à l'origine du dommage	→	Modulation du montant des dommages-intérêts ?	NON

8. **Pourquoi ni la fortune des parties ni la gravité de la faute ne sont-elles prises en compte pour fixer le montant des dommages-intérêts ?**

....

....

DOCUMENT 7 Capital ou rente ?

Les dommages-intérêts peuvent être alloués soit sous forme de capital, soit sous forme de rente. [...]
Dans l'exercice de leur pouvoir souverain d'appréciation, les juges allouent plus souvent un capital qu'une rente. En pratique, il n'y a guère que dans deux hypothèses que les tribunaux allouent une rente à la victime : d'une part, lorsque celle-ci est frappée d'une incapacité permanente telle qu'une reprise d'activité semble exclue, d'autre part, lorsqu'elle n'apparaît pas en mesure de gérer un capital.

Droit de la responsabilité, Lamy.

9. **Quelle forme de réparation le juge choisira-t-il probablement dans le cas de Camille Lamier ? Justifiez votre réponse.**

....

....

....

DOCUMENT 8 Le prix des larmes

Suite au décès d'un membre de la famille, issu d'un accident, quel que soit le prix versé, celui-ci ne saurait jamais compenser ou soulager la douleur des proches. Comme si leur souffrance était chiffrable ! Comme si la perte d'un être cher était monnayable ! Comme si l'amour se comptabilisait ! [...] La vie n'a pas de prix, le chagrin non plus. Pourtant, les victimes proches, celles qui restent, les plus malheureuses, auront des droits à faire valoir à l'encontre du coupable ou/et du responsable, et leur préjudice moral, analysé comme le prix des larmes suite à la perte de l'être cher, sera recevable [...].

Maître Sabine HADDAD, Avocate au Barreau de Paris.

10. **Pourquoi le dommage moral enduré par les proches de M. Lamier ne peut-il être réparé que par équivalent ?**

....

....

11. **En quoi réparer ce type de préjudice moral par des dommages-intérêts peut-il sembler choquant ?**

....

....

II La prise en charge de la réparation par un assureur

A. Les principaux types de contrats d'assurance

MISE EN SITUATION Damien Grinda, agent d'assurances pour la MARIF, propose à ses clients différents types de contrats qui couvrent des risques très variés : assurance automobile, incendie, responsabilité civile, etc. Damien est sollicité par Gilbert Sulem, dont la maison a été partiellement détruite par le feu ; une enquête de police est en cours afin de déterminer l'origine de l'incendie. Il travaille également sur un dossier assez délicat : le chien d'une cliente, Mariane Pila, a mordu assez profondément un ami qui lui rendait visite.

DOCUMENT 9 La définition de l'assurance

L'assurance est l'activité qui consiste, en échange de la perception d'une cotisation ou prime, à fournir une prestation prédéfinie, généralement financière, à un individu, une association ou une entreprise lors de la survenance d'un risque.

www.compagnies-assurances.com

12. Quels aléas comporte tout contrat d'assurance pour chacune des parties ?

13. Expliquez la formule : « L'assurance a été établie de sorte que la perte pèse légèrement sur beaucoup plutôt que lourdement sur peu. »

DOCUMENT 10 Les risques assurés

Les différentes protections offertes par l'assurance

- Protection du **patrimoine** contre certains risques : vol, incendie, dégâts des eaux, etc.
- Protection de la **personne** assurée : dommages corporels, incapacité physique, décès.
- Protection de l'assuré contre les **effets de sa responsabilité** : assurances habitation, des véhicules à moteur, professionnelle ; assurance générale de responsabilité civile (pour tout dommage causé aux tiers), etc.

14. À quel risque assuré la demande de Gilbert Sulem à son assureur se rattache-t-elle ?

15. Qu'en est-il de celle de Mariane Pila ?

DOCUMENT 11 Les assurances obligatoires

Il existe une centaine d'assurances obligatoires en France, dont la majorité concerne l'assurance de responsabilité civile et professionnelle. Les assurances qui s'adressent aux professionnels ont pour objectif principal de réglementer l'exercice d'une profession et d'assurer la sécurité des clients.

Assurances obligatoires des particuliers
- Véhicules terrestres à moteur
- Locataires
- Chasseurs
- Pêche maritime de loisirs
- Assurance scolaire…

Assurances obligatoires des professionnels
- Exploitants d'aérodromes
- Exploitants de navires nucléaires
- Exploitants de remontées mécaniques
- Architectes
- Construction…

www.assurweb.com

16. À partir des exemples du document 11, justifiez l'obligation légale de s'assurer :

– pour les particuliers : ....

....

– pour les professionnels : ....

....

DOCUMENT 12 Le recours de l'assureur de la victime contre le responsable (exemple de l'incendie)

Les démarches à effectuer auprès de votre assureur

La preuve des dommages doit être apportée. Par conséquent, dans la mesure du possible, aucun objet brûlé ne doit être jeté et tout ce qui peut justifier l'existence et la valeur des biens endommagés doit être rassemblé (factures, bons de garantie, photos…). […]

L'expertise et l'indemnisation après un incendie

Le montant des dommages est fixé à l'amiable entre l'assureur et l'assuré.
Le plus souvent, après un sinistre incendie, l'expert recueille, pour le compte de l'assureur, les éléments d'appréciation technique indispensables à l'évaluation et au règlement des dommages.
L'assuré est indemnisé directement par son assureur qui exerce ensuite, le cas échéant, un recours contre le tiers responsable.

www.ffsa.fr

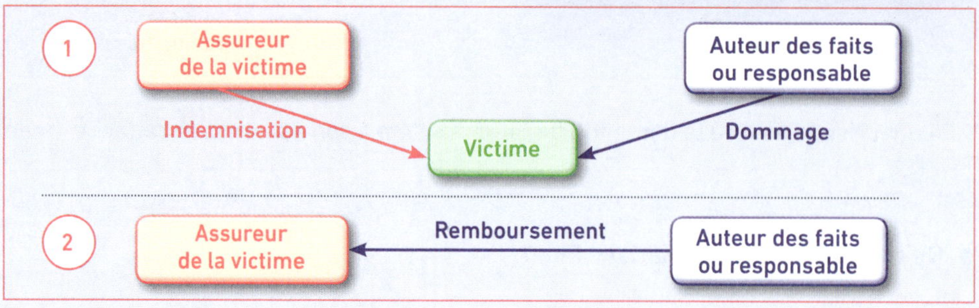

17. Qualifiez juridiquement l'obligation pour Damien de dédommager la victime de l'incendie.

....

18. Pourquoi l'assureur peut-il se retourner contre l'auteur du dommage causé à son client ?

....

....

19. En quoi le dispositif d'assurance est-il une sécurité pour la victime ?

....

....

B. Les fonds de garantie

MISE EN SITUATION Chafia Saidi est consultée par Albert Payre, qui a été victime d'un accident de chasse. Alors qu'il participait à une battue au sanglier, un tireur l'a touché et gravement blessé. Malheureusement, l'auteur du coup de feu, imprudent ou criminel, ne s'est pas fait connaître et l'enquête de gendarmerie n'a pas su l'identifier.

DOCUMENT 13 La solidarité par les fonds de garantie

En présence d'un dommage dont l'auteur est inconnu ou non assuré, il serait injuste de laisser supporter les inconvénients de la situation à la victime. Son indemnisation relève alors de la solidarité : divers fonds de garantie ont été créés pour prendre le relais des assureurs classiques quand c'est nécessaire, qu'il s'agisse d'indemniser des victimes d'agressions, d'accidents ou d'affections.

- Le FGTI (fonds de garantie des victimes des actes de terrorisme et d'autres infractions) indemnise les victimes d'actes de terrorisme, d'agressions, de coups et blessures, etc.
- Le FIVA (fonds d'indemnisation des victimes de l'amiante) indemnise les victimes atteintes d'une maladie, professionnelle ou non, liée à l'amiante.
- Le FGAO (fonds de garantie des assurances obligatoires de dommages) intervient en cas d'accidents de la circulation ou de la chasse.

20. Albert sera-t-il indemnisé ? Justifiez votre réponse.

....

....

21. Comment le rôle des fonds de garantie se justifie-t-il ?

....

....

III Les dommages causés par les accidents de la circulation

A. Les situations et les personnes concernées

MISE EN SITUATION Damien Grinda reçoit Anaïs Weil et ses parents, qui sont assurés à la MARIF. Ils souhaitent savoir quelles suites donner à l'accident de la circulation dont Anaïs a été victime. Damien les rassure : il ne sera certainement pas utile de passer par le tribunal pour obtenir la réparation du dommage, dont l'expertise a été réalisée par Joëlle Pagès.

DOCUMENT 14 Une loi spécifique

Le droit commun de la responsabilité civile s'est révélé inadapté aux accidents de la circulation qui, à partir des années 1950, furent de plus en plus fréquents. [...] Le législateur adopta la loi du 5 juillet 1985 tendant à l'amélioration de la situation des victimes d'accidents de la circulation et à l'accélération des procédures d'indemnisation [...]. La loi de 1985 vise les demandes d'indemnisation formées contre les conducteurs ou gardiens de véhicules terrestres à moteur (VTM), par des victimes [...].
Les conducteurs (et leurs assureurs) ne sont pas envisagés comme des « responsables » mais comme des « débiteurs d'indemnités ».

M. Brusorio-Aillaud, *Droit des obligations*, Éd. Paradigme.

22. Qu'est-ce qui justifie la sévérité de la loi de 1985 à l'égard des conducteurs des VTM impliqués dans les accidents de la circulation ?

DOCUMENT 15 Dommages corporels : la prise en compte des victimes d'accidents de la circulation

Victimes protégées
Toutes les personnes non conductrices transportées par le conducteur ou extérieures au véhicule (piétons, cyclistes)

Victimes « surprotégées »
- Les victimes de moins de 16 ans
- Les victimes de plus de 70 ans
- Les personnes invalides à 80 % au moins

Le conducteur auteur du dommage corporel ne peut pas s'exonérer selon les règles « classiques » de la responsabilité délictuelle. La loi ne l'autorise pas à invoquer la force majeure, ou tout autre événement extérieur, imprévisible et insurmontable. *A fortiori*, il n'est pas admis qu'il fasse état de l'absence de faute de sa part à l'origine du dommage.

Seule cause d'exonération possible (victimes protégées)
Faute inexcusable de la victime, cause exclusive du dommage (exemple : grave imprudence volontairement commise)

Seule cause d'exonération possible (victimes « surprotégées »)
Recherche volontaire du dommage par la victime (exemple : suicide)

23. Pourquoi la loi distingue-t-elle plusieurs types de victimes d'accidents de la circulation ?

24. À quelle catégorie Anaïs se rattache-t-elle ?

25. **L'automobiliste, auteur de l'accident, pourrait-il être excusé par une imprudence d'Anaïs ? Justifiez votre réponse.**

....

....

DOCUMENT 16 Boulogne : un homme de 73 ans renversé par une voiture

Vers 16 h, ce mardi 2 août 2016, un Wimereusien de 73 ans a été renversé par une voiture alors qu'il traversait sur un passage piéton de la rue de Bréquerecque. Le choc n'a pas été trop violent car le véhicule roulait à faible allure. Les sapeurs-pompiers de Boulogne sont toutefois intervenus car le septuagénaire se plaignait de douleurs au niveau d'un genou et d'un coude. Il présentait aussi une plaie à la tête. [...]

Selon toute vraisemblance, le conducteur de la voiture n'a pas vu arriver le piéton. La pluie qui tombait à ce moment-là rendait les conditions de circulation difficile et au moment de freiner, le véhicule a glissé sur la chaussée mouillée.

www.lavoixdunord.fr, 02/08/2016.

26. **Est-il important, au plan de la responsabilité civile, que l'automobiliste soit accusé ou non d'une infraction au Code de la route ? Justifiez votre réponse.**

....

27. **L'auteur de l'accident à Bréquerecque serait-il exonéré de responsabilité s'il prouvait une faute inexcusable du piéton ? Justifiez.**

....

....

B. La réparation effective du dommage

MISE EN SITUATION Damien indique à Anaïs et à ses parents qu'il a eu des contacts avec l'assureur de l'auteur de l'accident, qui est prêt à conclure une transaction pour indemniser la jeune victime de façon à éviter tout litige.

DOCUMENT 17 Transaction (extrait)

Entre Anaïs Weil, représentée par ses parents, et OXO Assurances, agissant pour le compte de son assuré, M. Aquila, il a été convenu ce qui suit :
Les conséquences corporelles de l'accident du 15 septembre 2017 ont été déterminées par le docteur Joëlle Pagès.
L'indemnisation des postes de préjudices extrapatrimoniaux se détaille ainsi :
– Souffrances endurées : 3 200 €
– Incapacité physique permanente (25 %) : 27 500 €
– Préjudice esthétique : 5 800 €
Anaïs Weil reconnaît être dédommagée de tout préjudice et renonce à ses droits et à toute action contre la compagnie OXO Assurances ou l'auteur de l'accident, à l'exception d'une action fondée sur l'aggravation de son état. [...]

28. **Comment le rôle joué par OXO se justifie-t-il dans le règlement de l'affaire d'Anaïs ?**

....

....

DOCUMENT 18 La responsabilisation des assurés

À ceux qui prétendent que la généralisation des contrats d'assurance risque de faire disparaître le « sens des responsabilités », il faut rappeler que les dispositifs légaux et contractuels ne manquent pas pour éviter cette dérive.

– La franchise : une partie du coût du dédommagement est laissée à la charge de l'assuré.
– L'augmentation tarifaire : l'assureur adapte le montant des primes au profil de l'assuré (exemple du « malus » en matière automobile).

DOCUMENT 19 Lettre d'OXO Assurances à M. Aquila (extrait)

Monsieur et cher assuré,

Conformément à l'article 12 de votre contrat (n° 21547) et à la réglementation du sytème du bonus-malus, l'accident dont vous êtes responsable [...] entraînera l'application d'une majoration de 40 % de vos primes d'assurance [...].

Nous vous rappelons que, depuis le début de l'année civile, votre responsabilité a été retenue dans deux accidents mis à votre entière charge [...].

29. Comment l'augmentation de tarif annoncée par OXO à M. Aquila se justifie-t-elle ?

....

....

DOCUMENT 20 Le rôle du FGAO

Le fonds de garantie automobile a été créé en 1951 pour assurer une mission d'intérêt général : indemniser les victimes d'accidents de la circulation dont les auteurs n'étaient pas assurés ou pas identifiés. Au fil des années, ses compétences ont été étendues [accidents de chasse, risques miniers, risques technologiques] et il est devenu en 2003 le FGAO.

Financé exclusivement par les assurés et les assureurs, il est placé sous la tutelle du ministre de l'Économie.

www.fondsdegarantie.fr

Malgré le risque qu'ils courent, de plus en plus de conducteurs roulent sans assurance. Selon les estimations du Fonds de Garantie des assurances obligatoires de dommages (FGAO) dévoilées ce jeudi [7 avril 2016], entre 370 000 et 750 000 véhicules circulent sans assurance, ce qui représente environ 2 % du parc automobile en circulation. En 2015, le FGAO [...] a traité 28 435 dossiers de non-assurance, soit une hausse globale de 40,2 % depuis 2009. Et près de 6 % des accidents mortels sur les routes en 2015 impliquent un conducteur non assuré (soit 194 décès).

www.20minutes.fr, 07/04/2016.

30. Quelles sont les conséquences du développement du défaut d'assurance auto ?

....

....

31. En quoi le financement et l'action du FGAO constituent-ils un moyen de mutualiser les risques liés à la circulation automobile ?

....

....

....

1 Au volant, pas d'excuses… même pour les pompiers !

Analysez l'arrêt ci-dessous pour répondre aux questions suivantes.

1. Qualifiez les parties en présence et les faits à l'origine du litige.
2. Quelles sont les deux questions juridiques soulevées par l'affaire ?
3. Pourquoi la cour d'appel n'a-t-elle pas retenu la responsabilité du service d'incendie ?
4. Quel est le sens de l'arrêt de la Cour de cassation ?
5. En prenant appui sur cet arrêt, précisez la notion de « véhicule à moteur impliqué dans un accident de la circulation ».
6. Pourquoi la faute commise par les cyclistes n'a-t-elle pas été retenue pour exonérer ou limiter la responsabilité des pompiers ?
7. Qui indemnisera les victimes du dommage ?

DOCUMENT Arrêt de la Cour de cassation – 2e chambre civile – 1er juin 2011

Attendu, selon l'arrêt attaqué, que M. et Mme X… qui participaient, sur un tandem, à une compétition de vélo tout terrain (VTT), sont tombés sur un chemin alors qu'ils dépassaient un camion de pompier qui y circulait pour porter secours à un concurrent accidenté ; qu'ils ont assigné le service départemental d'incendie et de secours de Meurthe-et-Moselle ainsi que son assureur, la société Assurances du Crédit mutuel, pour obtenir la réparation de leurs préjudices corporel et matériel en faisant valoir que le véhicule de secours était impliqué dans l'accident ;

Attendu que, pour exclure l'indemnisation de M. et Mme X…, l'arrêt retient que c'est l'interpellation du chauffeur du camion de pompier, destinée à les inviter à la prudence, qui les a désorientés et fait perdre le contrôle de leur VTT ; qu'il ajoute qu'en tout état de cause, les cyclistes auraient dû éviter d'entreprendre le dépassement, manifestement dangereux, d'un camion de pompier qui, lorsqu'il intervient en pareil endroit, a assurément une mission de secours à accomplir ; qu'il en déduit que l'implication du camion dans la survenance de l'accident n'est pas démontrée ;

Qu'en statuant ainsi, alors qu'il résultait de ses constatations que les victimes dépassaient le camion de pompier et qu'elles avaient été interpellées par son conducteur, de sorte que ce véhicule avait joué un rôle dans l'accident et qu'il était impliqué, la cour d'appel a violé les textes susvisés ;

PAR CES MOTIFS […] : CASSE ET ANNULE […].

2 Une bonne expertise, pour une bonne indemnisation

VIDÉO

Reportez-vous à la vidéo 3-1 pour répondre aux questions suivantes.

1. Quel est le rôle de l'expertise dans la réparation du dommage corporel ?
2. Quelles sont les conditions pour que l'expertise soit vraiment objective ?

3 Indemnisation en rente ou en capital ?

VIDÉO

Reportez-vous à la vidéo 3-2 pour répondre aux questions suivantes.

1. Quel est le rôle joué par la Sécurité sociale en matière d'accident du travail ?
2. Dans quel cas le dommage subi par le salarié est-il indemnisé en capital ? sous forme de rente ? Qu'est-ce qui justifie la différence dans ce mode de réparation ?

TESTEZ VOS CONNAISSANCES !

Répondez par vrai ou par faux aux propositions suivantes.

1. **Le dommage peut toujours être réparé en nature.**
- ❑ Vrai
- ❑ Faux

2. **L'astreinte est un dispositif efficace pour imposer le respect de la réparation en nature.**
- ❑ Vrai
- ❑ Faux

3. **Les dommages-intérêts sont alloués soit sous forme de rente, soit en capital.**
- ❑ Vrai
- ❑ Faux

4. **L'assurance permet aussi bien de se protéger que de protéger les autres.**
- ❑ Vrai
- ❑ Faux

5. **En matière de véhicules à moteur, l'assurance est obligatoire.**
- ❑ Vrai
- ❑ Faux

6. **L'assureur qui a indemnisé son client peut se retourner contre l'auteur du dommage.**
- ❑ Vrai
- ❑ Faux

7. **Les dommages corporels liés à un accident de la circulation sont presque toujours indemnisés.**
- ❑ Vrai
- ❑ Faux

8. **Les fonds de garantie permettent l'indemnisation de la victime grâce à la socialisation des risques.**
- ❑ Vrai
- ❑ Faux

L'ESSENTIEL

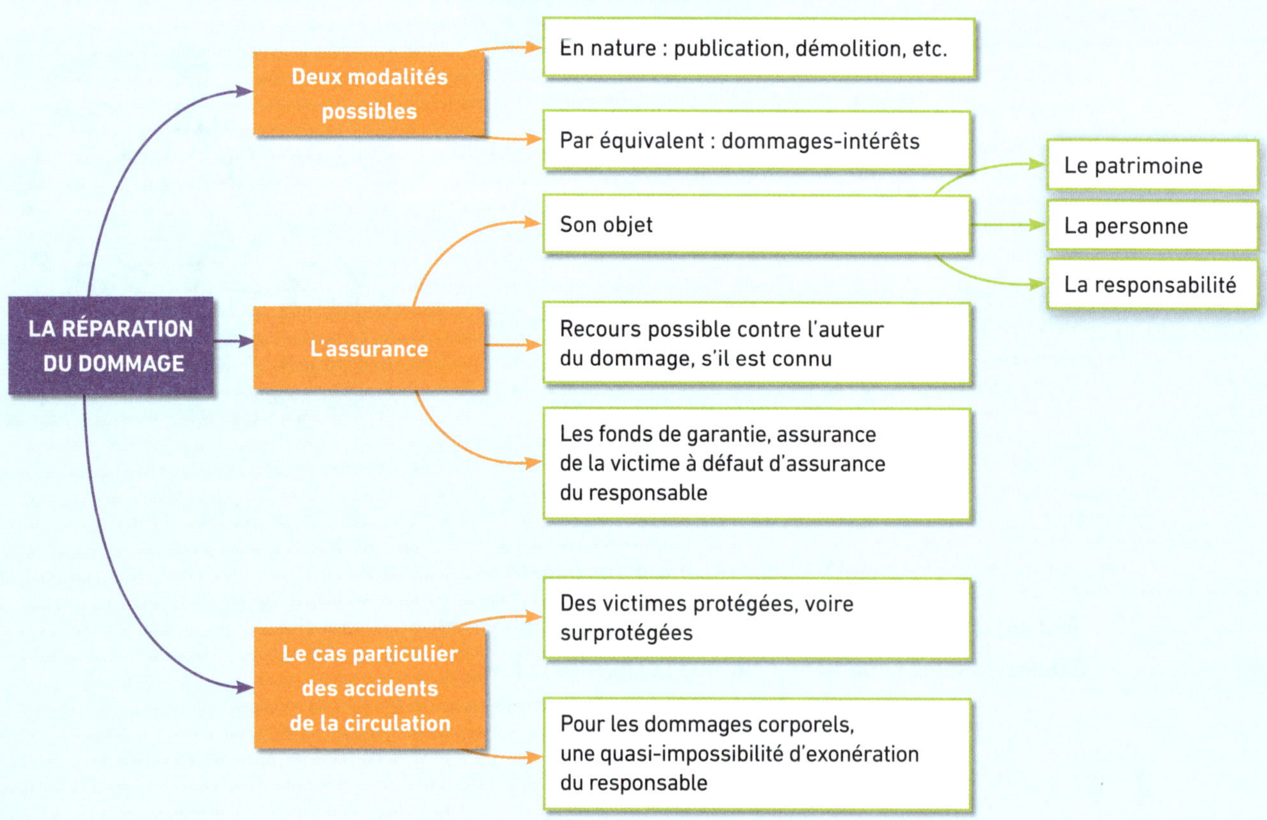

MOTS-CLÉS

- Assurance
- Astreinte
- Dommages-intérêts
- Fonds de garantie
- Réparation en nature
- Réparation par équivalent

Accident de rollers et de vélo !

Situation 1

Anna est une Niçoise de 32 ans. Comme tous les mercredis après-midi, elle se rend au supermarché pour effectuer les courses de la semaine. De retour chez elle, Anna retrouve son fils, Oscar, et sa baby-sitter, Zoé, bouleversée. Celle-ci lui raconte que la promenade d'aujourd'hui a mal tourné... En effet, comme Oscar souhaitait essayer ses nouveaux rollers, Zoé l'a accompagné sur la Promenade des Anglais. Alors que le petit garçon circulait à rollers sur la piste cyclable, il a été heurté par l'un d'eux. Oscar s'en est sorti indemne mais, dans sa chute, le cycliste s'est blessé à la tête et au bras. La police et les pompiers sont intervenus. En retrouvant ses esprits, le cycliste a indiqué à Zoé qu'il envisageait de porter l'affaire en justice. Zoé est furieuse car elle affirme que le cycliste roulait à si vive allure qu'il n'a pu ralentir à temps pour éviter Oscar, ce que des témoins ont confirmé.

1.1. **Qui a subi un dommage ? Qualifiez ce dommage.**

1.2. **Cette personne est-elle une victime d'un accident de la circulation ? Justifiez. Pourquoi cette question est-elle importante en droit ?**

1.3. **Comment peut-on qualifier le comportement du cycliste ?**

1.4. **Qui est responsable du dommage subi par le cycliste ? Justifiez (document 1).**

1.5. **En prenant appui sur l'arrêt de la Cour de cassation présenté en document 2, répondez aux questions suivantes :**

a) Le comportement de la victime peut-il entraîner un partage de responsabilité ? Justifiez.

b) Le comportement de la victime peut-il entraîner une exonération de responsabilité ? Justifiez.

c) Si la chute d'Oscar avait été causée par la présence d'une flaque d'huile de moteur sur la piste, quelle solution pourrait être retenue par les juges ? Justifiez.

Situation 2

Un peu inquiète des suites juridiques de l'accident causé par Oscar, Anna décide de téléphoner à Romain, le père du petit garçon, dont elle est divorcée depuis deux ans. Bien qu'Anna ait obtenu du jugement de divorce la garde d'Oscar, Romain continue d'être un père très présent dans la vie de son fils. Toutefois, aujourd'hui, Romain ne s'est pas montré très solidaire. Après avoir été rassuré sur l'état de santé d'Oscar, il a indiqué à Anna qu'il n'était pas concerné par les suites juridiques de cet accident. Anna décide donc de s'adresser à son assureur.

2.1. **En prenant appui sur le document relatif à l'arrêt de la Cour de cassation du 29 avril 2014 (document 3), répondez aux questions suivantes :**

a) Quel est le problème juridique posé par la responsabilité des parents divorcés ?

b) L'affirmation de Romain est-elle fondée ? Justifiez.

2.2. **Exposez le rôle de l'assurance dans cette situation.**

ACTIVITÉ DE SYNTHÈSE

DOCUMENT 1 **Article 1242 du Code civil (extrait)**

On est responsable non seulement du dommage que l'on cause par son propre fait, mais encore de celui qui est causé par le fait des personnes dont on doit répondre, ou des choses que l'on a sous sa garde.

DOCUMENT 2 **Présentation d'un arrêt de la Cour de cassation, 2e chambre civile**

Un enfant de dix ans circule à rollers sur une voie située près d'une piste réservée aux cyclistes. Il est heurté par l'un d'eux, qui tombe et se blesse.

Le cycliste recherche la responsabilité du père de l'enfant sur le fondement de l'article 1384* du Code civil qui prévoit une responsabilité de plein droit des parents titulaires de l'autorité parentale et vivant avec leur enfant mineur.

Pour dégager le père de toute responsabilité, une cour d'appel relève que l'accident est dû à l'imprudence de la victime qui, à la sortie d'un virage, a empiété sur la partie de la chaussée non réservée aux cyclistes, en roulant trop vite et sans prendre les précautions nécessaires pour éviter les autres usagers de la route.

La décision est cassée : pour que la responsabilité de plein droit des père et mère exerçant l'autorité parentale sur un mineur habitant avec eux puisse être recherchée, il suffit que le dommage invoqué par la victime ait été directement causé par le fait, même non fautif, de l'enfant. Seule la cause étrangère ou la faute de la victime peut exonérer les parents de leur responsabilité. La cour d'appel ne pouvait donc pas exonérer totalement le père de l'enfant de sa responsabilité, alors que la position du mineur en bordure de la piste réservée aux cyclistes avait été directement la cause du dommage, sans constater que la faute du cycliste (circuler à vive allure) avait été un événement imprévisible et irrésistible pour l'enfant.

Alertes actualités Francis Lefebvre.

* Aujourd'hui, art. 1242 du Code civil.

DOCUMENT 3 **La responsabilité civile des parents divorcés**

Lorsque les parents d'un mineur sont divorcés, lequel des deux est responsable des dommages qu'il cause ?

Dans un arrêt du 29 avril 2014, la Cour de cassation a rappelé la réponse qu'elle apporte à cette question.

En l'espèce, un mineur de 14 ans, Dylan X, avait mis le feu à de la paille dans un hangar agricole, causant ainsi la mort de Jonathan A. Il avait été reconnu coupable d'homicide involontaire par le tribunal pour enfants. En outre, en première instance et en appel, son père et sa mère avaient été reconnus civilement responsables. Or, ces derniers étaient divorcés et le jugement de divorce avait fixé la résidence de l'enfant au domicile de sa mère, attribué un droit de visite et d'hébergement au père et conservé à chacun des parents l'exercice conjoint de l'autorité parentale.

La Cour de cassation a cassé cette décision en rappelant que seul le parent chez qui le mineur réside habituellement est civilement responsable même si le dommage est causé alors que l'enfant est chez l'autre parent à l'occasion du droit d'hébergement. Elle précise que la responsabilité de l'autre parent ne peut être engagée qu'en cas de faute démontrée à l'occasion de la venue ponctuelle de l'enfant à son domicile.

4 Le contrat de travail

MISE EN SITUATION

Brigitte Chantegrave est à la tête d'une ferme équestre située près de Mende (Lozère). Elle emploie deux salariés : Sylvie Firole, secrétaire, et Nicolas Proust, moniteur diplômé. Les activités de ce club d'équitation sont assez florissantes, les stages qui accueillent les enfants durant leurs vacances connaissant un succès remarquable.

Les besoins du club amènent Brigitte à recruter Salim Ardaoui, un jeune garçon d'écurie à qui elle propose un contrat de travail. Dans le même temps, elle demande à l'entreprise Ramin SARL de rénover en urgence une série de stalles vieillissantes. Le gérant, Christophe Ramin, accepte le chantier, qui sera conduit par Fabien Colas, son salarié le plus expérimenté.

1. Qui travaille pour Brigitte Chantegrave ?
2. Brigitte peut-elle exercer la même autorité à l'égard de toutes les personnes qui travaillent pour elle ?
3. À qui Fabien doit-il obéir dans l'exécution de ses tâches ?
4. D'après vous, une personne peut-elle être qualifiée de « travailleur indépendant » ? Qui et pourquoi ?

I La subordination du salarié

A. Le lien de subordination, élément distinctif du contrat de travail

MISE EN SITUATION Brigitte Chantegrave est consciente que la relation juridique avec son garçon d'écurie n'est pas de même nature que celle qu'elle établit avec Christophe Ramin, l'entrepreneur qui va travailler pour elle.

DOCUMENT 1 La définition du contrat de travail

La loi ne définit pas le contrat de travail. D'après la jurisprudence, le contrat de travail est celui par lequel une personne (le salarié) s'engage à fournir une prestation de travail en échange d'une rémunération (le salaire), pour le compte et sous la direction d'une autre personne (l'employeur).
Le lien de subordination est l'élément distinctif du contrat de travail : ce qui distingue le contrat de travail d'autres situations de travail (sous-traitance, contrat de prestation de service…), c'est l'autorité exercée par l'employeur sur le salarié.

DOCUMENT 2 La distinction entre les diverses situations de travail rémunéré

Sous-traitance, prestation de services, etc. ← 1. Une prestation de travail effectuée ; 2. Une rémunération perçue

Contrat de travail ← 1. Une prestation de travail effectuée ; 2. Une rémunération perçue ; 3. Un lien de subordination juridique

1. Identifiez les salariés et les employeurs présents sur le site de la ferme équestre. Justifiez vos réponses.

……………………………………………………………………

……………………………………………………………………

……………………………………………………………………

2. Le contrat qui lie Brigitte et Ramin SARL est-il un contrat de travail ? Pourquoi ?

……………………………………………………………………

DOCUMENT 3 La définition jurisprudentielle du lien de subordination

Selon la Cour de cassation, « […] le lien de subordination est caractérisé par l'exécution d'un travail sous l'autorité d'un employeur qui a le pouvoir de donner des ordres et des directives, d'en contrôler l'exécution et de sanctionner les manquements de son subordonné ».

3. Illustrez concrètement le lien de subordination dans un des contrats de travail identifiés à la question 1.

……………………………………………………………………

……………………………………………………………………

……………………………………………………………………

B. L'application des règles protectrices du droit du travail

MISE EN SITUATION Brigitte Chantegrave ne mesure pas sa peine au travail. Elle est aussi un chef d'entreprise exigeant. Elle se montre autoritaire et directive envers tous ceux qui collaborent avec elle, du maréchal-ferrant au vétérinaire, en passant par Laurent Presset, l'agriculteur qui entretient ses prés et ses bois depuis cinq ans. Aujourd'hui, Brigitte a annoncé à Laurent qu'elle n'avait plus besoin de lui et qu'elle mettait un terme au contrat de prestation de services qui les liait. Il en est très mécontent.

DOCUMENT 4 Le statut protecteur du salarié

1. L'agriculteur exploitant a-t-il droit à une rémunération minimale ? **NON**.
Le salarié agricole ? **OUI**, le SMIC.

2. L'avocat est-il sûr d'avoir des congés chaque année ? **NON**.
La secrétaire salariée de l'avocat ? **OUI**, elle a droit à 5 semaines.

3. L'artisan peut-il être amené à travailler 7 jours sur 7 ? **OUI**.
Son employé ? **NON**. Il a droit au repos le dimanche.

4. Le P-DG d'une société révoqué de ses fonctions a-t-il droit à des aides pécuniaires ? **NON**.
Un de ses salariés licencié ? **OUI**, il a droit aux allocations chômage.

5. La commerçante enceinte a-t-elle droit à un congé spécifique ? **NON**.
La salariée du commerce ? **OUI**, elle a droit à un congé de maternité de 16 semaines.

DOCUMENT 5 Les obligations de l'employeur nées du contrat de travail

Le respect des engagements nés du contrat de travail **+** Le respect des différentes règles émanant de sources de droit du travail supérieures au contrat de travail

DOCUMENT 6 La spécificité du droit du travail

Le droit du travail régit les rapports entre salariés et employeurs. Dans les entreprises, les intérêts sont parfois divergents : le chef d'entreprise veut un profit maximum, et le travail des salariés représente un facteur de production. Le droit du travail veille à ce que la gestion des ressources humaines respecte les attentes des salariés. Les conditions de vie des salariés, personnelles et familiales, dépendent largement de nombreux points qui relèvent du contrat de travail (le salaire, mais aussi la durée du travail, les congés payés, etc.). L'employeur peut être tenté d'imposer des conditions de travail et de rémunération pénalisantes pour les salariés. C'est le droit du travail qui veille à ce que des limites ne soient pas franchies : salaire minimum, durée maximale du travail, congés payés, repos hebdomadaire, etc., sont autant de points qui sont fixés par des dispositions légales.

P. Mercati (dir.), *Fondamentaux du droit*, Nathan.

4. Brigitte peut-elle demander à ses salariés de travailler comme elle-même le fait : parfois 50 heures par semaine, souvent 7 jours sur 7, et en renonçant à prendre des vacances ?

....

5. Un employeur peut-il déterminer librement le contenu du contrat de travail (durée du travail et des congés payés, salaire versé, modalités de rupture du contrat, etc.) ?

....

....

6. En quoi le droit du travail est-il protecteur du salarié ?

....

....

DOCUMENT 7 Un exemple de requalification d'une situation de travail

Extraits d'un arrêt de la Cour de cassation – 2 décembre 2015

Attendu que M. X... est entré en contact avec M. Y..., gérant de la société Déclic publications, pour pourvoir un poste de designer infographiste ; qu'à la suite d'un entretien qui s'est déroulé le 18 février 2011, il a réalisé plusieurs travaux à la demande de M. Y... ; que prétendant avoir été engagé dès cet entretien, il a saisi la juridiction prud'homale ; [...]

Attendu que la société fait grief [aux juges du fond] de dire que M. X... et elle étaient liés par un contrat de travail à compter du 13 mars 2011 et de la condamner à certaines sommes à ce titre, alors, selon le moyen : qu'un contrat de travail est caractérisé par l'existence d'une prestation de travail, d'une rémunération et d'un lien de subordination juridique, lequel est caractérisé par le pouvoir de donner des ordres et des directives, d'en contrôler l'exécution et de sanctionner les manquements de son subordonné ; [...] que les parties avaient signé un contrat de travail en date du 2 mai 2011 et à effet au même jour, l'objet du débat tenant au point de savoir si les travaux effectués par M. X... antérieurement à cette date, l'avaient ou non été dans le cadre d'un contrat de travail ou, comme elle le soutenait, dans le cadre d'un contrat d'entreprise, le prétendu salarié intervenant alors en qualité de travailleur indépendant ; [...]

Mais attendu qu'ayant dit que la rupture devait être qualifiée de licenciement sans cause réelle et sérieuse et relevé que le comportement de la société avait effectivement causé à l'intéressé un préjudice puisque, engagé à compter du 13 mars 2011, il n'a pas perçu son salaire durant l'exécution de son contrat qui a été rompu brutalement et sans motif, la cour d'appel a légalement justifié sa décision ;

PAR CES MOTIFS : REJETTE le pourvoi [...]

DOCUMENT 8 La requalification d'un contrat en contrat de travail

Comment ?	Pourquoi ?
En saisissant le conseil de prud'hommes, dans le cadre d'une action judiciaire spécifique.	Pour bénéficier de l'application du droit du travail, en particulier des indemnités de rupture en cas de licenciement non justifié.

7. Quel est le sens de l'arrêt rendu par la cour d'appel et approuvé par la Cour de cassation ?

8. Quels avantages le designer infographiste tire-t-il de la requalification de son contrat de location en contrat de travail ?

9. À quelle condition Laurent peut-il espérer obtenir des juges que son contrat avec Brigitte soit requalifié en contrat de travail ?

10. En quoi la requalification de certains contrats en contrats de travail montre-t-elle bien que c'est le lien de subordination qui fonde le contrat de travail ?

C. Les pouvoirs de l'employeur

MISE EN SITUATION Le travail de restauration des stalles de Brigitte Chantegrave est plus important que prévu. Pour respecter les délais, Christophe Ramin demande à son employé, Fabien Colas, d'effectuer cinq heures supplémentaires par semaine jusqu'à la fin du chantier. Devant les réticences de Fabien, Christophe lui rappelle qu'en tant que chef d'entreprise, il peut sanctionner son refus d'effectuer ce travail. Il le renvoie au règlement intérieur pour lui remémorer les sanctions encourues.

DOCUMENT 9 Les trois types de pouvoir de l'employeur

Le **pouvoir de direction** permet à l'employeur d'organiser le travail, de déterminer les horaires, de choisir le lieu d'exécution des tâches, etc.

Le **pouvoir réglementaire** permet à l'employeur d'énoncer les consignes gouvernant le travail (hygiène et sécurité, harcèlement) et de prévoir les sanctions en cas de faute.

Le **pouvoir disciplinaire** permet à l'employeur de sanctionner les salariés ayant commis une faute dans l'exercice de leur travail.

11. Fabien pourrait-il refuser d'effectuer les heures supplémentaires ? Justifiez votre réponse.

12. En vous appuyant sur le cas de Christophe, expliquez en quoi les trois pouvoirs reconnus au chef d'entreprise sont complémentaires.

DOCUMENT 10 Le pouvoir de direction et son fondement

L'employeur est aussi un chef. L'existence du lien de subordination dans le contrat de travail démontre la légitimité d'un pouvoir de direction nécessaire à l'organisation de l'entreprise.
À l'origine, ce pouvoir de commander était issu de la confusion entre la propriété des moyens de production et la direction de l'entreprise. Aujourd'hui, bien souvent, le chef d'entreprise n'est plus le patron propriétaire, mais un gestionnaire mandaté par des associés. Il n'en demeure pas moins que sa fonction nécessite une autorité, contrepartie indispensable de la responsabilité qu'il encourt en cas de faute de gestion.

13. Comment le pouvoir de direction de l'employeur se justifie-t-il ?

14. L'employeur exerce-t-il lui-même le pouvoir de direction dans une grande entreprise ?

DOCUMENT 11 La mise en œuvre du pouvoir réglementaire selon le Code du travail

L'existence d'un règlement intérieur

Article L. 1311-2. L'établissement d'un règlement intérieur est obligatoire dans les entreprises ou établissements employant habituellement au moins vingt salariés.

L'objet du règlement intérieur

Article L. 1321-1. Le règlement intérieur est un document écrit par lequel l'employeur fixe exclusivement :

1° Les mesures d'application de la réglementation en matière de santé et de sécurité dans l'entreprise ou l'établissement (...) ;

2° Les conditions dans lesquelles les salariés peuvent être appelés à participer, à la demande de l'employeur, au rétablissement de conditions de travail protectrices de la santé et de la sécurité des salariés, dès lors qu'elles apparaîtraient compromises ;

3° Les règles générales et permanentes relatives à la discipline, notamment la nature et l'échelle des sanctions que peut prendre l'employeur.

Le contrôle de la rédaction du règlement intérieur

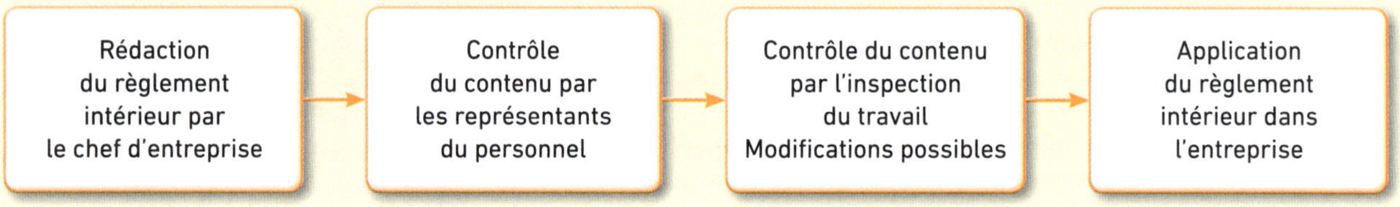

D'après les articles L. 1321-4, L. 1322-1 et L. 1322-2 du Code du travail.

15. Qui rédige le règlement intérieur ? ....

16. L'objet du règlement intérieur est-il laissé à l'appréciation du chef d'entreprise ? Pourquoi ?

....

....

....

17. Quelle est l'utilité du contrôle du contenu du règlement intérieur ?

....

....

....

DOCUMENT 12 Le pouvoir disciplinaire et son application

Extrait du règlement intérieur de l'entreprise RAMIN

Article 12. – Nature et échelle des sanctions

En référence aux articles L. 1331-1 et L. 1331-2 du Code du travail, tout agissement considéré comme fautif pourra, en fonction de sa gravité, faire l'objet de l'une ou l'autre des sanctions suivantes :
- avertissement oral ou écrit ;
- mise à pied de un à sept jours, sans rémunération ;
- rétrogradation professionnelle ;
- licenciement pour faute.

À titre indicatif, des sanctions pourront être appliquées dans les cas suivants :
- non-respect des horaires ;
- refus de travailler sans motif légitime ;
- insultes et/ou violence envers un supérieur hiérarchique ou un collègue ;
- bris et détérioration volontaire du matériel ;
- infractions graves aux lois et règlements concernant la sécurité du travail.

18. Qui apprécie la gravité des fautes commises par le salarié et détermine la sanction ?

....

DOCUMENT 13 Les sanctions interdites par le Code du travail

Article L. 1331-2. Les amendes ou autres sanctions pécuniaires sont interdites. [...]

DOCUMENT 14 Le contrôle du pouvoir disciplinaire par les juges

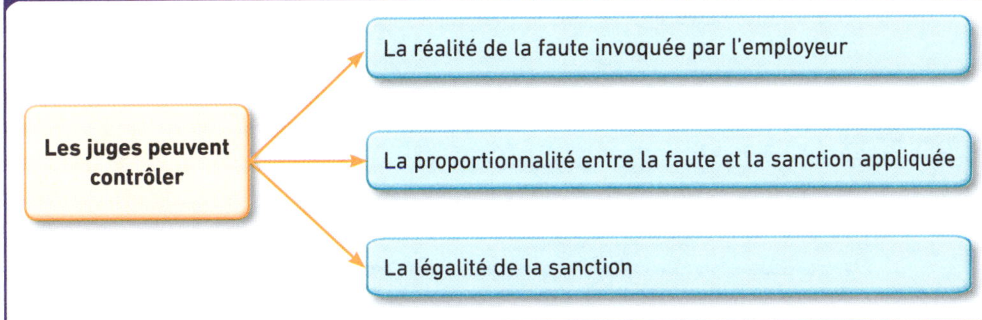

19. **Si Fabien refusait un jour d'effectuer les heures supplémentaires demandées, quelle sanction pourrait-il encourir, selon vous ?**

....

20. **Dans quels cas pourrait-il demander l'arbitrage des juges ?**

....

....

D. Le contenu du contrat de travail

MISE EN SITUATION Brigitte Chantegrave a préparé le contrat qu'elle soumet à Salim Ardaoui, le nouveau garçon d'écurie.

DOCUMENT 15 Extraits du contrat de travail de Salim Ardaoui

CONTRAT DE TRAVAIL À DURÉE INDÉTERMINÉE

ENTRE LES SOUSSIGNÉS :
– Brigitte CHANTEGRAVE, exploitante de la ferme équestre du même nom, d'une part,
– et M. Salim ARDAOUI, d'autre part,
IL A ÉTÉ CONVENU ET ARRÊTÉ CE QUI SUIT :
Article 1er – Embauche, qualification. M. Salim Ardaoui est embauché, sous réserve des résultats de la visite médicale obligatoire, dans le cadre d'un contrat à durée indéterminée, en tant que garçon de ferme-palefrenier. Le contrat est soumis aux dispositions de la convention collective nationale des centres équestres.
Article 2 – Fin du contrat. Le contrat est résiliable par l'une ou l'autre des parties, sous réserve du respect du délai légal, aussi bien en cas de démission qu'en cas de licenciement.
Article 3 – Lieu d'exercice. M. Salim Ardaoui est affecté à la ferme équestre située sur la commune de Mende au lieu-dit « Maison Verte ». [...]
Article 5 – Rémunération. M. Salim Ardaoui percevra un salaire mensuel brut de 1 650 € (mille six cent cinquante euros), versé le 30 de chaque mois civil. [...] Ce salaire sera révisé annuellement selon les modalités conventionnelles existantes.
Article 6 – Durée du travail. 35 heures hebdomadaires. Les horaires et l'organisation de la semaine sont précisés par la note de service en vigueur. [...]

21. **Quelles modalités d'exécution du travail sont précisées dans le contrat ?**

....

II Le contrat à durée indéterminée (CDI)

MISE EN SITUATION Le contrat de Salim Ardaoui est un contrat à durée indéterminée (CDI). Brigitte Chantegrave lui fait remarquer qu'il a la chance de bénéficier d'un emploi stable.

DOCUMENT 16 La fin du CDI

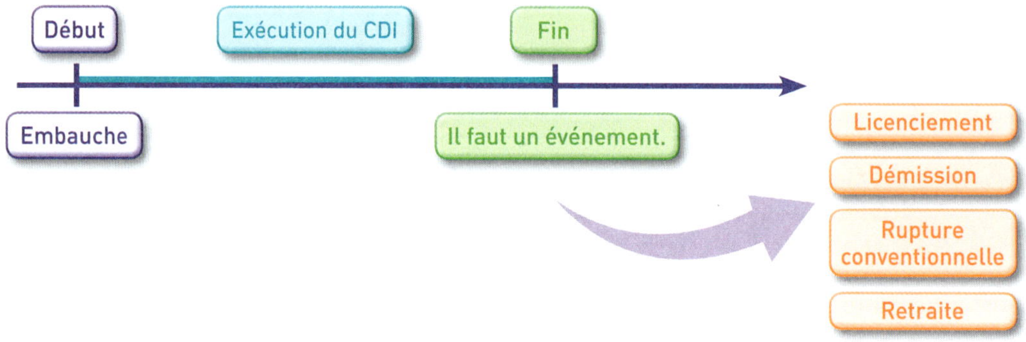

22. Dans quels cas le CDI de Salim pourrait-il se terminer ?

23. Pourquoi considère-t-on que le CDI répond au besoin de stabilité dans l'emploi des salariés ?

DOCUMENT 17 Le CDI, contrat de référence

1. Dans les textes

Article L. 1221-2 du Code du travail. Le contrat de travail à durée indéterminée est la forme normale et générale de la relation de travail […].

2. Dans les entreprises

Taux d'emploi en CDI et en CDD ou intérim des 15-64 ans (% s'appliquant aux 64,7 % des actifs ayant un contrat de travail)

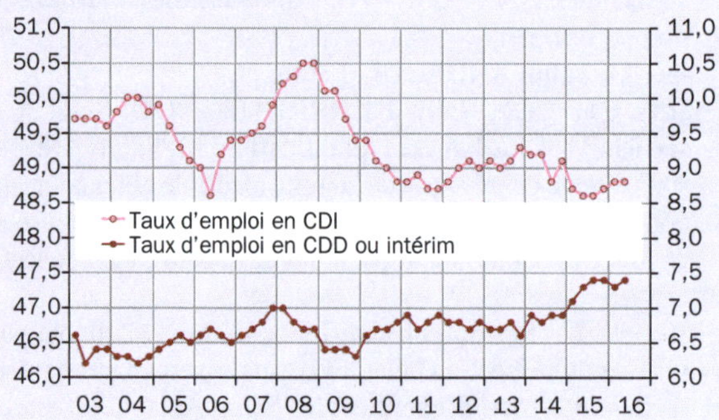

Insee, enquête emploi 2016.

24. Quels constats peut-on faire sur le recours au CDI dans les entreprises ?

25. Quels avantages l'employeur tire-t-il lui-même du CDI ?

III Les contrats précaires

A. Le recours aux contrats précaires

MISE EN SITUATION Fabien Colas suspend son contrat de travail pour raison de santé. Christophe Ramin envisage de le faire remplacer en attendant qu'il se rétablisse.

DOCUMENT 18 La précarité et la flexibilité

Les contrats de travail précaires ont un terme connu du salarié dès son embauche : ils n'assurent pas un emploi durable. Pour l'employeur, ils représentent un outil de flexibilité puisqu'ils permettent de faire face à un besoin ponctuel de main-d'œuvre.

DOCUMENT 19 Les restrictions au recours aux contrats précaires

Il est interdit de recourir aux contrats précaires :

- pour pourvoir un emploi permanent ;
- pour remplacer un gréviste ;
- en cas de travaux particulièrement dangereux ;
- dans les 6 mois suivant un licenciement économique.

Les contrats précaires sont autorisés en cas :

- de remplacement d'un salarié absent ;
- d'accroissement temporaire d'activité ;
- d'emploi saisonnier ou par nature temporaire ;
- de remplacement du chef d'entreprise malade ;
- de contrats dans le cadre de mesures pour l'emploi.

26. **Fabien peut-il être remplacé par un salarié en contrat précaire ? Justifiez votre réponse.**

....

27. **La solution serait-elle identique s'il s'absentait pour participer à une grève ?**

....

28. **Pourquoi le recours aux contrats précaires fait-il l'objet de restrictions ?**

....

DOCUMENT 20 La formation des contrats précaires

Règles de forme	Règles de fond	Sanctions
– Contrat écrit avec mentions légales obligatoires (justification du recours au contrat précaire) – Remis au salarié dans les 2 jours	– Durée limitée, en principe, à 18 mois (renouvellements compris) – Deux renouvellements possibles	– Requalification en CDI à la demande du salarié – Sanction pénale (amende)

29. **Pourquoi la loi impose-t-elle que les contrats précaires soient écrits ?**

....

DOCUMENT 21 La fin des contrats précaires

1. L'indemnité de précarité : en CDD, comme en intérim, la fin du contrat donne lieu au paiement d'une indemnité de précarité égale à 10 % des salaires perçus.
2. Le terme normal : les contrats précaires s'exécutent jusqu'à leur terme : la date convenue ou l'événement prévu (retour d'un malade, fin des récoltes, etc.).
3. La rupture avant terme du contrat à durée déterminée : elle n'est possible que dans les cas suivants : accord entre les parties, faute grave du salarié, embauche du salarié en CDI (par son employeur actuel ou dans une autre entreprise).

30. **Quelles sont les garanties du salarié concernant le terme de son contrat précaire ?**

....

....

B. Les divers types de contrats précaires

MISE EN SITUATION Lors des vacances de printemps, la ferme équestre connaît un afflux de clientèle. Face au besoin urgent de recruter un moniteur d'équitation, Brigitte Chantegrave s'interroge sur la solution juridique la plus pertinente en termes de gestion du personnel. Elle sait que l'agence d'intérim Manpower de Mende a dans ses fichiers ce type de salarié, mais elle craint le coût de ce service.

DOCUMENT 22 Le contrat à durée déterminée (CDD)

Le CDD met en présence, de façon classique, un employeur et un salarié. Le recrutement, la sélection du candidat et la formation éventuelle du salarié relèvent donc du chef d'entreprise.

DOCUMENT 23 L'intérim et le contrat de travail temporaire (CTT)

La situation d'intérim met en présence **trois parties**, liées par **deux contrats** complémentaires.

31. Quelles sont les solutions qui s'offrent à Brigitte pour recruter son salarié ?

32. Indiquez, dans la situation de Brigitte, les parties concernées par l'intérim.

Parties au contrat de mise à disposition	
Parties au contrat de travail temporaire	

33. Faites une appréciation critique des contrats précaires pour un employeur.

Contrats	Avantages	Inconvénients
CDD		
CTT		

34. Quel avantage un salarié peut-il trouver à s'inscrire dans une agence d'intérim ?

En matière de CDD, il faut être précis !

Myriam Prunet a été engagée par l'entreprise de déménagement Les Cigognes pour remplacer la secrétaire du service Expédition, en congé de maternité. Le contrat de Mme Prunet comporte des précisions sur sa durée, le nom de la personne remplacée et sa qualification, le lieu d'exercice, etc.

Après quatre mois, la secrétaire reprend son poste et Mme Prunet se voit proposer un nouveau contrat de trois mois en tant qu'assistante du responsable de clientèle. Il s'agit, selon les termes du contrat, de faire face à un surcroît d'activité, dont la cause et les effets ne sont pas précisés exactement.

Au terme de ce second contrat, Mme Prunet doit quitter l'entreprise. Elle est déçue de ne pas obtenir le CDI dont on lui avait parlé, de façon orale et officieuse, pour la récompenser de son engagement envers l'entreprise. Elle s'interroge sur une possible réclamation en justice.

1. **À quel cas de recours aux contrats précaires les deux CDD de Mme Prunet correspondent-ils ?**
2. **Dans quelles autres circonstances un CDD aurait-il pu lui être proposé ?**
3. **Pourquoi le recours à un CDD est-il légitime dans ces diverses circonstances ?**
4. **Analysez les deux CDD au regard des exigences de forme de la loi. Qu'en déduisez-vous ?**
5. **Quelle sanction le conseil de prud'hommes peut-il retenir s'il invalide le recours à l'un des CDD de Mme Prunet ?**
6. **Quelles seront les suites concrètes de cette sanction pour les parties en présence ?**

DOCUMENT

D'après un arrêt de la Cour de cassation (chambre sociale) du 16 décembre 2015

M. X… a été engagé à compter du 4 août 2004 par la société Aquiplants en qualité de manutentionnaire dans le cadre d'une succession de six contrats à durée déterminée saisonniers jusqu'au 28 septembre 2010, terme du dernier contrat ; il a été victime le 23 février 2010 d'un accident du travail ; il a alors saisi la juridiction prud'homale d'une demande tendant à obtenir la requalification de la relation de travail en un contrat à durée indéterminée à compter du 4 août 2004 ; en même temps, il a demandé que la rupture de son contrat soit qualifiée de licenciement sans cause réelle et sérieuse.

La cour d'appel, saisie après un premier jugement, a rejeté la demande en requalification des contrats de travail à caractère saisonnier en un contrat à durée indéterminée à compter du 4 août 2004. Elle s'est appuyée sur le fait que le caractère même de l'activité de l'employeur, une entreprise agricole spécialisée dans les cultures maraîchères était pour partie soumise aux aléas climatiques, cela justifiant le caractère saisonnier des contrats souscrits pour certaines périodes de l'année. Elle a ajouté que le salarié n'établissait pas que son activité correspondait effectivement à l'activité normale et permanente de l'entreprise ;

Pour la Cour de cassation, cette décision des juges du fond doit être cassée, car ils auraient dû vérifier si, d'après les termes du contrat et dans la réalité des faits, le salarié avait été affecté « à l'accomplissement de tâches à caractère strictement saisonnier et non durables, appelées à se répéter chaque année à une époque voisine, en fonction du rythme des saisons ».

TESTEZ VOS CONNAISSANCES !

Répondez par vrai ou par faux aux propositions suivantes.

1. **Le contrat de travail est précisément défini par le Code du travail.**
❑ Vrai ❑ Faux

2. **Le lien de subordination est l'élément distinctif du contrat de travail.**
❑ Vrai ❑ Faux

3. **Le contrat de travail détermine le statut de salarié, qui lui-même détermine l'application du droit du travail.**
❑ Vrai ❑ Faux

4. **Le pouvoir de direction de l'employeur lui permet de sanctionner les salariés fautifs.**
❑ Vrai ❑ Faux

5. **Dans les grandes entreprises, le pouvoir réglementaire de l'employeur se concrétise obligatoirement par la rédaction d'un règlement intérieur.**
❑ Vrai ❑ Faux

6. **Le contrat de travail à durée indéterminée est le contrat de travail le plus répandu.**
❑ Vrai ❑ Faux

7. **CDD et CTT sont des contrats au service de la flexibilité de l'entreprise.**
❑ Vrai ❑ Faux

8. **Le contrat de travail précise les obligations de l'employeur en matière de salaire, de durée du travail et de tâches confiées au salarié.**
❑ Vrai ❑ Faux

L'ESSENTIEL

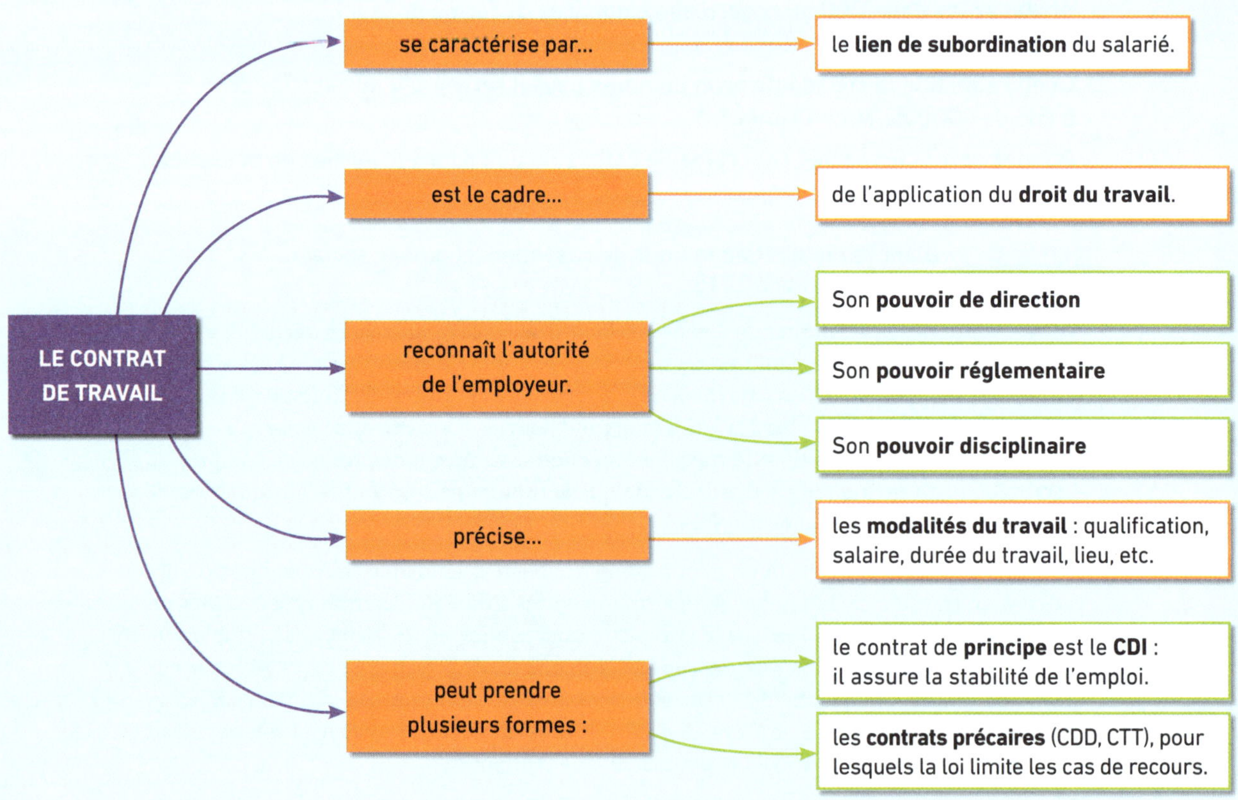

MOTS-CLÉS

- Contrat de travail
- Contrat de travail à durée déterminée
- Contrat de travail à durée indéterminée
- Contrat de travail temporaire
- Lien de subordination
- Pouvoir de direction
- Pouvoir disciplinaire
- Pouvoir réglementaire

5 Les conditions de travail

MISE EN SITUATION

André Bremont dirige la société anonyme TESSA, une entreprise de bâtiments et travaux publics qui compte 65 salariés. Le métier est difficile pour les ouvriers qui interviennent sur les chantiers, parfois dans le froid ou sous un soleil de plomb. Les semaines paraissent longues lorsque les conditions climatiques sont rudes. De plus, le danger est omniprésent pour ceux qui travaillent sur des échelles, des échafaudages ou sur des toits. Aussi, les congés payés sont-ils appréciés par les travailleurs, dont certains, immigrés, profitent pour repartir quelques semaines « au pays ».

Pour ce qui est des salaires, André Bremont embauche généralement son personnel en lui accordant le minimum imposé par le droit, afin de privilégier ensuite une politique de promotion en faveur des salariés les plus méritants.

1. Quels sont les éléments de pénibilité caractérisant le travail dans l'entreprise TESSA ?
2. Pourquoi le droit encadre-t-il les conditions de travail des salariés ?
3. Que peut-on en déduire des conditions de travail : sont-elles déterminées par l'employeur ou par les salariés ?

I L'élaboration des règles fixant les conditions de travail

A. Le rôle de la loi dans la construction du droit du travail

MISE EN SITUATION André Bremont a l'habitude de recruter lui-même le personnel et de préparer le contrat de travail de ses nouveaux salariés. Il est sur le point d'embaucher un technicien ayant la qualification de conducteur d'engins. Il envisage d'intégrer dans son contrat une clause importante : celle qui prévoit la période d'essai et en fixe la durée.

DOCUMENT 1 La période d'essai en CDI aujourd'hui définie par la loi

La période d'essai permet à chaque partie au contrat de travail de rompre la relation juridique qui s'avérerait décevante. Pour l'employeur, elle permet d'apprécier les aptitudes du salarié et leurs limites. Mais pour le salarié, cette période est souvent synonyme d'incertitude, voire d'angoisse. Aussi, la durée de l'essai est-elle limitée. Toutefois, il a fallu attendre la loi du 25 juin 2008 pour que l'essai en CDI soit encadré par des dispositions générales et impératives. Jusqu'à cette date, les conventions collectives ou les usages professionnels étaient les seules références pour l'employeur.

DOCUMENT 2 Des articles du Code du travail en matière d'essai

Durée de l'essai Art. L. 1221-19	Renouvellement Art. L. 1221-21	Rupture du contrat Art. L. 1221-25 et L. 1221-26
Maximum selon les catégories : – 2 mois pour les employés et les ouvriers ; – 3 mois pour les techniciens et les agents de maîtrise ; – 4 mois pour les cadres.	Un seul renouvellement possible : s'il est autorisé par un accord collectif et prévu par le contrat. Dans ce cas, la durée de l'essai est fixée à 4, 6 ou 8 mois maximum selon les catégories de salariés.	Délai de prévenance variable selon l'ancienneté du salarié : – pour l'employeur : de 24 heures à 1 mois ; – pour le salarié : de 24 heures à 48 heures.

DOCUMENT 3 La primauté de la loi

1. Le constat : si les sources du droit du travail sont multiples (conventions collectives, accords d'entreprise, etc.), la loi reste la plus importante de ces sources.

2. L'inconvénient : la loi est générale alors que les conditions d'exécution du travail diffèrent d'une entreprise à l'autre, d'un secteur d'activité à l'autre.

3. L'avantage : les règles légales s'imposent à tous les employeurs et constituent le socle de la protection minimale de tous les salariés.

1. Quelle est la durée maximale de l'essai qu'André Bremont peut imposer au conducteur d'engins dans son contrat de travail ? Justifiez votre réponse.

....

2. Suffirait-il que le contrat de travail prévoit le renouvellement éventuel de l'essai pour que celui-ci soit valable ? Expliquez.

....

....

3. D'une manière générale, pourquoi la loi est-elle la source première du droit du travail ?

....

....

B. Les règles d'ordre public

MISE EN SITUATION André Bremont est très prudent lorsqu'il rédige un contrat de travail car il veut éviter d'entrer en conflit avec ses collaborateurs. À ce propos, il insère habituellement une clause contractuelle prévoyant le règlement des litiges nés du contrat de travail par un arbitrage plutôt que par une procédure au conseil de prud'hommes. Son souci de prévenir les conflits a amené M. Bremont à inscrire une clause sur les conditions d'exercice de la grève dans le règlement intérieur de l'entreprise : un préavis de 7 jours doit être respecté par les salariés pour permettre des négociations avant tout arrêt du travail.

DOCUMENT 4 La notion d'ordre public

Les règles de droit sont soit « supplétives », soit « impératives » (ou « d'ordre public »). Il est toujours possible d'écarter par contrat les règles supplétives, comme les mariés qui rejettent le régime légal de communauté des biens pour adopter le régime conventionnel de la séparation des biens.
En revanche, les dispositions d'ordre public doivent être respectées, sans possibilité de leur préférer des règles négociées entre les parties.

DOCUMENT 5 L'ordre public en droit du travail

Certaines dispositions législatives ou réglementaires prises dans le domaine du droit du travail présentent un caractère d'ordre public en tant qu'elles garantissent aux travailleurs des avantages minimaux, lesquels ne peuvent en aucun cas être supprimés ou réduits.

Lamy social, Éditions Lamy.

DOCUMENT 6 Des exemples de règles d'ordre public

Les principes du Préambule de la Constitution → L'égalité entre hommes et femmes, le droit de grève, le droit à la protection sociale, etc.

- Les règles de procédure
- La désignation des représentants des salariés

→

- La compétence du conseil de prud'hommes
- La représentativité syndicale, etc.

DOCUMENT 7 L'article 7 du Préambule de la Constitution

Le droit de grève s'exerce dans le cadre des **lois** qui le réglementent.

4. La clause du contrat de travail écartant la compétence du conseil de prud'hommes au profit d'un arbitre vous semble-t-elle licite ? Justifiez votre réponse.

5. Quelle est l'origine de l'aménagement du droit de grève dans l'entreprise d'André Bremont ?

6. Par conséquent, le préavis de grève de 7 jours est-il licite ? Pourquoi ?

7. Quelle est la finalité des règles d'ordre public en droit du travail ?

C. Les conditions de travail d'origine conventionnelle

MISE EN SITUATION André Bremont connaît la convention collective applicable à son entreprise. Conformément à la loi, il la communique à chaque salarié embauché et la tient à la disposition de son personnel. Elle prévoit, par exemple, qu'un conducteur d'engins est un technicien payé au moins 1,4 fois le SMIC mensuel. M. Bremont s'interroge cependant sur la possibilité de la compléter par un accord d'entreprise adapté aux spécificités de la SA TESSA.

DOCUMENT 8 Le principe de faveur : l'amélioration des conditions de travail

Selon le principe de faveur, les accords collectifs, sources « inférieures » de droit par rapport à la législation, peuvent édicter des règles différentes des dispositions de la loi seulement si la dérogation est favorable aux salariés.

Le principe de faveur gouverne les rapports entre la loi et les accords collectifs et en principe également les rapports entre les accords de niveau supérieur et ceux de niveau inférieur.

P. Mercati (dir.), *Introduction au droit*, DCG Nathan.

Exemple

La loi fixe la durée annuelle des congés payés à 5 semaines.

Une convention collective de branche peut majorer ces congés grâce à l'ancienneté du salarié : par exemple, 1 semaine de plus au-delà de 20 ans d'ancienneté.

Un accord d'entreprise peut allonger davantage les congés en fonction de l'ancienneté : par exemple, 2 semaines de plus au-delà de 20 ans de présence dans l'entreprise.

8. Que pourrait décider un accord salarial signé dans l'entreprise d'André Bremont en ce qui concerne le salaire minimal d'un conducteur d'engins ?

....

9. Pourquoi la loi prévoit-elle que tout salarié recruté doit être informé de l'existence de la convention collective qui lui est applicable ?

....

....

DOCUMENT 9 Les accords dérogatoires : l'adaptation des conditions de travail

Hormis dans quelques domaines comme le salaire minimum, les accords et conventions négociés entre partenaires sociaux (accords d'entreprise ou de branche) peuvent prévoir des règles moins favorables au salarié que celles de la source de droit « supérieure », en particulier en ce qui concerne la durée du travail. Il appartient aux syndicats d'obtenir un avantage d'une autre nature, en contrepartie d'une disposition pénalisant les salariés.

Exemple : si une convention collective prévoit une durée hebdomadaire du travail de 39 heures, cet allongement par rapport aux 35 heures doit être compensé, par exemple par un surplus de congés payés.

10. Comment l'existence des accords dérogatoires se justifie-t-elle ?

....

....

11. Un accord d'entreprise de la SA TESSA peut-il fixer le salaire d'embauche d'un conducteur d'engins à 1,2 fois le SMIC ? Pourquoi ?

....

II Les principales règles gouvernant les conditions de travail

A. Le temps de travail et le repos

MISE EN SITUATION L'activité de la société TESSA connaît de fortes variations saisonnières. Les heures supplémentaires sont nombreuses de mai à octobre, alors que de novembre à avril, les salariés sont sous-employés, certains connaissant même, parfois, des périodes de chômage partiel. André Bremont aimerait plus de flexibilité...

DOCUMENT 10 La durée légale et la durée maximale du travail

Principe : la **durée légale** du travail effectif est fixée à 35 heures par semaine civile (ou 1 607 heures par an) pour toutes les entreprises, quel que soit leur effectif. Les heures effectuées au-delà de la durée légale sont considérées comme des heures supplémentaires.

Durées maximales de travail : la durée de travail effectif (y compris les éventuelles heures supplémentaires accomplies) ne peut pas dépasser les limites suivantes : 10 heures par jour, 48 heures par semaine [...], 44 heures par semaine en moyenne sur une période de 12 semaines consécutives.

http://vosdroits.service-public.fr

DOCUMENT 11 Le régime légal des heures supplémentaires

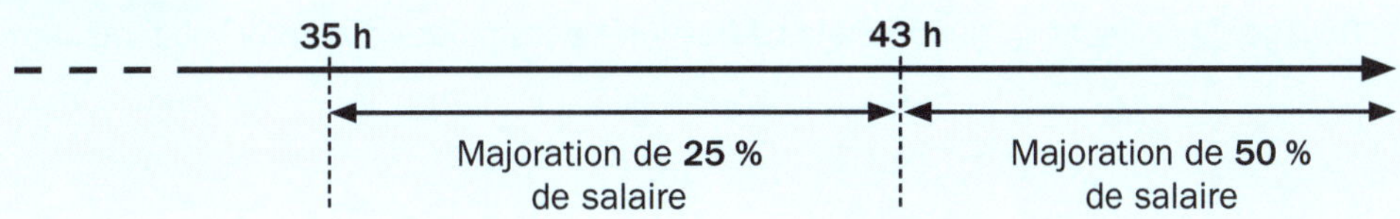

12. Dans quelle mesure la SA TESSA est-elle pénalisée par les majorations de salaire dues aux heures supplémentaires ?

....

DOCUMENT 12 Les assouplissements de la durée du travail

Selon les articles L. 3121-41 et suivants du Code du travail, un accord collectif d'entreprise ou d'établissement ou, à défaut, une convention ou un accord de branche peut définir les modalités d'aménagement du temps de travail et organiser la répartition de la durée du travail sur une période supérieure à la semaine et au plus égale à l'année.

Exemple

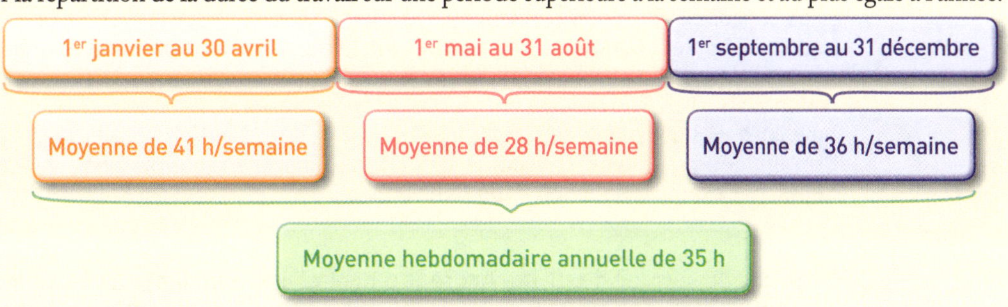

13. Quel aménagement du temps de travail serait adapté à la SA TESSA ?

....

....

14. Quels sont les avantages des accords d'aménagement du temps de travail :

– pour l'entreprise ? ....

– pour les salariés ? ....

DOCUMENT 13 Les repos quotidien et hebdomadaire

1. Le **repos quotidien** doit être au minimum de 11 heures consécutives.
2. Le **repos hebdomadaire** dépend de trois règles complémentaires :

– il est interdit d'occuper un même salarié plus de 6 jours par semaine ;

– il doit avoir une durée minimale de 24 heures (outre les 11 heures quotidiennes) ;

– il doit être donné le dimanche.

Des dérogations aux principes

– Pour les activités qui, pour des raisons techniques ou les besoins du public, ne peuvent s'interrompre le dimanche (débits de boissons, abattoirs, hôtels…).

– Pour les salariés volontaires travaillant dans des établissements dont la fermeture serait préjudiciable au public ou compromettrait le fonctionnement normal de cet établissement.

– Pour les salariés volontaires travaillant dans des entreprises de commerce ou de services appartenant à des zones touristiques internationales, des zones commerciales ou des zones touristiques connaissant une affluence particulièrement importante et certaines gares.

– Pour les salariés volontaires des commerces de détail dont l'ouverture est autorisée par le maire, 12 dimanches par an.

15. **Dégagez les raisons qui justifient les différentes dérogations au repos hebdomadaire.**

16. **Selon vous, André Bremont peut-il faire travailler ses salariés le dimanche ?**

DOCUMENT 14 Les congés payés

Les congés payés sont un droit auquel le salarié ne peut pas renoncer. Selon la loi, chaque salarié gagne 2,5 jours ouvrables (tous les jours de la semaine hormis le dimanche) par mois de travail durant la « période de référence » (généralement du 1er juin de l'année précédente au 31 mai de l'année en cours). Un an de travail donne donc : 2,5 × 12 = 30 jours ouvrables = 5 semaines de congés payés.
Conventions collectives et accords d'entreprise instituent parfois des jours supplémentaires, par exemple en fonction de l'ancienneté.

17. **En cas de surcroît d'activité, André Bremont peut-il demander à des salariés de sacrifier tout ou partie de leurs congés contre rémunération ? Pourquoi ?**

18. **Un salarié embauché le 1er juin peut-il prétendre à des congés payés au mois d'août ?**

B. La rémunération

MISE EN SITUATION Parmi les salariés de la SA TESSA, certains sont sans expérience ni qualification. Toutefois, tout le personnel profite d'accords d'entreprise qui prévoient une participation aux résultats et un plan d'épargne d'entreprise.

DOCUMENT 15 Les différents éléments possibles de la rémunération

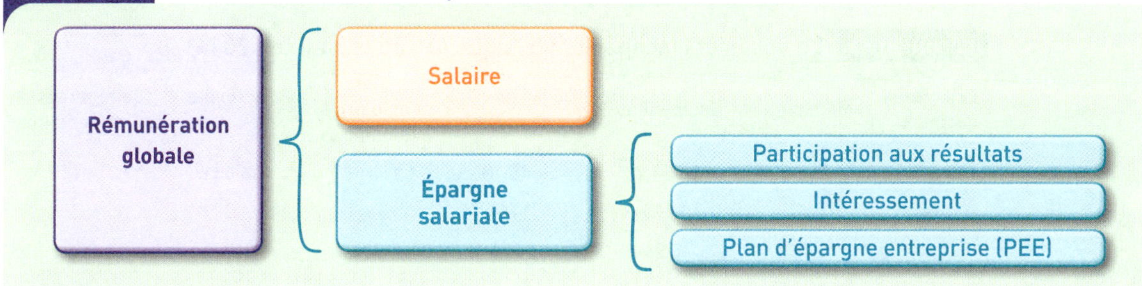

DOCUMENT 16 L'épargne salariale

Les principaux éléments de l'épargne salariale	La mise en œuvre de l'épargne salariale
1. **La participation :** répartition d'une part des bénéfices au personnel ; dispositif obligatoire à partir de 50 salariés, facultatif en deçà. Les fonds acquis sont bloqués 5 ans mais sont exonérés d'impôt. 2. **L'intéressement :** système facultatif de primes récompensant les salariés en cas d'amélioration (de la productivité, de la qualité…). Les sommes sont disponibles mais imposées, comme tout revenu. 3. **Le PEE :** système facultatif ouvrant, à tous les salariés, la faculté de participer, avec l'aide de l'entreprise, à la constitution d'un portefeuille d'actions ou d'obligations.	Il existe plusieurs modalités d'instauration de l'épargne salariale. 1. Un accord entre le chef d'entreprise et les représentants des syndicats représentatifs. 2. Un accord au sein du comité d'entreprise. 3. L'approbation, par les deux tiers au moins du personnel, d'un projet présenté par l'employeur.

19. **André Bremont a-t-il décidé seul de l'instauration des compléments de rémunération sous forme de participation et de plan d'épargne ? Justifiez votre réponse.**

20. **Peut-on reprocher à André Bremont de ne pas avoir instauré d'intéressement ?**

21. **Quel avantage majeur le salaire présente-t-il par rapport à l'épargne salariale ?**

DOCUMENT 17 Le salaire minimum interprofessionnel de croissance (SMIC)

Le SMIC correspond au salaire horaire minimum légal en dessous duquel le salarié ne peut être rémunéré. […] Une minoration du SMIC s'applique, sous conditions, au salarié mineur et à l'apprenti. […]

Le SMIC est revalorisé chaque année au 1er janvier [en fonction de l'augmentation du pouvoir d'achat du salaire moyen] et en cours d'année en fonction de l'inflation. En outre, à tout moment, le gouvernement peut décider d'augmenter le SMIC.

http://vosdroits.service-public.fr

22. **Pourquoi le minimum salarial n'est-il pas le SMIC pour tous les salariés ?**

C. La sécurité des salariés

MISE EN SITUATION Dans la SA TESSA, la sécurité est une priorité. Le port du casque et d'équipements spéciaux est exigé sur les chantiers. Malheureusement, il arrive qu'un accident survienne. Dernièrement, un jeune manœuvre, récemment recruté, a chuté d'une grande échelle et s'est gravement blessé. André Bremont n'était pas sur place au moment de l'accident.

DOCUMENT 18 Le décès et l'incapacité physique (IP) au travail (en 2014)

Principaux secteurs	Métallurgie	Bâtiment et TP	Transport, énergie	Commerces et industries alimentaires	Bois, textile, meubles	Commerces non alimentaires	Banque, assurances, administration
Effectifs	1 668 632	1 523 235	2 085 780	2 329 507	446 841	2 214 693	4 331 552
Décès	50	137	115	43	15	45	41
IP	3 460	6 944	5 451	5 213	1 490	3 152	2 205

23. Quel secteur d'activité est le plus touché par des décès ? par des IP ? Expliquez.

....

....

DOCUMENT 19 L'obligation de sécurité de l'employeur

Par une série d'arrêts en date du 28 février 2002, la Cour de cassation a considéré, à l'occasion des procès engagés par les salariés victimes de l'amiante, que tout employeur « est tenu envers le salarié d'une obligation de sécurité de résultat, notamment en ce qui concerne les maladies professionnelles contractées par ce salarié du fait des produits fabriqués ou utilisés par l'entreprise ».
La Cour de cassation a aussi redéfini la **faute inexcusable** comme l'attitude de l'employeur qui « avait ou aurait dû avoir conscience du danger auquel était exposé le salarié et n'a pas pris les mesures nécessaires pour l'en préserver ». La Cour de cassation a rappelé cette définition de la faute inexcusable de l'employeur en matière d'accident de travail.

DOCUMENT 20 Les conséquences de la faute inexcusable

Art. L. 452-1 du Code de la Sécurité sociale. Lorsque l'accident est dû à la faute inexcusable de l'employeur ou de ceux qu'il s'est substitués dans la direction, la victime ou ses ayants droit ont droit à une indemnisation complémentaire dans les conditions définies aux articles suivants.

24. Pourquoi André Bremont doit-il être particulièrement attentif au respect des règles de sécurité ?

....

....

25. Les salariés victimes d'une faute inexcusable sont-ils moins bien protégés si l'auteur de la faute est un chef de chantier, un contremaître ou un autre responsable ?

....

26. Pensez-vous qu'une faute inexcusable peut être retenue comme origine de l'accident du manœuvre de la SA TESSA ?

....

....

III Les clauses particulières du contrat de travail

A. Les clauses relatives à l'exécution du travail

MISE EN SITUATION André Bremont achève de rédiger le contrat de travail du conducteur d'engins. L'expérience lui a appris qu'il faut envisager d'éventuels changements dans les conditions d'exécution du travail : un jour, son entreprise aura peut-être plusieurs établissements. Aussi a-t-il prévu d'inclure une clause de mobilité. Toutefois, si le Code du travail l'a renseigné pour la clause d'essai, il ne trouve aucun texte concernant celle-ci. À défaut de précision dans la loi, il l'a donc rédigée à sa façon.

DOCUMENT 21 Extrait du contrat de travail du conducteur d'engins

Art. 4 – Période d'essai. Le salarié, technicien conducteur d'engins, est soumis à un essai d'une durée de trois mois, selon la règle de l'article L. 1221-19 du Code du travail. Durant cette période, chacune des parties pourra rompre le contrat de travail, en respectant le délai de prévenance fixé par l'article L. 1221-25 du Code du travail. Il est convenu que, conformément aux dispositions de la convention collective applicable, la période d'essai pourra être renouvelée à la demande de l'employeur, sans que la totalité de cet essai dépasse six mois.

Art. 5 – Lieu d'exercice et clause de mobilité. Le salarié exercera ses fonctions sur les chantiers situés dans la zone géographique du siège social de la SA TESSA, soit la région administrative Provence-Alpes-Côte d'Azur (PACA), sans que cela entraîne pour lui d'obligation de changement de domicile.
Le salarié accepte également une éventuelle modification de son lieu de rattachement. En cas de développement de l'entreprise, et selon les besoins qui en découleraient, il pourra être amené à rejoindre une autre région de France où ses services seraient utiles à l'entreprise.
Il serait avisé de ce changement de lieu de travail trois mois à l'avance au moins.

27. Quelle est l'utilité de chacune des clauses présentées ci-dessus pour chaque partie ?

28. La clause d'essai est-elle conforme à la loi ? (Aidez-vous du document 2.)

DOCUMENT 22 Les conditions de validité de la clause de mobilité

Cour de cassation – Chambre sociale – Arrêt du 9 novembre 2011 (extraits)

Attendu, selon l'arrêt attaqué, que Mme X… a été engagée le 4 janvier 2000 par la Société de gérance de distribution d'eau […] ; que son contrat de travail comportait une clause de mobilité rédigée en ces termes : « Notre direction générale pourra être amenée à vous transférer dans tout service de notre société ou à vous muter dans un de nos secteurs » ; […]

Attendu qu'une clause de mobilité doit définir de façon précise sa zone géographique d'application et ne peut conférer à l'employeur le pouvoir d'en étendre unilatéralement la portée […].

29. En prenant appui sur le cas de jurisprudence du document 22, indiquez si la clause de mobilité du contrat du conducteur d'engins est valide.

B. Les clauses renforçant la loyauté du salarié

MISE EN SITUATION Le directeur de clientèle de la SA TESSA est sur le point de démissionner. Il se voit rappeler par son employeur certains termes de son contrat, qui contient une clause de confidentialité et une clause de non-concurrence. André Bremont attend de lui qu'il se comporte loyalement.

DOCUMENT 23 La clause de confidentialité

La clause de confidentialité impose discrétion et respect des informations sensibles au salarié. De façon expresse, il s'engage à ne rien révéler aux tiers – concurrents, en particulier – qui relèverait des secrets de fabrication, des choix stratégiques, des méthodes commerciales de l'entreprise.
La violation de cette clause peut être cause de licenciement pour faute et de versement de dommages et intérêts à l'employeur.

DOCUMENT 24 La clause de non-concurrence

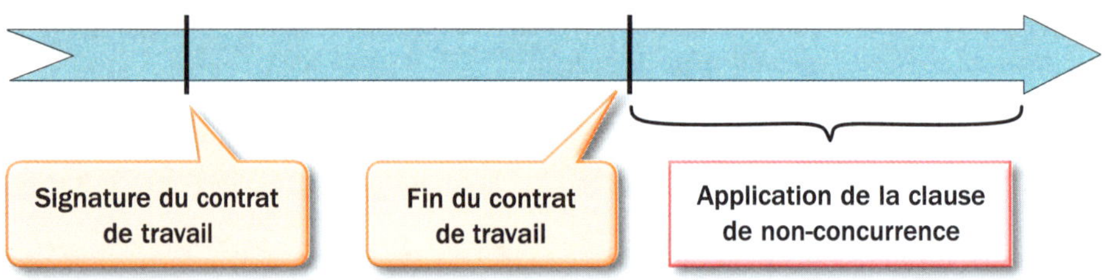

La clause de non-concurrence interdit au salarié qui quitte l'entreprise (démission, licenciement) de se faire embaucher chez un concurrent ou de créer une entreprise dans laquelle il développerait une activité concurrençant son ancien employeur.

DOCUMENT 25 Les conditions de validité de la clause de non-concurrence

La licéité de la clause de non-concurrence résulte du principe de la force obligatoire du contrat. Toutefois, elle constitue indéniablement une atteinte à la liberté du travail et à la liberté d'entreprendre. Aussi, la jurisprudence détermine-t-elle ses conditions de validité.

1re condition	La clause ne doit pas avoir une portée absolue : sa durée d'application, l'espace géographique concerné et les activités interdites doivent être limités.
2e condition	La présence de la clause dans le contrat doit être indispensable à la protection des intérêts légitimes de l'entreprise.
3e condition	Le salarié doit obtenir une contrepartie financière non dérisoire.

30. Quelle est l'utilité des clauses présentées ci-dessus ?

31. Qu'est-ce qui différencie ces clauses ?

32. Rédigez une clause de non-concurrence telle qu'elle pourrait figurer dans le contrat du directeur de clientèle de la SA TESSA. Veillez à ce qu'elle soit valable.

1 Bien lire avant de signer !

Simon Gilles est sur le point de signer un contrat de travail. Il s'interroge sur les conditions de travail qui lui sont proposées. Il est prêt à contester tout ce qui serait contraire à ses droits.

1. Indiquez les sources des règles de droit qui gouvernent les conditions de travail de Simon Gilles.
2. Relevez les clauses du contrat de Simon Gilles qui ne vous paraissent pas conformes. Justifiez votre critique et proposez une autre formulation de ces clauses.

DOCUMENT Le contrat de travail proposé à Simon Gilles

CONTRAT DE TRAVAIL À DURÉE INDÉTERMINÉE

ENTRE LES SOUSSIGNÉS :

– la SA Intraville,
8 avenue Georges-Brassens – 06600 Antibes,
représentée par M. Jean Prunet, gérant,
d'une part,

– et M. Simon Gilles,
demeurant 6 rue des Remparts – 06400 Cannes, de nationalité française, d'autre part,

IL A ÉTÉ CONVENU ET ARRÊTÉ CE QUI SUIT :
Article 1er – M. Simon Gilles est engagé en qualité de chef de rayon, avec la qualification d'employé, coefficient 350, sous réserve des résultats de la visite médicale d'embauche.
Le présent contrat est régi par la convention collective nationale 3305, dite « de la grande distribution ».
Article 2 – Le présent contrat prend effet le 1er septembre 2017 pour une durée indéterminée.
Il est résiliable par l'une ou l'autre des parties, sous réserve du respect d'un délai de préavis d'un mois en cas de démission et de deux mois en cas de licenciement.
La première période de trois mois sera considérée comme période d'essai au cours de laquelle chacune des parties pourra rompre le contrat sans indemnité, avec préavis de huit jours par simple lettre recommandée. Au terme de cet essai, l'employeur se réserve la faculté de le reconduire, pour une seconde période égale.
Article 3 – M. Simon Gilles est chargé de l'installation et de la supervision du rayon qui lui sera indiqué chaque trimestre par le responsable du magasin où il interviendra.
Article 4 – M. Simon Gilles prendra ses fonctions dans le magasin d'Antibes. Toutefois, la direction de la SA Intraville se réserve la possibilité de le muter dans tout autre établissement, situé en France ou à l'étranger, où l'utilisation de ses compétences s'avérerait nécessaire.
Article 5 – Durée du travail : compte tenu des exigences de sa mission, M. Simon Gilles accepte de consacrer le temps nécessaire à sa bonne exécution, sans horaires précis.
Article 6 – M. Simon Gilles percevra un salaire mensuel brut de 2 500 €, conforme au minimum conventionnel afférent à l'indice 350. Ce salaire sera révisé annuellement.
Article 7 – M. Simon Gilles bénéficiera des congés payés institués par la convention collective susmentionnée, soit actuellement 35 jours ouvrables par an.
Article 8 – Compte tenu de la nature de ses fonctions, M. Simon Gilles s'engage, en cas de rupture du présent contrat, pour quelque cause que ce soit, à ne pas entrer au service d'une entreprise concurrente de la SA Intraville, installée dans les Alpes-Maritimes et le Var, pour y exercer les mêmes fonctions, durant les deux ans suivant la rupture du contrat de travail. En contrepartie, M. Simon Gilles recevra alors, pendant 24 mois, une somme égale à 1/5e de son salaire.

Fait en deux exemplaires, à Antibes, le 29 août 2017.

2 Un contrat de travail, ça se rédige avec soin !

Consultez les modèles de contrat proposés par les sites Internet cités ci-dessous.
• http://lentreprise.lexpress.fr/ressources-humaines/contrat-de-travail-modele-de-contrat-a-duree-indeterminee-cdi_7722.html
• http://entrepreneur.lesechos.fr/entreprise/modeles/social/cdd_C19-cdd-avec-terme-precis-contrat-temporaire-par-nature-831.php

1. Imaginez une situation où le CDI s'impose et un cas de recours au CDD.
2. Rédigez les contrats et justifiez les clauses particulières que vous insérerez.

TESTEZ VOS CONNAISSANCES !

Répondez par vrai ou par faux aux propositions suivantes.

1. En droit du travail, les règles légales constituent la protection minimale des salariés.
- ❑ Vrai
- ❑ Faux

2. Certaines règles légales ne peuvent jamais être modifiées par les conventions collectives ou le contrat de travail.
- ❑ Vrai
- ❑ Faux

3. Il est impossible que les accords collectifs de travail soient défavorables aux salariés.
- ❑ Vrai
- ❑ Faux

4. Le SMIC est une base de calcul du salaire facultative.
- ❑ Vrai
- ❑ Faux

5. La durée maximale du travail est de 35 heures par semaine ou de 1 607 heures par an.
- ❑ Vrai
- ❑ Faux

6. En cas de faute inexcusable, l'employeur encourt une responsabilité aggravée.
- ❑ Vrai
- ❑ Faux

7. La durée de la période d'essai est librement fixée par les parties au contrat de travail.
- ❑ Vrai
- ❑ Faux

8. La force obligatoire du contrat donne un caractère licite à toutes les clauses du contrat de travail.
- ❑ Vrai
- ❑ Faux

L'ESSENTIEL

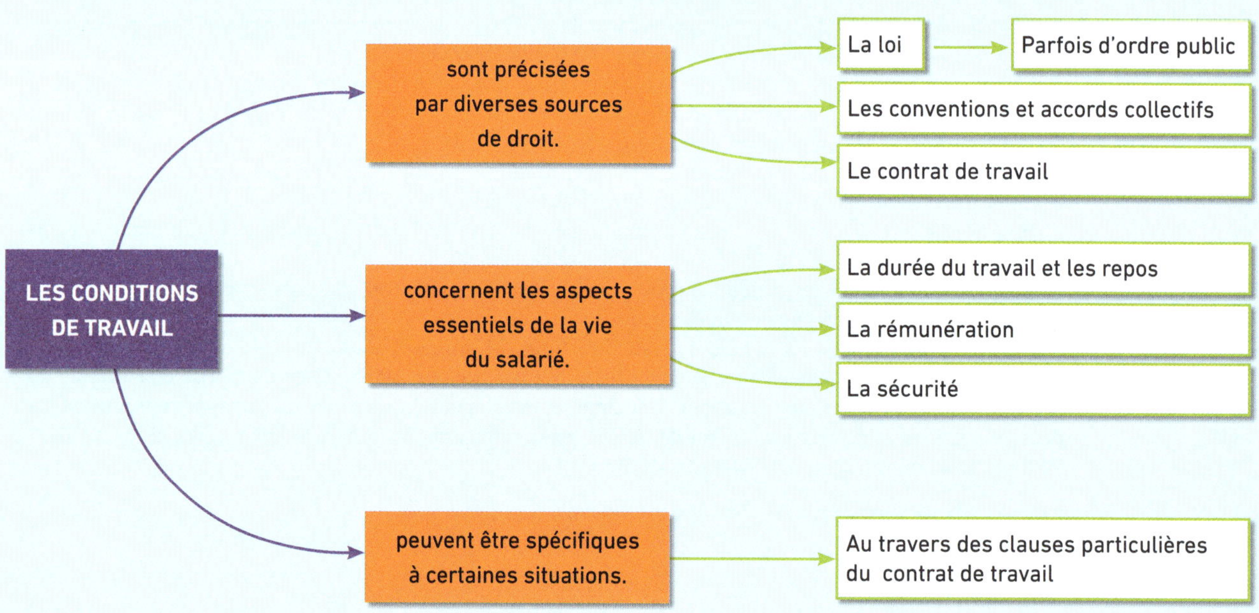

MOTS-CLÉS

- Accord collectif
- Aménagement du temps de travail
- Clause de confidentialité
- Clause de mobilité
- Clause de non-concurrence
- Congés payés
- Heures supplémentaires
- Intéressement
- Ordre public
- Participation aux résultats
- Plan d'épargne d'entreprise
- SMIC

6 Les libertés individuelles et collectives des salariés

MISE EN SITUATION

Sébastien Piche travaille dans un hypermarché généraliste indépendant, la société Herber SA, qui compte 76 salariés. Syndicaliste, il représente la CFDT (Confédération française démocratique du travail) dans l'entreprise.

Sébastien a souvent l'occasion de conseiller ses collègues et de discuter avec le directeur général de la société.

Récemment, certaines mesures ont été vécues par le personnel comme des atteintes aux libertés fondamentales. Ainsi, Sébastien a été consulté pour savoir si l'installation de caméras au-dessus des caisses était licite. Par ailleurs, certains salariés lui ont demandé si une grève ne pouvait pas être envisagée pour faire abandonner la décision prise par l'employeur de restreindre sévèrement l'usage d'Internet dans les bureaux.

De son côté, Sébastien s'interroge : son ancienneté dans l'entreprise ne lui a jamais procuré les promotions que d'autres ont obtenues. Il craint d'être victime d'une discrimination liée à son statut de représentant syndical.

1. **Selon vous, pourquoi et pour qui l'installation de caméras au-dessus des caisses de l'hypermarché peut-elle poser problème ?**
2. **En quoi l'usage personnel d'Internet par les salariés peut-il gêner le travail ?**
3. **D'après vous, pourquoi Sébastien Piche peut-il craindre que ses fonctions syndicales dans l'entreprise soient un obstacle au bon déroulement de sa carrière ?**

I Les libertés individuelles des salariés

A. Le respect de la personne du salarié

MISE EN SITUATION Sébastien Piche décide de résoudre le problème que semble poser son appartenance syndicale. Il est prêt à saisir la justice si nécessaire, d'autant plus qu'il subit des remarques qu'il juge déplacées et vexantes de la part de la direction depuis qu'il a endossé l'habit de représentant syndical.

DOCUMENT 1 L'interdiction des discriminations à l'embauche

L'employeur est en principe libre d'embaucher le candidat de son choix.
Cependant, les textes juridiques fixent des limites à la liberté de sélection et d'embauche des candidats, afin d'assurer le respect du principe d'égalité devant l'emploi.

Interdiction des discriminations à l'embauche

Aucune personne ne peut être écartée d'une procédure de recrutement en raison de son origine, de son sexe, de sa situation de famille, de ses mœurs, de son orientation sexuelle, de son apparence physique, de son patronyme, de son âge, de son état de grossesse, de sa situation de famille, de son appartenance à une ethnie, une nation ou une race, de ses opinions politiques, de ses activités syndicales ou mutualistes, de ses convictions religieuses, etc. […]
Tout refus d'embauche discriminatoire est passible de sanctions pénales.

Agence pour la création d'entreprises, www.apce.com

DOCUMENT 2 La généralisation de l'interdiction des discriminations

Article L. 1132-1 du Code du travail. Aucune personne ne peut être écartée d'une procédure de recrutement ou de l'accès à un stage ou à une période de formation en entreprise, aucun salarié ne peut être sanctionné, licencié ou faire l'objet d'une mesure discriminatoire […], notamment en matière de rémunération, […] de formation, de reclassement, d'affectation, de qualification, de classification, de promotion professionnelle, de mutation ou de renouvellement de contrat […].

1. Pourquoi la loi sanctionne-t-elle la discrimination à l'embauche ?

....

....

2. Quelle différence faut-il faire entre la sélection dans le recrutement et la discrimination à l'embauche ?

....

....

3. Sébastien pourrait-il faire état d'une discrimination nuisant à sa carrière ?

....

DOCUMENT 3 Les formes de harcèlement interdites par la loi

Harcèlement moral : agissements répétés ayant pour objet ou pour effet une dégradation des conditions de travail susceptible de porter atteinte aux droits du salarié ou à sa dignité, d'altérer sa santé physique ou mentale, ou de compromettre son avenir professionnel.

Harcèlement sexuel : propos ou comportements à connotation sexuelle répétés, ou toute forme de pression grave, qui soit portent atteinte à la dignité du salarié, en raison de leur caractère dégradant ou humiliant, soit créent à son encontre une situation intimidante, hostile ou offensante.

4. Quel type de harcèlement Sébastien prétend-il subir ?

....

B. Le respect de la vie personnelle du salarié

MISE EN SITUATION Sébastien Piche a décidé de se renseigner pour savoir exactement ce qu'il en est des caméras récemment installées et de la note de service relative à l'usage d'Internet dans l'entreprise. Il reçoit aussi les doléances des livreurs qui n'apprécient pas le dispositif de géolocalisation qui vient d'être installé dans leurs camions. Certains craignent que leur comportement en dehors de l'entreprise soit pris en compte pour les sanctionner.

DOCUMENT 4 Un principe essentiel : l'intimité de la vie privée

Article 9 du Code civil. Chacun a droit au respect de sa vie privée [...].

DOCUMENT 5 L'avis de la CNIL à propos d'Internet au bureau

1. La nécessité d'informer les salariés
Les employés doivent être informés des dispositifs mis en place et des modalités de contrôle de leur utilisation d'Internet, de leur messagerie et de leurs dossiers enregistrés sur les serveurs. Ils doivent être informés individuellement.

2. Le contrôle de l'utilisation d'Internet
L'employeur peut fixer les conditions et limites de l'utilisation d'Internet, lesquelles ne constituent pas, en soi, des atteintes à la vie privée des salariés.

3. Le contrôle de l'utilisation de la messagerie
Des exigences de sécurité [...] peuvent conduire les entreprises à mettre en place des outils de contrôle de la messagerie. [...]
L'employeur doit respecter le secret des correspondances privées. [...] La Cour de cassation a affirmé, dans un arrêt du 2 octobre 2001 (arrêt « Nikon »), qu'un employeur ne saurait prendre connaissance de messages personnels d'un employé sans porter atteinte à la vie privée de celui-ci et au principe du secret des correspondances.

4. L'accès aux dossiers contenus dans le poste informatique
Il a été jugé que les fichiers créés par un salarié grâce à l'outil informatique mis à sa disposition pour l'exécution de son travail sont présumés, sauf si le salarié les identifie comme étant personnels, avoir un caractère professionnel (Cour de cassation, 18 octobre 2006).

Commission nationale de l'Informatique et des Libertés (CNIL), www.cnil.fr

5. Selon la CNIL, à quelles conditions l'employeur peut-il limiter l'usage d'Internet ?

....

....

6. Quelle règle assure la protection de la vie privée du salarié ?

....

DOCUMENT 6 Note de service destinée au personnel des bureaux de Herber SA

NOTE N° 59

Le personnel est avisé que l'usage de l'ordinateur est strictement professionnel. L'exploitation d'Internet à titre privé est formellement interdite, de même que l'échange de mails sans rapport avec l'activité professionnelle. La direction se réserve le droit de consulter les dossiers et fichiers de chacun, qui ne doivent en aucun cas contenir de documents personnels. Toute violation des présentes règles sera considérée comme une faute et entraînera une sanction appropriée.

7. Que pensez-vous de la note de service de l'entreprise Herber SA ?

....

....

DOCUMENT 7 La surveillance du salarié

L'employeur peut parfois être amené à mettre en place un système de surveillance des salariés de son entreprise. Il peut obliger à porter un badge, prévoir des contrôles par caméra, enregistrer des communications téléphoniques. Mais l'employeur est tenu de déclarer à la CNIL l'ensemble des systèmes de cybersurveillance du personnel. Il doit aussi aviser préalablement les salariés concernés et les représentants du personnel.

DOCUMENT 8 La géolocalisation du salarié

La Cnil a adopté (le 4 juin 2015) une nouvelle norme pour la déclaration simplifiée des dispositifs de géolocalisation des véhicules des salariés. Elle proscrit leur utilisation hors temps de travail [...]. La nouvelle délibération interdit expressément de collecter des données de localisation en dehors du temps de travail des salariés concernés, en particulier lors des trajets effectués entre leur domicile et leur lieu de travail ou pendant leurs temps de pause. Elle rappelle que les salariés doivent pouvoir, quelle que soit la finalité du dispositif, désactiver la fonction de géolocalisation, en particulier à l'issue de leur temps de travail ou pendant leurs temps de pause [...].

www.efl.fr

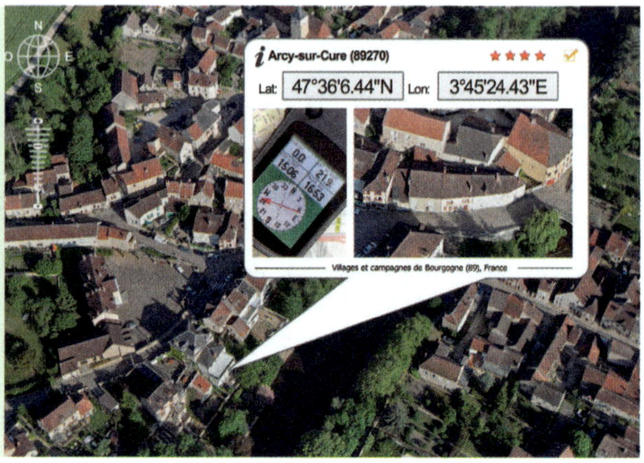

8. **Quelles précautions la direction de Herber SA doit-elle prendre pour installer des caméras et un système de géolocalisation ?**

....

....

9. **Comment ces restrictions au droit du chef d'entreprise se justifient-elles ?**

....

....

DOCUMENT 9 La protection de l'autonomie de la personne

La vie personnelle comporte un aspect différent de l'intimité de la vie privée : celui des activités publiques du salarié. Il s'agit de permettre au salarié d'être autonome par rapport à l'entreprise qui l'emploie. La Cour de cassation a consacré ce principe dans la célèbre affaire Rossard (Cass. soc., 22 janv. 1992). Une salariée, secrétaire du directeur du garage Renault à Montmorillon, avait acheté une voiture Peugeot. [...] La Cour de cassation a proclamé à cette occasion qu'un salarié, en dehors de sa vie professionnelle, est libre d'acheter les biens, produits et marchandises de son choix.

« La vie privée au travail », www.avocat-drai-attal.fr

10. **Un chauffeur de Herber SA pourrait-il être sanctionné pour sa fréquentation assidue d'un bar (révélée par la géolocalisation), après la fin de son service ?**

....

....

11. **Donnez des exemples d'activités personnelles du salarié qui s'exercent en toute autonomie par rapport à l'entreprise.**

....

....

DOCUMENT 10 Les atteintes aux droits et libertés admises par la loi

Article L. 1121-1 du Code du travail. Nul ne peut apporter aux droits des personnes et aux libertés individuelles et collectives de restrictions qui ne seraient pas justifiées par la nature de la tâche à accomplir ni proportionnées au but recherché.

12. D'une manière générale, dans quels cas la loi valide-t-elle certaines atteintes aux libertés et droits des salariés ?

....

....

13. Indiquez, dans le tableau ci-dessous, si les situations relèvent d'une pratique licite ou illicite de l'employeur au regard de l'article L. 1121-1 du Code du travail. Justifiez.

Exemples de situations litigieuses	Pratique		Justification
	Licite	Illicite	
Interdiction aux femmes salariées de se marier pour obtenir d'elles une plus grande disponibilité	❑	❑	
Obligation faite à des salariés de porter un costume-cravate pour rencontrer les clients de l'entreprise	❑	❑	
Règlement intérieur interdisant de plaisanter, siffler ou chantonner en travaillant	❑	❑	
Note de service demandant aux salariés de signaler toute affection ou maladie personnelle	❑	❑	
Obligation aux salariés conduisant des cars de transport de personnes de se soumettre à un contrôle d'alcoolémie	❑	❑	

C. La liberté d'expression

MISE EN SITUATION Certains salariés de l'entreprise Herber SA estiment que les représentants syndicaux, s'ils sont habilités à présenter les réclamations en leur nom, ne sont pas toujours aussi combatifs qu'ils le souhaiteraient. Ces salariés aimeraient savoir comment s'exprimer sur leurs conditions de travail, d'autant plus qu'ils ont eu connaissance récemment du licenciement pour faute grave d'un employé qui s'était laissé aller à insulter le chef d'entreprise en public.

DOCUMENT 11 Le droit d'expression dans le Code du travail

Article L. 2281-1. Les salariés bénéficient d'un droit à l'expression directe et collective sur le contenu, les conditions d'exercice et l'organisation de leur travail.

14. Est-il interdit aux salariés de Herber SA de s'exprimer sur leurs conditions de travail sans passer par leurs représentants syndicaux ?

....

....

DOCUMENT 12 La protection du droit d'expression directe et collective

Article L. 2281-3 du Code du travail. Les opinions que les salariés, quelle que soit leur place dans la hiérarchie professionnelle, émettent dans l'exercice du droit d'expression ne peuvent motiver une sanction ou un licenciement.

DOCUMENT 13 La mise en œuvre du droit d'expression prévu par la loi

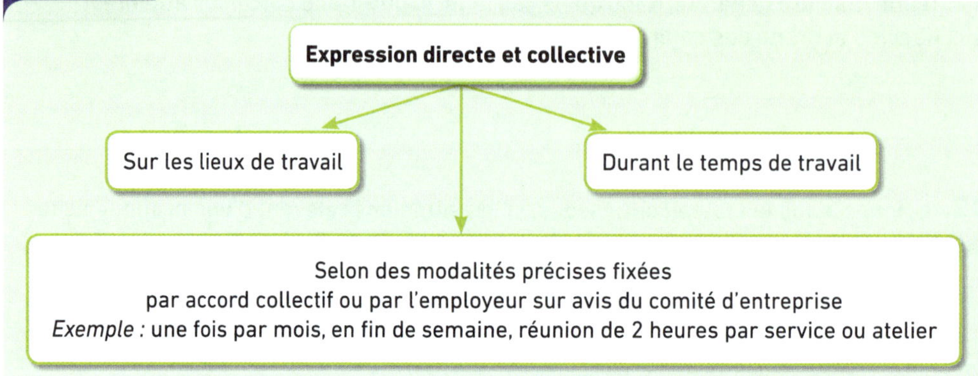

15. À quelle condition les salariés de l'entreprise Herber SA peuvent-ils s'exprimer sur leurs conditions de travail ?

16. Comment et pourquoi la loi protège-t-elle ce droit d'expression ?

DOCUMENT 14 Le droit d'expression hors des lieux de travail

La jurisprudence reconnaît à tout salarié un droit fondamental : celui de s'exprimer librement, en toutes circonstances, sur son emploi et sur ses conditions de travail. Aucun texte du Code de travail ne le dit, mais cette liberté se rattache aux droits les plus essentiels du salarié.

DOCUMENT 15 Les limites à la liberté d'expression individuelle

Les salariés peuvent-ils parler de leur employeur librement sur Facebook ?

Les salariés bénéficient, certes, d'un droit à la liberté d'expression applicable quel que soit le support des propos tenus. La liberté d'expression est un droit fondamental [...]. Pour autant, les salariés doivent maîtriser leurs propos, car cette liberté d'expression a une limite : l'abus. La Cour de cassation juge ainsi régulièrement que *« sauf abus, le salarié jouit dans l'entreprise et en dehors de celle-ci de sa liberté d'expression »* (cf. notamment Cass. soc. 27 mars 2013 n° 11-19.734). Cet abus est constitué lorsque les propos comportent des termes injurieux, diffamatoires ou excessifs. Le contrôle de l'employeur peut porter sur le contenu des propos tenus, par ses salariés, sur les réseaux sociaux.

www.lemonde.fr, 12 janvier 2016.

17. Que signifie concrètement le droit du salarié de s'exprimer hors des lieux de travail ?

18. Quelle obligation des salariés limite leur liberté d'expression ?

19. Quel est le danger des messages postés sur les réseaux sociaux ?

II Les libertés collectives des salariés

A. Le droit de grève

MISE EN SITUATION L'ambiance se dégrade dans l'entreprise Herber SA. Les salariés contestent les mesures récemment décidées. Ils parlent de grève, mais craignent de perdre de l'argent en arrêtant le travail. Certains imaginent ralentir le rythme de travail de façon à gêner leur employeur.

DOCUMENT 16 La reconnaissance du droit de grève

Préambule de la Constitution – Article 7
Le droit de grève s'exerce dans le cadre des lois qui le réglementent.

DOCUMENT 17 La définition de la grève

Le Préambule de la Constitution énonce le principe du droit de grève. Pour autant, il ne dit pas ce qu'est la grève. Quels sont donc les comportements de salariés que l'on peut qualifier de grève ? La question est importante, puisque faire grève est un droit… alors que ne pas exécuter correctement son travail est une faute. La jurisprudence joue donc un rôle essentiel dans la définition de la grève.

20. Quel est l'apport du Préambule de la Constitution ?

21. Quelle est la limite du texte constitutionnel ?

DOCUMENT 18 Les conditions d'exercice de la grève

Définition jurisprudentielle
La grève est un arrêt de travail collectif et concerté au service de revendications professionnelles.

- Il faut suspendre le travail et non pas ralentir les cadences ou mal exécuter les tâches.
- La grève n'est pas une manifestation individuelle, mais la jurisprudence n'exige pas de pourcentage de salariés en grève.
- Cependant, le lancement de la grève ne nécessite pas de formalités particulières, ni de mot d'ordre syndical.
- La grève ne peut être justifiée que par la défense des attentes des salariés (salaire, sécurité de l'emploi, conditions de travail, etc.).

22. Ralentir les cadences de travail serait-il une façon de faire grève ? Justifiez.

23. Formulez les conseils à donner aux salariés de Herber SA pour lancer une grève.

DOCUMENT 19 Préavis nécessaire ou pas ?

Article L. 2512-2 du Code du travail. Lorsque les personnels mentionnés à l'article L. 2512-1 [les fonctionnaires et les salariés des services publics] exercent le droit de grève, la cessation concertée du travail est précédée d'un préavis. [...]
Le préavis doit parvenir cinq jours francs avant le déclenchement de la grève. [...]

24. **Les salariés de Herber SA doivent-ils respecter un préavis de grève ?**

25. **Quel principe justifie le préavis de grève dans le secteur public ?**

DOCUMENT 20 Les conséquences de la grève

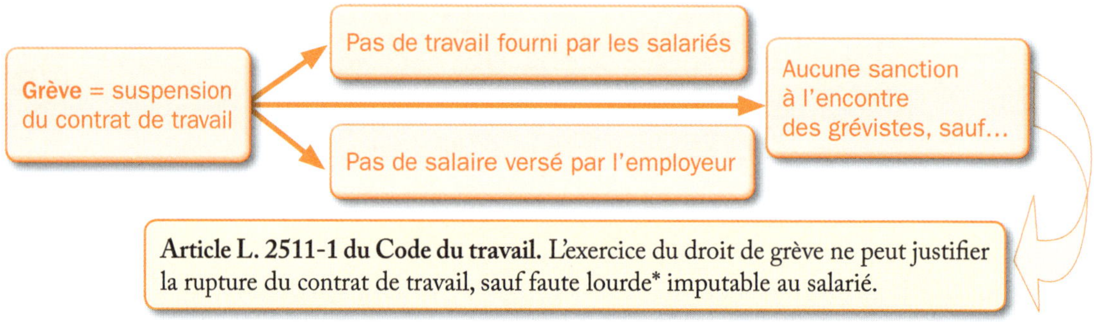

* La faute lourde est une faute d'une extrême gravité, manifestant une volonté de nuire à l'entreprise.

26. **Quel est le coût de la grève pour l'employeur ? pour les salariés ?**

27. **Donnez un exemple de faute lourde commise par un gréviste.**
Précisez sa conséquence.

DOCUMENT 21 Les limites jurisprudentielles au droit de grève

1. L'inexécution fautive du contrat de travail – Dans tous les cas où il n'y a pas grève au sens propre du mot (grève « perlée » ou ralentissement des cadences, « grève » par un seul salarié...), les salariés peuvent être sanctionnés et leur responsabilité contractuelle peut être engagée.

2. L'abus du droit de grève – La grève peut être abusive dans son but : c'est le cas de la grève pour des motifs politiques, par exemple. Elle est parfois abusive dans ses revendications : si celles-ci sont manifestement excessives. Enfin, la grève est abusive dans ses moyens quand elle révèle une volonté manifeste de désorganisation de l'entreprise : « débrayages » répétés, grève avec occupation des locaux, etc.

28. **Comment se justifient les limites au droit de grève apportées par la jurisprudence ?**

B. La défense des droits des salariés par leurs représentants élus

MISE EN SITUATION Dans l'entreprise Herber SA, plusieurs salariés jouent un rôle dans la défense des intérêts du personnel. Il n'est pas rare que Sébastien Piche soit obligé de rappeler à ses collègues les fonctions précises de ces personnes qui ont été choisies lors d'élections professionnelles. D'ailleurs, l'employeur ne saurait, sans risque, s'opposer à leur action.

DOCUMENT 22 Les différentes institutions représentatives du personnel (IRP)

	Taille des entreprises (ou établissements)		
	De 0 à 10 salariés	De 11 à 49 salariés	50 salariés et +
Représentants du personnel élus par les salariés	–	Délégué(s) du personnel	
	–	–	Comité d'entreprise

29. Quelles sont les IRP présentes dans l'entreprise Herber SA ?

DOCUMENT 23 Le délit d'entrave

L'infraction : l'entrave est le fait de porter atteinte à la nomination ou à l'exercice des fonctions des représentants du personnel.

→

Les sanctions : amende de 7 500 € (et/ou 1 an d'emprisonnement en cas d'obstacle à la libre nomination des IRP)

30. Pourquoi la répression de l'entrave est-elle indispensable ?

DOCUMENT 24 Les deux types d'attributions du comité d'entreprise

Attributions d'information et de consultation	Attributions en matière sociale et culturelle
Le CE est informé et consulté sur les questions concernant l'organisation, la gestion et la marche générale de l'entreprise, notamment sur les sujets suivants : la formation professionnelle, l'apprentissage, les problèmes généraux relatifs aux conditions de travail, les projets de restructuration et de compression des effectifs, la qualification, la rémunération ou les conditions de travail, etc.	Le CE assure, organise et développe, en faveur des salariés de l'entreprise, des activités sociales et culturelles. Il peut s'agir, notamment, de la prise en charge de tout ou partie d'une mutuelle de santé, de la prise en charge de tout ou partie d'une cantine, de la mise en place de jardins familiaux ou de crèches, d'activités sportives ou de loisirs (colonies de vacances, séjours...), d'activités culturelles, etc.
Moyens utilisés	**Moyens disponibles**
Le CE reçoit ainsi, notamment, les documents comptables et financiers, chaque trimestre, des informations sur la production, les commandes, la situation financière et [...] un rapport annuel sur l'activité et la situation financière de l'entreprise.	L'employeur verse chaque année une contribution pour financer les institutions sociales du CE.

http://vosdroits.service-public.fr

31. Dans quel domaine l'action du comité d'entreprise est-elle la plus concrète ?

32. En quoi le CE participe-t-il au management de l'entreprise ?

DOCUMENT 25 La mission spécifique des délégués du personnel

La mission des délégués du personnel	Exemples	Modalités d'exercice
Les délégués du personnel ont pour mission de recueillir les réclamations des salariés, tant individuelles que collectives, concernant l'application des règles du droit du travail, et d'en faire part au chef d'entreprise.	• Demande de l'ensemble du personnel de respect d'un accord collectif sur la rémunération des heures supplémentaires. • Demande d'une salariée exigeant le respect de l'égalité des salaires entre hommes et femmes.	L'employeur doit accepter de discuter de revendications, en recevant tous les mois les délégués et en répondant aux doléances qui sont exprimées. S'il refusait, l'employeur commettrait un délit d'entrave, sanctionné pénalement.

33. Quel est le rôle spécifique des délégués du personnel par rapport au CE ?

C. La défense des droits des salariés par les représentants syndicaux

MISE EN SITUATION Sébastien Piche n'est pas le seul syndicaliste dans l'entreprise Herber SA. D'autres que lui ont été nommés par la CGT, FO et la CFTC. Ils sont parfois en désaccord, parfois totalement d'accord pour mener à bien leurs actions dans l'entreprise. Ainsi ont-ils récemment obtenu une révision des horaires ayant permis de libérer le samedi matin.

DOCUMENT 26 La négociation avec l'employeur

Dans l'entreprise, les délégués syndicaux désignés par les syndicats représentatifs peuvent négocier les accords sur les conditions de travail. Pour être représentatif, un syndicat doit répondre à plusieurs critères : en particulier, il faut qu'il ait obtenu au moins 10 % des voix aux dernières élections professionnelles (de délégués du personnel ou de membres du comité d'entreprise).

34. Qui désigne les délégués syndicaux dans l'entreprise ?

35. Quel est l'objet des accords d'entreprise négociés par les partenaires sociaux ?

DOCUMENT 27 La présentation des revendications

Pour défendre les intérêts matériels et moraux des salariés, les délégués syndicaux n'hésitent pas à revendiquer des avantages nouveaux, quitte à déclencher une grève en cas de déception. Capables d'imaginer parfois des modes nouveaux de fonctionnement de l'entreprise, ils remettent même en cause des choix stratégiques s'ils les estiment néfastes pour les salariés.

36. En quoi les délégués syndicaux constituent-ils un contre-pouvoir dans l'entreprise ?

1 Une preuve mal acquise ne profite jamais !

Le directeur de l'entreprise Brad, grossiste en produits de droguerie et d'entretien, remarque que son stock est régulièrement marqué par des disparitions inexpliquées. Après quelques hésitations sur la conduite à tenir, il décide d'installer des caméras dans l'entrepôt où sont stockés les produits et où sont préparées les livraisons. Il préfère ne pas avertir le personnel car il veut surprendre le ou les salariés présumés voleurs.
L'enregistrement vidéo permet de repérer très rapidement l'employé indélicat et de l'identifier sans hésitation. Ce salarié est convoqué à un entretien durant lequel son renvoi lui est annoncé au motif de faute grave. Au terme de la procédure de licenciement, le salarié, furieux d'avoir été démasqué par un procédé qu'il estime illicite, décide de saisir le conseil de prud'hommes : il entend contester le licenciement. L'avocat qu'il consulte lui rapporte le cas de jurisprudence reproduit dans le document.

1. **Qualifiez juridiquement les parties et les faits dans l'affaire rapportée.**
2. **Posez le problème juridique.**
3. **Dégagez la solution de la cour d'appel.**
4. **Précisez le sens de l'arrêt de la Cour de cassation, en expliquant les priorités de la Cour dans ce type de situation.**
5. **Énoncez la solution qui s'appliquera au salarié de l'entreprise Brad, après avoir argumenté.**

DOCUMENT Cour de cassation (chambre sociale) – Arrêt du 10 janvier 2012 (extrait)

Attendu, selon l'arrêt attaqué, que M. X… et divers autres salariés de la société de nettoyage Technique française du nettoyage, affectés sur le site de la société cliente Guillet, ayant saisi la juridiction prud'homale aux fins d'obtenir le paiement notamment de primes d'habillage, leur employeur a demandé et obtenu le 3 septembre 2008 une ordonnance sur requête désignant un huissier aux fins de visionner les enregistrements des caméras de vidéosurveillance placées à l'entrée de la société cliente pour la période d'avril à août 2008 et d'établir un relevé des heures d'arrivée et de départ de ses salariés à comparer avec les relevés d'activité établis par le chef d'équipe ; […]
Attendu cependant que si l'employeur a le droit de contrôler et de surveiller l'activité de ses salariés pendant le temps de travail, il ne peut être autorisé à utiliser comme mode de preuve les enregistrements d'un système de vidéosurveillance installé sur le site d'une société cliente permettant le contrôle de leur activité dont les intéressés n'ont pas été préalablement informés de l'existence ;
Qu'en statuant comme elle l'a fait, alors que la lettre du 20 mai 2008 […] n'informait pas les salariés de l'existence d'un dispositif de vidéosurveillance qui permettait de contrôler leurs heures d'arrivée et de départ sur le lieu du travail, la cour d'appel a violé les textes susvisés ;
PAR CES MOTIFS : CASSE ET ANNULE, dans toutes ses dispositions, l'arrêt rendu le 8 juin 2010, entre les parties, par la cour d'appel d'Angers […].

2 En savoir plus sur les IRP

VIDÉO

Reportez-vous à la vidéo 6-1 sur les délégués du personnel pour répondre aux questions suivantes :

1. **Quelles sont les obligations de l'employeur concernant les élections des délégués du personnel ?**
2. **Qui présente les candidats à ces élections ?**
3. **Quelles sont les missions du délégué du personnel ?**

TESTEZ VOS CONNAISSANCES !

Répondez par vrai ou par faux aux propositions suivantes.

1. Le chef d'entreprise est absolument libre de recruter des salariés en les sélectionnant selon ses propres critères.
❑ Vrai ❑ Faux

2. Il existe deux formes de harcèlement en entreprise.
❑ Vrai ❑ Faux

3. L'employeur ne peut pas prendre connaissance des informations qu'un salarié a enregistrées dans un dossier de son ordinateur qualifié de « personnel ».
❑ Vrai ❑ Faux

4. Les comportements du salarié rattachés à la sphère de sa vie privée peuvent être retenus comme motifs de sanction professionnelle.
❑ Vrai ❑ Faux

5. La grève doit toujours être précédée d'un préavis.
❑ Vrai ❑ Faux

6. Les salariés grévistes perdent le droit à rémunération pendant le temps de la grève.
❑ Vrai ❑ Faux

7. Les délégués du personnel et les délégués syndicaux sont élus par les salariés dans l'entreprise.
❑ Vrai ❑ Faux

8. Seuls les syndicats représentatifs peuvent participer à la négociation des accords collectifs de travail.
❑ Vrai ❑ Faux

L'ESSENTIEL

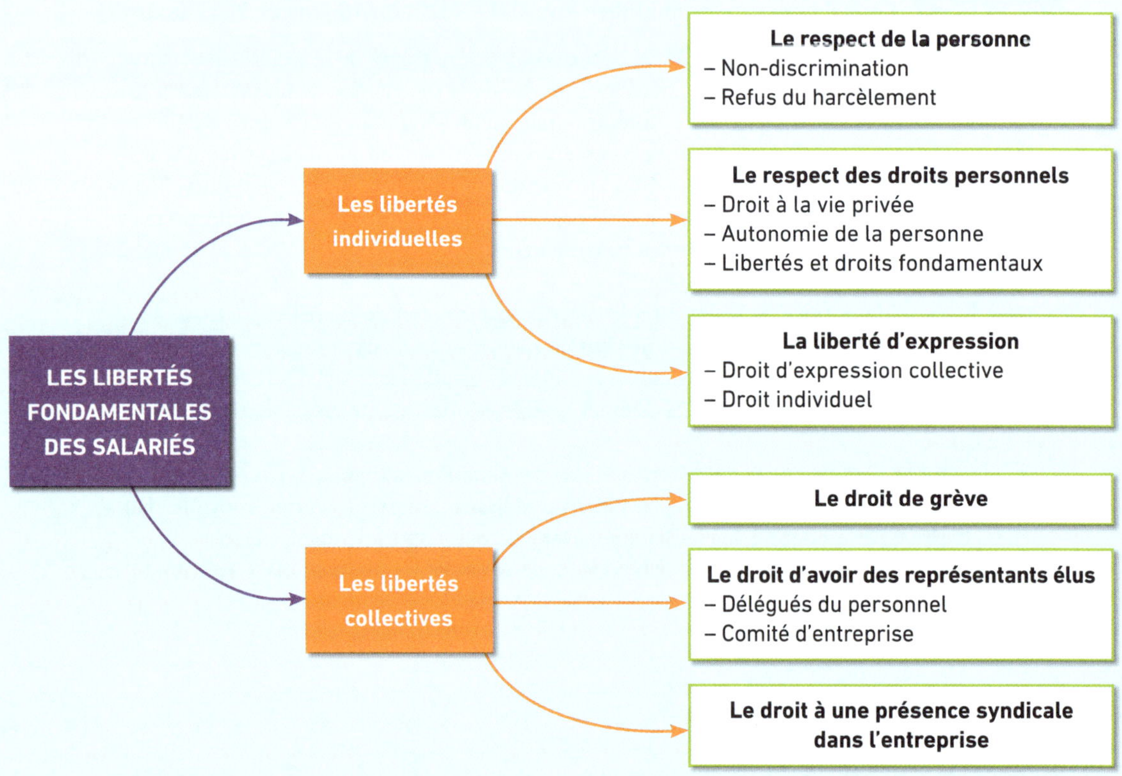

MOTS-CLÉS

- Comité d'entreprise
- Délégué du personnel
- Délégué syndical
- Droit de grève
- Institutions représentatives du personnel
- Liberté d'expression
- Préavis de grève

7 La rupture du contrat de travail à durée indéterminée

MISE EN SITUATION

Christine Wulandari est présidente du directoire de la SA Beuray, spécialisée dans l'ameublement et l'équipement de la maison, qui emploie 52 salariés.
Juliette Perle, une représentante de commerce qui travaille à ce poste depuis 16 ans, vient de lui apprendre par téléphone qu'elle démissionnait pour monter sa propre entreprise.
Par ailleurs, Christine doit prendre des décisions difficiles concernant le personnel actuel. Steve Lucas, employé embauché il y a cinq mois, n'est pas capable de s'adapter au nouveau logiciel de gestion des stocks : il faudrait donc s'en séparer. La mesure risque de provoquer des remous, car il apparaît également indispensable de licencier deux ouvriers, en surnombre suite à la chute des ventes de radiateurs électriques, produit phare de l'entreprise.

1. Pensez-vous que Juliette peut décider de rompre son contrat de travail sans solliciter l'accord de Christine ?
2. Le motif avancé par Juliette pour quitter l'entreprise a-t-il, selon vous, de l'importance ?
3. Paraît-il concevable que Steve perde son emploi à cause de son inaptitude à s'adapter au nouveau logiciel ?

I La démission du salarié

A. Le droit de démissionner et ses conséquences

MISE EN SITUATION Christine Wulandari n'a pas réussi à persuader Juliette Perle de renoncer à quitter l'entreprise. Elle regrette de perdre cette salariée particulièrement efficace et se demande si la représentante est réellement en droit de rompre ainsi son contrat de travail.

DOCUMENT 1 Le droit de résiliation unilatérale en CDI

La règle vaut pour tout contrat de droit privé : dès lors qu'il est à durée indéterminée, chaque partie dispose d'un droit de résiliation unilatérale. Qu'il s'agisse d'un bail, du prêt d'un bien ou d'un contrat de travail, le droit ne peut admettre qu'un contrat dont on ne connaît pas le terme enferme une partie dans des obligations… éternelles ! À la différence du salarié en contrat à durée déterminée, celui qui est en CDI peut donc légitimement rompre, par sa seule volonté, l'engagement qui le lie à son employeur.

DOCUMENT 2 Les avantages et les inconvénients de la démission

Avantages	Inconvénients
Le salarié sous CDI n'a aucun motif à invoquer, aucune procédure longue ou complexe à respecter […]. L'employeur ne peut s'opposer à une démission même si elle intervient à une période cruciale pour lui. Quelles que soient les circonstances, il devra verser l'indemnité [de congés payés] que le salarié a acquise mois après mois.	Comme auteur de la rupture […], le salarié ne touche évidemment aucune indemnité de licenciement. Mais surtout, il ne sera pas pris en charge par le système d'assurance chômage : celui-ci n'indemnise, sauf exception, que les salariés « *involontairement* privés d'emploi ».

J.-E. Ray, *Droit du travail, droit vivant*, Éd. Liaisons.

1. La gêne éventuellement occasionnée à l'entreprise Beuray est-elle un obstacle à la démission de Juliette ? Justifiez.

……………………………………………………………………………………………………

……………………………………………………………………………………………………

2. Quel risque Juliette prend-elle si elle échoue dans son nouveau projet professionnel ?

……………………………………………………………………………………………………

DOCUMENT 3 La volonté claire, sérieuse et non équivoque de démissionner

La volonté de démissionner ne se présume pas. Les conséquences de la démission étant graves pour le salarié, la Cour de cassation n'admet pas que l'employeur suppose une volonté de démissionner là où il y aurait négligence, silence, absence injustifiée du salarié. S'arrêter pour cause de maladie sans certificat médical, abandonner son poste de travail après des reproches, ne pas reprendre le travail à la fin des congés payés sont autant d'attitudes répréhensibles, mais qui ne montrent pas une volonté claire, sérieuse et non équivoque de démissionner.

3. Peut-on soupçonner Juliette de ne pas montrer une réelle volonté de démissionner ? Justifiez votre réponse.

……………………………………………………………………………………………………

……………………………………………………………………………………………………

4. Pourquoi la Cour de cassation exige-t-elle que la volonté de démissionner ne soit pas douteuse ?

……………………………………………………………………………………………………

DOCUMENT 4 La volonté libre de démissionner

La volonté de démissionner doit non seulement être claire et non équivoque, mais aussi libre. Ceci prohibe toute pression, physique ou morale, de la part de l'employeur, en vue d'inciter le salarié à démissionner. Il résulte d'une jurisprudence constante que « la démission d'une salariée obtenue par l'employeur à l'aide de procédés vexatoires sous la contrainte morale, rend l'employeur responsable de la rupture et qu'il doit, de ce fait, payer à son ancienne salariée une indemnité de préavis et de dommages-intérêts pour rupture abusive du contrat de travail ».

Lamy social, Éditions Lamy.

5. **En quoi l'exigence du caractère libre de la démission est-elle protectrice du salarié ?**

B. Les modalités de la démission

MISE EN SITUATION Christine Wulandari s'interroge sur la réalité de la démission de Juliette Perle. Elle est un peu désemparée car, même si elle ne souhaite pas de conflit, elle veut savoir à quoi s'en tenir. Jusqu'ici, elle n'a eu qu'un appel téléphonique de la salariée, au cours duquel elle lui précisait que sa démission était à effet immédiat et demandait le règlement des sommes dues par l'employeur.

DOCUMENT 5 Le préavis de démission

Principe	La loi impose au salarié démissionnaire de donner un préavis à l'employeur. La durée de ce préavis n'étant pas fixée par le Code du travail, elle dépend : – soit de la convention collective applicable ; – soit des usages en vigueur dans la profession et/ou dans l'entreprise ; – soit du contrat de travail. En pratique, ce préavis est le plus souvent déterminé par la fonction et les responsabilités du salarié (exemples : employé = 1 mois, cadre = 2 mois).
Sanction	Indemnisation de l'employeur par la justice : par exemple, dommages-intérêts équivalents au montant du salaire de la durée du préavis.
Exceptions	Dans certaines circonstances, le Code du travail dispense le salarié de cette obligation de préavis : démission d'une femme enceinte, démission d'un salarié à l'issue d'un congé pour création d'entreprise.

6. **Juliette aurait-elle dû donner un préavis ? Justifiez votre réponse.**

7. **Quelle peut être l'attitude de Christine en l'absence de préavis ?**

DOCUMENT 6 L'absence de formalisme

Aucun texte n'impose de forme particulière à la démission. Théoriquement, elle peut se faire verbalement ou par écrit, par lettre ou par e-mail. Cependant, la prudence recommande de rédiger une lettre, éventuellement recommandée avec accusé de réception. Ainsi est établie la volonté non douteuse de démissionner en même temps qu'est fixé le point de départ du préavis.

8. **Quel est le problème posé par la forme de la démission de Juliette ?**

II Le licenciement

A. Les causes du licenciement

MISE EN SITUATION Il faut ajuster les ressources humaines aux besoins : Christine Wulandari pense qu'elle ne peut pas conserver Steve Lucas, un salarié inapte à s'adapter. De plus, les sureffectifs dans l'atelier de fabrication des radiateurs électriques commencent à coûter cher.

DOCUMENT 7 L'ajustement des effectifs par le licenciement

Le droit de licencier appartient à tout employeur : c'est la faculté dont il dispose de rompre unilatéralement un CDI. Ce principe est le pendant du droit de démissionner reconnu au salarié. Toutefois, le licenciement doit toujours être justifié. En pratique, il constitue un acte de gestion des ressources humaines de l'entreprise, relevant des attributions du chef d'entreprise.

Ajustement **qualitatif** de la main-d'œuvre aux besoins de l'entreprise → Licenciement pour **motif personnel**, toujours individuel

Ajustement **quantitatif** de la main-d'œuvre aux besoins de l'entreprise → Licenciement pour **motif économique**, individuel ou collectif

9. Comment se justifie la volonté de Christine de licencier Steve ?

....

10. De quel type de licenciement s'agit-il ?

....

11. Pour quelle raison la SA Beuray envisage-t-elle de licencier les salariés en surnombre ?

....

12. De quel type de licenciement s'agit-il ?

....

DOCUMENT 8 Les deux types de licenciement pour motif personnel

Selon les termes de l'article L. 1232-1 du Code du travail, « tout licenciement pour motif personnel est justifié par une cause réelle et sérieuse ».

Licenciement pour faute	Licenciement pour fait non fautif
1. Faute sérieuse 2. Faute grave 3. Faute lourde	1. Insuffisance ou inaptitude à s'adapter au travail (même si la bonne volonté du travailleur ou son application sont le signe qu'il ne commet aucune faute professionnelle) 2. Caractère et comportement créant une gêne au travail 3. Maladie prolongée désorganisant l'entreprise et nécessitant un remplacement par un salarié en CDI

13. Quelle est la cause précise du licenciement de Steve ?

....

14. Comment Steve pourrait-il contester le bien-fondé de son licenciement ?

....

....

DOCUMENT 9 Les différentes fautes et leurs conséquences

Types de faute	Licenciement possible ?
Faute légère : comportement ponctuel, inhabituel et ne nuisant pas durablement au fonctionnement de l'entreprise	Non
Faute sérieuse : comportement portant atteinte de façon dommageable au fonctionnement de l'entreprise	Oui
Faute grave : violation des obligations du salarié rendant impossible la poursuite du travail, même durant le préavis	Oui
Faute lourde : faute d'une exceptionnelle gravité, manifestant une intention de nuire à l'entreprise	Oui

15. Indiquez de quel type de faute il s'agit dans chacun des cas ci-dessous.

Cas	Types de faute
Retards occasionnels de quelques minutes	
Espionnage industriel au profit d'un concurrent	
Refus d'exécuter des heures supplémentaires	

DOCUMENT 10 Le licenciement économique selon le Code du travail

Article L. 1233-3 – (modifié par la loi du 8 août 2016)

Constitue un licenciement pour motif économique le licenciement effectué par un employeur pour un ou plusieurs motifs non inhérents à la personne du salarié résultant d'une suppression ou transformation d'emploi ou d'une modification, refusée par le salarié, d'un élément essentiel du contrat de travail, consécutive notamment :

1° À des difficultés économiques caractérisées soit par l'évolution significative d'au moins un indicateur économique tel qu'une baisse des commandes ou du chiffre d'affaires, des pertes d'exploitation ou une dégradation de la trésorerie ou de l'excédent brut d'exploitation, soit par tout autre élément de nature à justifier de ces difficultés.

Une baisse significative des commandes ou du chiffre d'affaires est constituée dès lors que la durée de cette baisse est, en comparaison avec la même période de l'année précédente, au moins égale à :

a) un trimestre pour une entreprise de moins de 11 salariés,

b) deux trimestres consécutifs pour une entreprise d'au moins 11 salariés et de moins de 50 salariés,

c) trois trimestres consécutifs pour une entreprise d'au moins 50 salariés et de moins de 300 salariés,

d) quatre trimestres consécutifs pour une entreprise de 300 salariés et plus ;

2° À des mutations technologiques ;

3° À une réorganisation de l'entreprise nécessaire à la sauvegarde de sa compétitivité ;

4° À la cessation d'activité de l'entreprise.

La matérialité de la suppression, de la transformation d'emploi ou de la modification d'un élément essentiel du contrat de travail s'apprécie au niveau de l'entreprise. […]

16. Analysez et décomposez l'article L. 1233-3 du Code du travail.

1. Les causes possibles à l'origine du licenciement économique

- ....

....

- ....

....

→

2. Les motifs précis

- ....
- ....
- ....
- ....

DOCUMENT 11 Les sanctions du licenciement injustifié

Si le salarié conteste le caractère réel ou sérieux du licenciement, il peut assigner le chef d'entreprise au conseil de prud'hommes pour obtenir sa condamnation pour licenciement sans cause réelle et sérieuse. La sanction qui en découle varie selon les situations.

Effectif < 11 salariés	Effectif ≥ 11 salariés	
	Ancienneté < 2 ans	Ancienneté ≥ 2 ans
Indemnité dont le montant est fixé par les juges selon le préjudice		Réintégration avec l'accord des parties À défaut : indemnité (au moins 6 mois de salaire)

17. **Quelle serait la sanction encourue par la SA Beuray si les juges considéraient comme injustifié le licenciement de Steve ?**

18. **Quelle est la finalité de l'indemnité de licenciement ?**

B. La mise en œuvre du licenciement

MISE EN SITUATION Christine Wulandari n'en est pas à son premier licenciement. Elle sait qu'elle est obligée de suivre une procédure et qu'elle doit respecter certaines obligations avant de se séparer de Steve Lucas.

DOCUMENT 12 La procédure de licenciement individuel

1re étape – Convocation du salarié à l'entretien préalable	2e étape – Entretien préalable, le salarié étant éventuellement assisté	3e étape – Lettre de notification du licenciement après l'entretien
La convocation émanant de l'employeur ou de son représentant se fait par lettre recommandée ou par lettre remise en main propre contre décharge. [...] La convocation indique l'objet, la date, l'heure et le lieu de l'entretien, et rappelle au salarié la possibilité qu'il a de se faire assister. [...]	Cette formalité vise à protéger le salarié, en lui donnant là une possibilité de faire valoir ses arguments de manière officielle. Elle n'a donc pas été imaginée pour permettre à l'employeur de questionner plus en détail son salarié sur les faits et gestes qui lui sont reprochés. [...] Le salarié doit pouvoir s'exprimer librement durant cet entretien préalable.	Quels que soient l'effectif de l'entreprise, l'ancienneté du salarié concerné et le motif du licenciement, l'employeur qui procède à un licenciement est tenu d'en énoncer avec précision les motifs dans la lettre de licenciement. À défaut, le licenciement est sans cause réelle et sérieuse.
D. Gatumel, *Le droit du travail en France*, Éditions Francis Lefebvre.	« Le déclenchement de la procédure » © Stéphane Corone / LEntreprise.com /	Le *Dictionnaire social*, La Revue Fiduciaire.

19. **Quelle est la finalité de chacune des étapes de la procédure de licenciement ?**

DOCUMENT 13	Le préavis ou délai-congé de licenciement
Définition	Le préavis est la période qui sépare la notification du licenciement et la rupture effective du contrat de travail : le salarié continue à travailler et il est payé.
Durée	La durée du préavis dépend de l'ancienneté du salarié : – jusqu'à 6 mois d'ancienneté : durée fixée par la convention collective ou les usages ; – ancienneté comprise entre 6 mois et 2 ans : préavis d'un mois ; – ancienneté supérieure à 2 ans : préavis de deux mois.
Sanction	En cas de non-respect du préavis, l'employeur commet une brusque rupture et doit une indemnité égale au salaire correspondant à la durée du préavis.
Exceptions	En cas de faute lourde ou grave, le salarié perd son droit à préavis.

20. **Pourquoi la loi impose-t-elle le respect d'un préavis ?**

....

....

21. **Quelle est la durée du préavis dû à Steve ? Justifiez votre réponse.**

....

....

MISE EN SITUATION Les deux salariés touchés par le licenciement économique sont Marc Tesson et Jean Fanion. Marc a 30 ans d'ancienneté et un salaire brut de 3000 €. Jean a 14 ans d'ancienneté et un salaire brut de 2 200 €.

DOCUMENT 14	L'indemnité de licenciement
Principe	Tout salarié licencié, ayant au moins un an d'ancienneté, a droit à une indemnité de licenciement, même si la cause du licenciement est licite.
Montant	L'indemnité légale de licenciement est égale à 1/5e du salaire mensuel brut par année d'ancienneté + 2/15e du salaire mensuel à compter de la dixième année. *Remarque :* l'indemnité légale est parfois majorée par la convention collective ou le contrat.
Exceptions	En cas de faute lourde ou grave, le salarié perd son droit à indemnité.

22. **Calculez l'indemnité de licenciement due à :**

– Marc : ....

– Jean : ....

DOCUMENT 15 **L'obligation de reclassement en cas de licenciement économique**

Avant tout licenciement pour motif économique, l'employeur doit s'efforcer de reclasser le ou les salariés susceptibles d'être licenciés, en leur proposant les postes disponibles dans l'entreprise même ou dans les entreprises du groupe auquel elle appartient. [...]

Les offres de reclassement sont proposées individuellement et par écrit à chaque salarié susceptible d'être licencié. [...]

À noter : si l'employeur ne respecte pas son obligation de reclassement, le salarié pourra bénéficier d'une indemnisation pour licenciement sans cause réelle et sérieuse.

http://vosdroits.service-public.fr

23. **À quels salariés Christine doit-elle faire des propositions de reclassement ? Justifiez.**

....

....

DOCUMENT 16 Le contrat de sécurisation professionnelle (CSP)

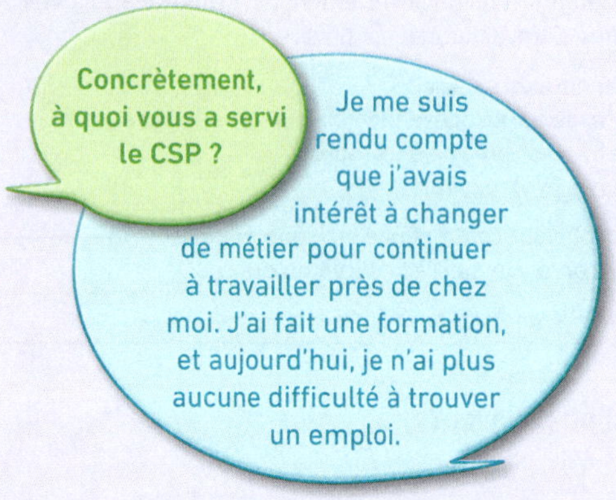

Le contrat de sécurisation professionnelle (CSP), créé par la loi du 28 juillet 2011, s'adresse aux salariés dont le licenciement économique est envisagé [dans toute entreprise de moins de 1000 salariés]. Ce contrat, d'une durée maximale de 12 mois, a pour objet l'organisation et le déroulement d'un parcours de retour à l'emploi, le cas échéant au moyen d'une reconversion ou d'une création ou reprise d'entreprise. Pendant la durée de ce contrat [...], le titulaire du CSP perçoit une « allocation spécifique de sécurisation professionnelle » (ASP) égale à 75 % du salaire journalier de référence (dans la limite de l'allocation chômage à laquelle il aurait droit) pour les salariés justifiant d'un an d'ancienneté dans l'entreprise. [...] Chaque salarié doit être informé du contenu du contrat de sécurisation professionnelle et de la possibilité qu'il a d'en bénéficier. Le salarié dispose d'un délai de réponse de 21 jours pour accepter ou refuser.

http://travail-emploi.gouv.fr

24. **Quels sont les avantages, immédiats et à plus long terme, du CSP ?**

C. Les spécificités du licenciement économique collectif

MISE EN SITUATION Christine Wulandari s'apprête à mettre en œuvre le licenciement économique des deux salariés visés par la décision. Le plus ancien d'entre eux, Marc Tesson, a déjà fait savoir qu'il contestait le choix de sa personne et qu'il allait en parler aux représentants du personnel avant de saisir la justice, le cas échéant.

DOCUMENT 17 L'ordre des licenciements

En vertu de l'article L. 1233-5 du Code du travail, il faut fixer l'ordre des salariés touchés par une mesure de licenciement collectif (concernant plus d'un salarié) pour motif économique. Sont prises en compte : les charges de famille, l'ancienneté dans l'entreprise, la situation des salariés rendant leur réinsertion professionnelle particulièrement difficile, les qualités professionnelles.

25. **Quel argument Marc pense-t-il avancer pour contester son licenciement ?**

26. **Comment se justifie la règle légale imposant le respect d'un ordre des départs en cas de licenciement économique collectif ?**

DOCUMENT 18 La consultation du comité d'entreprise (CE)

Les licenciements économiques collectifs doivent se préparer en associant le comité d'entreprise à la recherche de solutions alternatives et de modalités de reclassement. Pour les licenciements d'au moins 10 salariés, les textes prévoient deux réunions au moins, espacées de 14 à 28 jours, selon le nombre de salariés dont le licenciement est envisagé. Ainsi, les représentants du personnel peuvent-ils examiner le contenu des offres de reclassement du chef d'entreprise et réfléchir de leur côté à des propositions alternatives.

27. **Pourquoi la loi prévoit-elle la réunion du CE seulement en cas de licenciement collectif ?**

28. **Comment le CE peut-il, concrètement, faire évoluer les modalités et l'importance numérique des licenciements économiques ?**

DOCUMENT 19 Le plan de sauvegarde de l'emploi (PSE)

Lorsque le licenciement concerne **plus de 10 salariés sur 30 jours dans une entreprise de plus de 50 salariés**, l'employeur est dans l'obligation d'établir un plan de sauvegarde de l'emploi. [...] Le plan de sauvegarde de l'emploi regroupe toutes les mesures destinées à limiter le nombre des licenciements ainsi qu'à favoriser le reclassement des salariés dont le licenciement est inévitable. Ces mesures peuvent être : des actions de reclassement interne des salariés [...] ; des créations d'activités nouvelles par l'entreprise ; [...] des actions de formation [...], etc.

www.travail.gouv.fr

DOCUMENT 20 Le contrôle judiciaire du sérieux du PSE

La société Renault Trucks SAS [...] a engagé à l'automne 2015 un projet d'externalisation d'une partie de ses fonctions supports dans le domaine informatique. Ce projet, qui prévoit la suppression de cent soixante-trois emplois au sein de l'entreprise, a été accompagné d'un plan de sauvegarde de l'emploi élaboré unilatéralement par l'employeur et validé par l'État par une décision du 16 février 2016.

Par jugement du 31 mai 2016, le tribunal a prononcé l'annulation de la décision du 16 février 2016 homologuant le plan de sauvegarde de l'emploi après avoir relevé que la société Renault Trucks SAS ne justifiait pas du caractère pertinent et objectif des catégories professionnelles nouvelles [...].

http://lyon.tribunal-administratif.fr/

29. **Quel est le rôle du PSE ?**

30. **L'entreprise Renault Trucks SAS était-elle obligée d'élaborer un PSE ? Justifiez votre réponse.**

31. **Quelle est l'utilité du contrôle du PSE par la justice ?**

III La rupture conventionnelle homologuée

MISE EN SITUATION Le départ de Juliette Perle de la SA Beuray a eu une conséquence qui préoccupe Christine Wulandari. Morad Mehdi, l'un des ouvriers, a demandé à la gérante s'il lui était possible de quitter l'entreprise sans subir les inconvénients liés à la démission. Christine lui promet d'étudier cette question, d'autant plus qu'elle a appris l'existence d'une nouvelle machine qui effectuerait un travail équivalent à celui de l'ouvrier.

DOCUMENT 21 L'article L. 1237-11 du Code du travail (loi du 25 juin 2008)

L'employeur et le salarié peuvent convenir en commun des conditions de la rupture du contrat de travail [à durée indéterminée] qui les lie. La rupture conventionnelle, exclusive du licenciement ou de la démission, ne peut être imposée par l'une ou l'autre des parties. Elle résulte d'une convention signée par les parties au contrat [...].

32. Qui a l'initiative de la rupture conventionnelle du CDI de Morad ?

....

DOCUMENT 22 Les modalités et les suites de la rupture conventionnelle

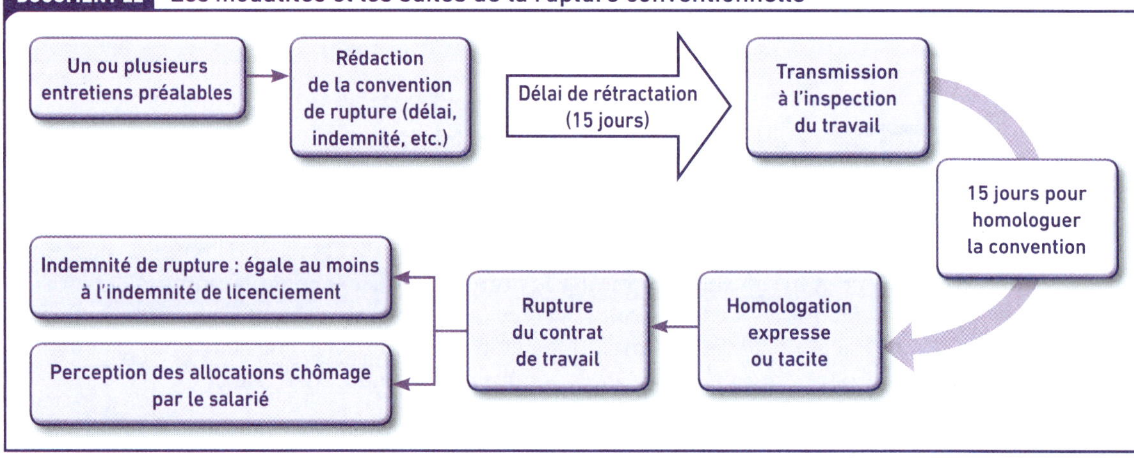

DOCUMENT 23 Le succès de la rupture conventionnelle homologuée

Rien ne semble pouvoir arrêter la progression des ruptures conventionnelles, mode de séparation né en août 2008 et qui permet à l'employeur et à son salarié en CDI de rompre d'un commun accord le contrat qui les lie. [...] Ce dispositif rencontre en effet depuis son origine un succès considérable, avec quelque 1 850 000 ruptures homologuées entre 2008 et 2014, l'année 2015 ayant en outre été une année record avec plus de 360 000 ruptures homologuées.

www.chefdentreprise.com

Évolution du nombre mensuel de ruptures conventionnelles homologuées

2009	2011	2013	2015	2016
19 180	26 180	29 100	29 850	29 800

33. Quel est le rôle de l'inspection du travail dans la rupture conventionnelle ?

....

....

34. Quels avantages de la rupture conventionnelle expliquent son succès ?

– Avantages pour l'employeur : ....

....

– Avantages pour le salarié : ....

....

Ce n'est pas si grave ! Qu'elle croit...

Malaurie Seuillet accumule les retards au travail. Après avoir bénéficié d'une certaine compréhension de la part de la direction, elle a reçu son premier avertissement écrit pour son quatrième retard en septembre. En octobre, elle n'a pas gagné en ponctualité et après son cinquième retard dans le mois, elle a été mise à pied, sans salaire, durant deux jours. Irréprochable dans l'exécution de ses tâches, Malaurie n'a pas su améliorer l'usage de son réveille-matin. Aussi a-t-elle été convoquée le 10 décembre, après le troisième retard dans le mois, à un entretien préalable à son licenciement. Elle vient de recevoir la lettre de notification de la rupture de son contrat (document 1). Elle pense qu'elle peut agir en justice car elle estime, d'une part, que la lettre n'est pas claire et, d'autre part, que sa faute n'est pas si grave que ça...

1. **Qualifiez le licenciement de Malaurie.**
2. **Quels sont les problèmes juridiques posés ?**
3. **Étudiez le cas de jurisprudence rapporté au document 2 et faites ressortir la solution qu'il apporte, en présentant successivement : les parties, les faits et le litige ; le problème de droit ; le sens de la décision de la Cour de cassation ; la règle de droit qui peut être formulée.**
4. **Étudiez la réclamation de Malaurie sur le terrain de la gravité de la faute. Dans quel cas Malaurie serait-elle indemnisée par le conseil de prud'hommes ? Quels seraient alors les éléments de calcul de ses indemnités ?**

DOCUMENT 1 La lettre de notification du licenciement

Lettre recommandée avec AR — Le 15 décembre 2017

Madame,

Nous vous avons expliqué, lors de l'entretien préalable du 10 décembre 2017, les griefs que nous formulons à votre encontre. La gêne que vous occasionnez au service auquel vous appartenez depuis quelques années rend impossible votre maintien dans notre entreprise.

C'est donc avec regret que nous vous informons que nous vous licencions sans préavis ni indemnité pour faute grave. […]

La direction

DOCUMENT 2 D'après un arrêt de la Cour de cassation du 28 janvier 2015

M. X… a été engagé par la société Air Caraïbes en qualité de pilote de ligne à compter du 7 mars 1996 ; il a été affecté sur un avion « Embraer 145 » ; par courrier du 9 janvier 2008, son employeur lui a proposé de modifier son contrat de travail pour l'affecter sur un avion à hélice du fait de la « fermeture du secteur Embraer 145 ». Le pilote a refusé cette proposition et il a été licencié par lettre du 25 mars 2008.

Il saisit le conseil de prud'hommes et demande diverses indemnités, dont des dommages-intérêts pour licenciement sans cause réelle et sérieuse ; il s'appuie sur le fait que sa lettre de licenciement ne précisait pas les raisons économiques du licenciement. L'affaire ayant été portée en cour d'appel, les juges du fond estiment que ce défaut de précision était compensé par divers autres éléments : en particulier, le salarié avait adressé le 2 janvier 2008 un courrier dans lequel il exprimait formellement sa volonté d'être licencié.

Les juges du droit cassent l'arrêt de la cour d'appel qui, selon eux, a violé la loi, en statuant ainsi alors qu'elle avait constaté que la lettre de licenciement était insuffisamment motivée, ce qui faisait que « le licenciement était dépourvu de cause réelle et sérieuse ».

TESTEZ VOS CONNAISSANCES !

Répondez par vrai ou par faux aux propositions suivantes.

1. Le salarié est toujours libre de démissionner.
❑ Vrai ❑ Faux

2. La démission peut être signifiée sans aucun formalisme particulier.
❑ Vrai ❑ Faux

3. L'employeur a le droit de licencier un salarié seulement s'il est en CDI.
❑ Vrai ❑ Faux

4. La cause du licenciement doit être réelle et sérieuse.
❑ Vrai ❑ Faux

5. Le licenciement est toujours précédé d'un préavis.
❑ Vrai ❑ Faux

6. La faute est la seule cause possible de licenciement pour motif personnel.
❑ Vrai ❑ Faux

7. La définition légale du licenciement économique fournit la liste exhaustive des cas où il peut intervenir.
❑ Vrai ❑ Faux

8. La rupture conventionnelle homologuée rompt le CDI à l'initiative des deux parties.
❑ Vrai ❑ Faux

L'ESSENTIEL

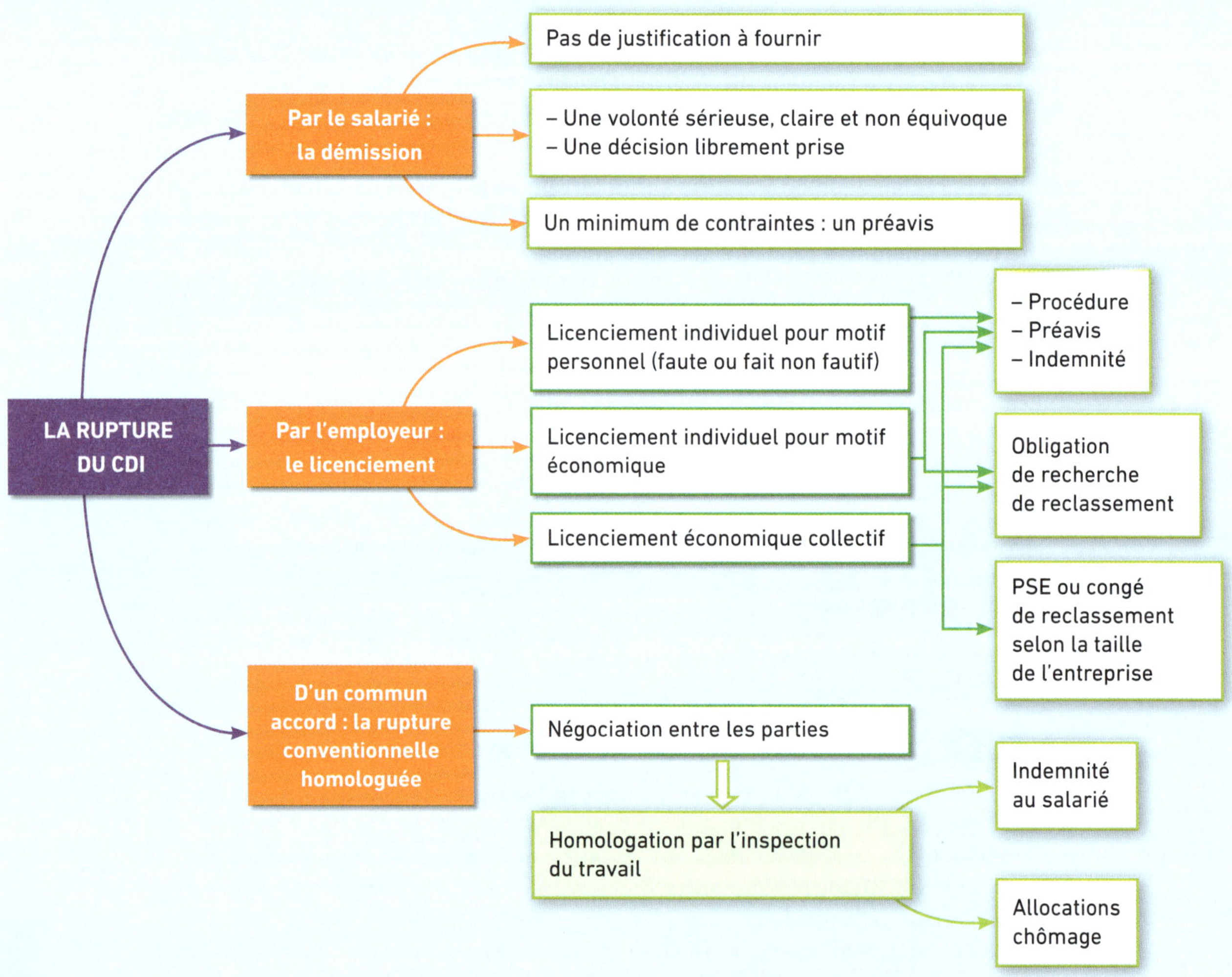

MOTS-CLÉS

- Démission
- Entretien préalable
- Faute grave
- Faute lourde
- Faute sérieuse
- Licenciement économique
- Licenciement personnel
- Licenciement sans cause réelle et sérieuse
- Plan de sauvegarde de l'emploi
- Préavis
- Rupture conventionnelle homologuée

Des conflits de travail collectifs et individuels

Situation 1

Depuis une semaine, les deux tiers du personnel de l'entreprise de fabrication de meubles Perfect Home étaient en grève. Le conflit, déclenché par les délégués syndicaux, avait été motivé par le rejet d'une demande d'augmentation des salaires de 6 %. Finalement, l'employeur ayant accordé une revalorisation de 4 % des rémunérations, le travail a repris.
Cependant, deux ouvriers et un contremaître, M. Charvet, déçus par les résultats du mouvement de revendication, décident de continuer à manifester leur mécontentement en ralentissant volontairement leur rythme de travail. Cette attitude perdurant plusieurs jours, le directeur des ressources humaines (DRH) de l'entreprise Perfect Home envisage de licencier le contremaître, considéré comme le meneur, et le lui fait savoir.

1.1. **Qualifiez juridiquement le comportement des trois salariés après la cessation de la grève. Est-il licite ? Justifiez votre réponse en prenant appui sur la définition de la grève et sur ses conditions de validité (document 1).**

1.2. **Analysez le comportement du contremaître ainsi que les conditions et les suites de son éventuel licenciement (document 2).**

Situation 2

L'entreprise Perfect Home, située à Strasbourg, connaît un important développement depuis quelques années, ce qui lui a permis d'étendre son activité à l'ensemble du territoire français. Pour pouvoir répondre rapidement à la demande de ses clients, elle a ouvert plusieurs sites de production dans l'Hexagone.
Judith Dahan, salariée de l'entreprise, est inquiète car elle vient de recevoir un avis officiel du DRH lui annonçant sa prochaine mutation à Bordeaux. Lors de son embauche, elle avait signé sans réserves son contrat de travail, qui contient la clause suivante : « La salariée accepte par avance toute affectation, provisoire ou définitive, à un poste de travail impliquant son transfert dans tout service de notre société ou sa mutation dans l'un quelconque de nos sites ».

2.1. **Qualifiez juridiquement la clause prévoyant le transfert de Judith.**

2.2. **La clause insérée dans le contrat de travail de Judith Dahan est-elle licite ? Justifiez (document 3).**

2.3. **Quelles peuvent être les suites du refus de la salariée d'être mutée à Bordeaux ?**

ACTIVITÉ DE SYNTHÈSE

DOCUMENT 1 Cour de cassation, chambre sociale, arrêt du 16 mai 2001 (extraits)

Attendu que M. X... a formé un pourvoi en cassation contre l'arrêt de la cour d'appel de Paris rendu le 16 juin 1998 dans une instance l'opposant à la société Félix Potin [...] ;
Mais attendu que la cour d'appel, d'une part, a constaté que le salarié avait reconnu, en présence d'un huissier de justice, sa participation à une grève perlée ; que, d'autre part [...] elle a retenu que l'analyse de l'activité de l'intéressé pendant six semaines permettait de constater, à partir du déclenchement de la grève perlée*, une baisse de productivité de 30 % [...] ; que la cour d'appel a pu déduire de ses constatations et énonciations que l'employeur avait rapporté la preuve de la faute lourde du salarié consistant dans sa participation à un mouvement tendant à freiner volontairement l'entreprise sans cesser le travail, en vue de nuire à l'employeur ; que les moyens ne sont pas fondés ;
PAR CES MOTIFS :
REJETTE le pourvoi ; [...]

* Une grève perlée n'est pas une grève à proprement parler mais un ralentissement des cadences de travail.

DOCUMENT 2 Quelles sont les caractéristiques d'une faute grave ou lourde ?

Un salarié peut être licencié pour faute simple, faute grave ou faute lourde, au terme d'une procédure disciplinaire. [...] Les conséquences du licenciement varient en fonction de la qualification retenue par l'employeur. [...]

1. Faute grave

– Conditions

La faute du salarié est considérée comme une faute grave dès lors qu'elle rend impossible le maintien du salarié dans l'entreprise. [...] La faute grave entraîne le départ immédiat du salarié. [...]

En pratique, la faute grave est souvent admise dans les cas suivants : absences injustifiées ou abandon de poste, indiscipline ou insubordination du salarié [...], harcèlement, violences ou injures envers l'employeur ou d'autres salariés, vols dans l'entreprise, état d'ivresse pendant les heures de travail.

– Effet sur les indemnités de rupture du contrat

Le salarié licencié pour faute grave n'a pas droit au bénéfice l'indemnité de licenciement, ni à l'indemnité compensatrice de préavis. Il a droit à l'indemnité compensatrice de congés payés.

2. Faute lourde

– Conditions

La faute du salarié est considérée comme lourde lorsqu'elle est commise dans l'intention de nuire à l'employeur. C'est à l'employeur d'apporter la preuve de cette intention de nuire. À défaut, la faute lourde ne peut pas être reconnue.

La faute lourde peut être reconnue notamment en cas de concurrence déloyale ou lors d'une grève (par exemple en cas de dégradation, violence, séquestration ou lorsque le salarié empêche délibérément d'autres non grévistes de travailler)..

– Effet sur les indemnités de rupture du contrat

Le salarié licencié pour faute grave n'a pas droit au bénéfice l'indemnité de licenciement, ni à l'indemnité compensatrice de préavis. Il a droit à l'indemnité compensatrice de congés payés.

Attention : si la faute commise a causé un préjudice à l'employeur, le salarié peut être condamné à le réparer en versant à l'employeur des dommages-intérêts.

www.service-public.fr

DOCUMENT 3 La clause de mobilité géographique selon la jurisprudence

La validité des clauses contractuelles de mobilité géographique est admise de longue date. Sauf abus ou détournement de pouvoir, la mutation d'un salarié en application d'une clause de mobilité figurant à son contrat de travail relève en principe du pouvoir de direction de l'employeur et s'impose au salarié. [...] Cependant [...] la Cour de cassation a prononcé la nullité d'une clause contractuelle de mobilité (qui prévoyait que « pour des motifs dictés par l'intérêt de l'entreprise, le lieu de travail pourrait être modifié ») en raison de l'absence de limite dans laquelle la mutation du salarié pouvait intervenir. La clause de mobilité doit donc prévoir un périmètre de mutation.
[...] [Un autre arrêt de la Cour de cassation va plus loin]
La Cour de cassation impose expressément à l'employeur de définir, de manière précise, dans le contrat de travail, la zone géographique d'application de la clause de mobilité. [...] Définir un périmètre de mutation ne suffit pas, il faut que la clause de mobilité précise son étendue. Lorsqu'il signe son contrat de travail, le salarié doit pouvoir identifier la zone géographique où il risque ultérieurement d'être muté.

« Du nouveau en matière de clause de mobilité », www.journaldunet.com

8 La liberté du commerce et la concurrence loyale

MISE EN SITUATION

Marina, Hasna, Yann, Cyril et Jim se sont rencontrés à l'entraînement de natation du club Neptune.

Marina Soubise et Hasna Mahla, 19 ans, préparent une licence de sciences économiques. Yann Pigot, 17 ans, est en terminale STMG. Cyril Malaka et Jim Riou, âgés respectivement de 20 et 21 ans, sont en licence et préparent un diplôme de comptabilité et gestion (DCG).

Les jeunes amis évoquent, de façon plus ou moins précise, leurs projets professionnels.

Marina explique qu'elle pense abandonner les études car elle a l'opportunité de reprendre le fonds de commerce de jouets de ses parents. Yann rétorque qu'il a bien envie de faire de même pour s'installer comme artisan coiffeur car il possède un brevet professionnel, obtenu avant de s'orienter vers la filière STMG.

Hasna évoque un projet plus lointain d'embauche dans un cabinet de conseil en création d'entreprise, tandis que Cyril et Jim parlent des longues années d'études encore indispensables pour accéder au statut professionnel d'expert-comptable et ouvrir un cabinet libéral.

1. Quel est le projet professionnel de Marina ?
2. Qu'est-ce qui facilite le projet de Yann ?
3. Qu'est-ce qui permet de dire qu'Hasna envisage de prendre moins de risques que Marina et Yann ?
4. Quelles sont les conditions indispensables à la réussite des projets de Cyril et Jim ?

I La liberté du commerce et de l'industrie

A. La liberté d'entreprendre

MISE EN SITUATION Yann et Marina ont décidé de parler sérieusement ensemble de leur projet de reprise ou de création d'entreprise. L'un et l'autre sont déterminés à se lancer le plus vite possible dans la vie active.

DOCUMENT 1 Des textes fondateurs

1. L'article 4 de la Déclaration des droits de l'homme et du citoyen de 1789 énonce :
« La liberté consiste à pouvoir faire tout ce qui ne nuit pas à autrui : ainsi l'exercice des droits naturels de chaque homme n'a de bornes que celles qui assurent aux autres Membres de la Société la jouissance de ces mêmes droits. Ces bornes ne peuvent être déterminées que par la Loi. »

2. L'article 7 du décret d'Allarde des 2 et 17 mars 1791 précise :
« Il sera libre à toute personne de faire tel négoce ou d'exercer telle profession, art ou métier qu'elle trouve bon. »

La portée du principe : une double liberté
Toute activité commerciale ou professionnelle est autorisée à **toute personne.**

DOCUMENT 2 Des enjeux économiques essentiels

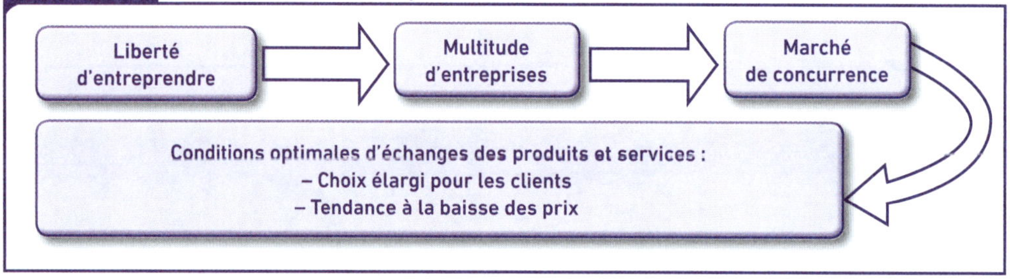

1. Les principes juridiques fondamentaux sont-ils favorables aux projets professionnels de Marina et de Yann ? Justifiez.

....

....

....

2. Quelle est la finalité du principe juridique de la liberté d'entreprendre ?

....

....

3. Quels sont les différents types de personnes juridiques à qui est accordée la liberté d'entreprendre ?

....

4. Citez des activités, autres que le commerce, qui bénéficient de la liberté d'entreprendre.

....

....

MISE EN SITUATION Yann voudrait ouvrir au plus tôt un salon de coiffure car il dispose d'un local mis gratuitement à sa disposition par son oncle. Marina pense élargir les activités du fonds de commerce qu'elle va reprendre et créer, notamment, une salle dédiée au poker et à la roulette. Un cadre moins luxueux que les casinos devrait, selon elle, attirer beaucoup de jeunes joueurs.

DOCUMENT 3 Des limites à la liberté d'entreprendre

Le principe de la liberté du commerce et de l'industrie a une valeur constitutionnelle. Pourtant, le législateur ne se prive pas de lui poser des limites. Comme pour toute liberté reconnue par le droit, ceux qui l'exercent ne sauraient l'utiliser pour nuire à la santé, à la moralité ou à la sécurité d'autrui. C'est ici la défense de l'**ordre public économique** qui s'exprime :
– soit au service des plus faibles, en particulier les consommateurs (droit de la consommation) ;
– soit pour défendre l'intérêt général (interdiction ou encadrement de certaines activités) ;
– soit pour poser certaines règles d'organisation du marché de la concurrence (interdiction des ententes entre entreprises faussant la concurrence, réglementation de certains prix).

5. Quelle formule de l'article 4 de la Déclaration des droits de l'homme de 1789 (document 1) marque une limite à toute liberté dans la société ?

....

....

6. Comment justifie-t-on les atteintes à la liberté d'entreprendre par le législateur ?

....

....

DOCUMENT 4 L'interdiction de certaines activités

7. Marina peut-elle mener à bien son projet commercial ? Justifiez.

....

....

....

....

....

....

8. Quels sont les intérêts protégés par l'interdiction de certaines activités commerciales ?

....

....

....

DOCUMENT 5 L'interdiction d'entreprendre pour certaines personnes

LES DIFFÉRENTES INTERDICTIONS D'EXERCER		
Les incapacités d'exercer	**Les incompatibilités**	**Les déchéances**
1. Le mineur ne peut pas exercer le commerce ni diriger aucune entreprise. **2.** De même pour les majeurs incapables (en tutelle ou en curatelle)	**1.** Les fonctionnaires civils et militaires **2.** Les officiers ministériels (huissier, notaire, etc.) **3.** Les professionnels ayant un autre statut (médecin, avocat, etc.)	**1.** Les personnes condamnées à une sanction pénale grave **2.** Les personnes déchues du droit d'exercer à la suite d'une liquidation d'entreprise
LA JUSTIFICATION DES INTERDICTIONS		
La protection de l'intéressé contre son inexpérience	La volonté que la recherche du profit ne détourne pas les professionnels concernés de leur mission essentielle	La défense de la société contre un risque de gestion malhonnête

9. Yann peut-il ouvrir son salon de coiffure ? Pourquoi ?

....

10. Distinguez les différentes protections mises en œuvre par ces interdictions.

....

....

....

DOCUMENT 6 Les activités réglementées et contrôlées

La liberté d'accès au commerce est entravée pour certaines activités sensibles. Il faut obtenir une licence administrative, c'est-à-dire une autorisation d'exploiter.

Exemples : les débits de boissons, les grandes surfaces ou les salles de spectacle ne peuvent être installés librement.

Les mesures de contrôle sont variées : elles peuvent être préalables à l'ouverture du commerce ou intervenir à tout moment durant l'exploitation. [...] Parfois, les conditions techniques doivent être irréprochables. Dans d'autres cas, la qualité professionnelle de l'exploitant ne doit faire aucun doute.

Exemples : les commerces alimentaires sont soumis à des contrôles d'hygiène ainsi qu'à des contrôles de poids et mesures. Les officines de pharmacie et les commerces d'optique donnent lieu au contrôle de la capacité professionnelle de l'exploitant (diplôme).

11. Comment le contrôle de certaines activités commerciales se justifie-t-il ?

....

....

12. À quel principe rattachez-vous les interdictions d'entreprendre, la réglementation et le contrôle de certaines activités ?

....

....

B. La liberté d'exploiter

MISE EN SITUATION Cyril et Jim envisagent leur avenir professionnel de façon relativement différente. Si l'un comme l'autre ambitionnent de devenir experts-comptables, Cyril aimerait s'associer avec sa jeune tante, qui est déjà à la tête d'un cabinet assez actif. Jim, au contraire, préférerait rester indépendant, même si cela l'obligerait à recourir à l'emprunt pour s'installer. En outre, il devrait probablement embaucher des salariés.

DOCUMENT 7 La portée du principe

La liberté d'exploiter consiste dans la liberté pour le commerçant [ou pour tout entrepreneur] de conduire ses affaires comme il l'entend. Toute restriction à cette liberté ne peut être qu'exceptionnelle et spécifiée par la loi.

Le commerçant [et tout entrepreneur] est libre en principe de trouver les moyens de son activité : il peut notamment s'endetter à sa guise. Il peut librement choisir ses fournisseurs ou ses cocontractants [...].

Dimitri Houtcieff, *Droit commercial*, Éditions Armand Colin.

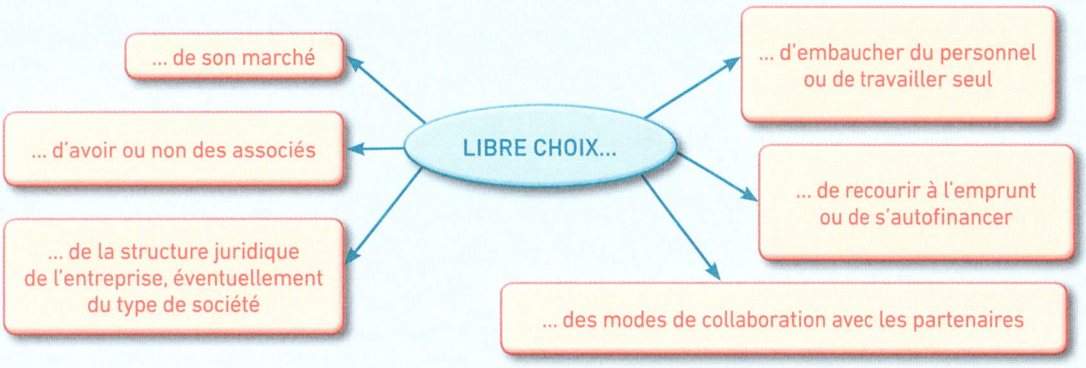

13. Les deux options professionnelles envisagées par Cyril et par Jim sont-elles ouvertes à ces futurs experts-comptables ? Justifiez chacune de vos réponses.

....

....

14. Les choix d'organisation de Jim sont-ils conformes au droit ? Justifiez.

....

DOCUMENT 8 Des limites à la liberté d'exercer : les monopoles d'État

RATP

FDJ

15. Identifiez les monopoles d'État présentés ci-dessus.

....

....

16. À quel principe rattachez-vous les monopoles d'État ? Pourquoi ?

....

....

C. La liberté de concurrencer

MISE EN SITUATION Si Hasna, à la différence de ses amis, n'envisage pas de suivre la voie de l'entreprise individuelle, c'est qu'elle en redoute les contraintes. Ainsi, ses parents tiennent un restaurant et ont du mal à faire face à la concurrence : un fast-food, un camion pizzas (proposant des prix très bas) et un établissement appartenant à une chaîne nationale de restauration (avec d'importants moyens publicitaires) se sont installés depuis un an dans leur quartier, les privant d'une partie de leur clientèle.

DOCUMENT 9 Le droit au système concurrentiel

La liberté d'exercer une activité commerciale ou une autre activité indépendante est partagée par tous les acteurs potentiels de la vie des affaires. Ils savent aussi que ce droit leur permet de s'affronter sur un marché concurrentiel, dont les règles du jeu ne doivent pas être faussées par l'intervention de l'État. Les prix, en particulier, résultent de la confrontation de l'offre et de la demande, et non d'une décision de l'Administration.

17. **Pensez-vous que l'antériorité du restaurant des parents d'Hasna leur permet d'agir contre l'installation de commerces similaires leur faisant concurrence ? Justifiez.**

...

...

...

DOCUMENT 10 La double dimension du droit de concurrencer

Le droit de créer sa propre clientèle passe par celui de conquérir celle des autres [...]. La concurrence revêt donc une double dimension : offensive, lorsqu'il s'agit d'acquérir une clientèle, notamment en conquérant celle des autres, et défensive, lorsqu'il s'agit de conserver sa clientèle contre les attaques de ses concurrents.

Droit de l'entreprise, Éditions Lamy.

18. **Pourquoi la concurrence est-elle parfois comparée à une « guerre commerciale » ?**

...

...

DOCUMENT 11 L'encadrement des pratiques commerciales par la loi

L'initiative et l'inventivité des entrepreneurs sont parfois bridées par la loi, l'agressivité commerciale ne pouvant pas bafouer les règles élémentaires de protection des partenaires. Parmi ces règles, celles qui relèvent du droit de la consommation peuvent constituer des limites au droit de concurrencer : l'interdiction des pratiques commerciales trompeuses (publicité ou promotions mensongères) ou agressives (sollicitations répétées par téléphone, publicité s'adressant aux enfants, etc.) ne protège pas seulement les clients potentiels ; elle garantit une concurrence saine.

De même quand le législateur encadre les pratiques de solde, quand il interdit le recours à la publicité (ex. : tabac), qu'il en limite l'usage (ex. : boissons alcoolisées, médicaments). En imposant à tous les acteurs les mêmes restrictions, il définit des règles d'ordre public pour le bien de tous.

19. **Quelles sont les personnes protégées par l'interdiction des pratiques commerciales trompeuses ou agressives ?**

...

...

II La loyauté de la concurrence

A. Les comportements loyaux et les comportements déloyaux

MISE EN SITUATION Les parents d'Hasna ont récemment consulté un avocat car ils ont lu un tract publicitaire d'un concurrent local qui reproduisait leur menu avec la formule peu élégante : « Beurk ! Vous ne verrez jamais ce menu chez nous ! » De plus, le fast-food voisin a repris une idée qui faisait l'unanimité de leurs clients : « l'assiette-carte », mode original de présentation de leurs menus. Enfin, ils n'apprécient pas les prix « écrasés » du camion pizzas.

DOCUMENT 12 La loyauté de la concurrence : une conception morale du marché

Si les agents économiques sont libres de s'affronter pour conquérir et conserver leur clientèle, on admettra que tous les coups ne doivent pas être pour autant permis. [...] La concurrence se doit d'être honnête, c'est-à-dire *a contrario* qu'on ne saurait admettre qu'elle utilise des armes déloyales.

Droit de l'entreprise, Éditions Lamy.

20. Quelle différence doit-on faire entre « guerre commerciale » et concurrence déloyale ?

DOCUMENT 13 Les comportements de concurrence déloyale

Comportements déloyaux	Exemples
1. L'imitation d'un signe distinctif créant la confusion dans l'esprit de la clientèle : reprise à l'identique ou de façon approchante du nom commercial, de l'enseigne, de la forme d'un produit, d'une marque déposée, etc.	L'entreprise « Galerie Layette », dont les juges estiment qu'elle a imité le nom commercial « Galeries Lafayette » en créant la confusion dans le public, même si l'imitation n'est pas absolue.
2. Le dénigrement : propos jetant le discrédit sur l'entrepreneur ou sur ses produits, en formulant des appréciations malveillantes.	Un concurrent de France Telecom condamné pour avoir fait une campagne de publicité dont l'accroche était : « Encore client de France Telecom ? Comme c'est dommage ! »
3. Le parasitisme : reprise d'une idée d'un concurrent pour profiter de son originalité, de son efficacité.	Un commerçant en parfumerie sanctionné pour avoir adopté l'agencement et l'organisation d'une firme concurrente pour « faire naître la même ambiance ».
4. La désorganisation de l'entreprise : tout agissement qui entraîne une gêne pour le fonctionnement de l'entreprise concurrente.	Sanction à l'encontre d'un industriel qui a corrompu le salarié d'un concurrent pour qu'il révèle des secrets de fabrication et fournisse des renseignements sur la stratégie de son employeur.

21. De quels types d'agissements des concurrents les parents d'Hasna se plaignent-ils ?

22. Ces agissements sont-ils tous des actes de concurrence déloyale ? Justifiez.

B. L'action en concurrence déloyale

MISE EN SITUATION Interrogé par les parents d'Hasna, très soucieux devant le recul constant de leur chiffre d'affaires depuis un an, l'avocat leur a expliqué qu'il allait demander réparation pour les agissements déloyaux dont ils ont été victimes.

DOCUMENT 14 L'action en responsabilité civile

Il n'existe pas de loi réprimant l'action en concurrence déloyale. Tout commerçant, tout entrepreneur qui s'estime victime de comportements déloyaux peut agir en justice en s'appuyant sur le texte fondateur de la responsabilité civile, l'article 1240 du Code civil : « Tout fait quelconque de l'homme, qui cause à autrui un dommage, oblige celui par la faute duquel il est arrivé à le réparer. »

UNE FAUTE	UN LIEN DE CAUSALITÉ	UN PRÉJUDICE
Illustrations 1. L'imitation d'un signe distinctif 2. Le dénigrement 3. Le parasitisme 4. La désorganisation de l'entreprise	**Illustrations** 1. Une situation de concurrence entre les parties 2. L'appréciation de cette situation par les juges du fond	**Illustrations** 1. La confusion dans l'esprit de la clientèle 2. La baisse du chiffre d'affaires 3. La dégradation de l'image, le trouble commercial

23. Face à quels concurrents les parents d'Hasna ont-ils des chances de voir triompher leurs actions en justice pour concurrence déloyale ? Justifiez votre réponse.

24. Quelle est la juridiction compétente pour juger ces affaires ? Pourquoi ?

DOCUMENT 15 La réparation du préjudice

Au plan civil, la sanction principale retenue en cas de concurrence déloyale est le paiement de dommages-intérêts. Il s'agit de réparer le préjudice de la victime. Mais d'autres sanctions sont infligées : la cessation immédiate (sous astreinte, éventuellement) des actes déloyaux, parfois la parution d'un avis ou d'un extrait du jugement dans la presse.

25. Quelles sanctions vous semblent bien adaptées à la réparation attendue par les parents d'Hasna ?

C. Le cas particulier de la contrefaçon de marque

MISE EN SITUATION Les parents d'Hasna ne comprennent pas pourquoi l'avocat n'envisage pas d'assigner leurs concurrents au tribunal correctionnel.

DOCUMENT 16 **Deux possibilités d'action judiciaire**

Le titulaire d'une marque déposée à l'Institut national de la propriété industrielle (INPI) bénéficie d'une situation privilégiée pour défendre ses droits en justice lorsqu'il estime être victime d'une contrefaçon de marque. Il dispose de deux types d'action : l'une au plan pénal (avec la possibilité de se porter partie civile), l'autre au plan civil.

Action en contrefaçon → Sanction pénale ; Sanction civile

Action en concurrence déloyale → Sanction civile

Sanction pénale
3 ans d'emprisonnement
et/ou 300 000 € d'amende

Sanction civile
Dommages-intérêts pour réparer
le trouble commercial subi

DOCUMENT 17 **Les formes de contrefaçon de marque**

1. La copie servile : elle reproduit l'objet et sa marque à l'identique. Elle est difficilement détectable. *Exemple : un polo avec une broderie en forme de crocodile.*

2. L'imitation : elle reprend quelques éléments de la marque et provoque la confusion. *Exemple : une étiquette de bouteille évoquant le modèle d'un concurrent célèbre.*

3. La copie ressemblante avec une petite faute d'orthographe. *Exemple : les baskets Hike.*

4. Le parasitisme : la technique consiste à récupérer la notoriété d'une marque pour des objets qu'elle n'a jamais fabriqués. *Exemple : une marque de constructeur automobile est reprise par un site de vente de pièces détachées sur Internet.*

26. Pourquoi les reproches adressés aux concurrents des parents d'Hasna ne justifient-ils pas un procès pénal ?

27. Dans quel cas la contrefaçon d'une marque est-elle, en elle-même, répréhensible ?

28. Dans quels cas la contrefaçon doit-elle créer une confusion pour être sanctionnée ?

1 Imiter peut exposer à plusieurs sanctions !

Analysez l'arrêt ci-dessous (document 1) et aidez-vous des articles du Code de la propriété intellectuelle (document 2) pour répondre aux questions suivantes.

1. **Qualifiez les parties en présence et les faits à l'origine du litige.**
2. **Quel est le problème juridique posé par cette affaire ?**
3. **Quels sont les arguments du demandeur au pourvoi ?**
4. **Quel est le sens de l'arrêt de la Cour de cassation ?**
5. **Quelles en sont les conséquences sur les sanctions qui peuvent être appliquées ?**

DOCUMENT 1 Cour de cassation, chambre commerciale, arrêt du 10 février 2015 (extraits)

Attendu, selon l'arrêt attaqué, que la société Laboratoires Lehning, qui a pour activité la fabrication de préparations pharmaceutiques, est titulaire de la marque française « Lehning », déposée le 6 janvier 1995 à l'Institut national de la propriété industrielle (l'INPI), [...] pour désigner [...] les produits pharmaceutiques, vétérinaires et désinfectants ; qu'elle exploite en outre le nom de domaine « lehning.com » ;

qu'ayant constaté que la société [...] Ecophar, qui commercialise des produits destinés aux animaux, avait déposé à l'INPI, le 10 mars 2008, la marque française « Lehring Naturellement efficace », [...] la société Lehning a contesté cette demande d'enregistrement ;

qu'en juin 2008, est intervenu un accord de coexistence entre les marques exploitées par ces deux sociétés ; qu'invoquant le non-respect par la société Ecophar de ses engagements, la société Lehning l'a assignée en contrefaçon de marque et concurrence déloyale ; [...]

Vu l'article L. 713-3 du Code de la propriété intellectuelle [...] ;

Attendu que pour rejeter les demandes de la société Lehning, l'arrêt [...] retient que les manquements constatés, telle la persistance du terme « Lehring » en gros caractères sur son site Internet jusqu'en 2012, ne constituent pas des fautes d'une gravité suffisante pour constituer des actes de contrefaçon de marque ;

Attendu qu'en se déterminant ainsi, sans rechercher, comme elle y était invitée, si, en raison de la similitude des marques en présence et des produits désignés à l'enregistrement, le non-respect des engagements contractuels constaté n'était pas de nature à engendrer un risque de confusion dans l'esprit du public, la cour d'appel a privé sa décision de base légale ; [...]

Vu l'article 1382 du Code civil [aujourd'hui art. 1240] ;

Attendu que pour statuer comme il fait, l'arrêt retient que les manquements constatés ne constituent pas des fautes d'une gravité suffisante pour constituer des actes de concurrence déloyale ;

Attendu qu'en se déterminant ainsi, sans rechercher, comme elle y était invitée, si, en raison de la similitude des signes en présence et des activités exercées par les sociétés, l'emploi du terme « Lehring », en plus gros caractères, par la société Ecophar sur son site Internet n'était pas de nature à engendrer dans l'esprit du public un risque de confusion avec la dénomination sociale, le nom commercial et le nom de domaine de la société Lehning, la cour d'appel a privé sa décision de base légale ;

PAR CES MOTIFS : CASSE et ANNULE [...].

DOCUMENT 2 Extraits du Code de la propriété intellectuelle

Article L. 713-1 – L'enregistrement de la marque confère à son titulaire un droit de propriété sur cette marque pour les produits et services qu'il a désignés.

Article L. 713-2 – Sont interdits, sauf autorisation du propriétaire :

a) La reproduction, l'usage ou l'apposition d'une marque, même avec l'adjonction de mots tels que : « formule, façon, système, imitation, genre, méthode », ainsi que l'usage d'une marque reproduite, pour des produits ou services identiques à ceux désignés dans l'enregistrement ;

b) La suppression ou la modification d'une marque régulièrement apposée.

Article L. 713-3 – Sont interdits, sauf autorisation du propriétaire, s'il peut en résulter un risque de confusion dans l'esprit du public :

a) La reproduction, l'usage ou l'apposition d'une marque, ainsi que l'usage d'une marque reproduite, pour des produits ou services similaires à ceux désignés dans l'enregistrement ;

b) L'imitation d'une marque et l'usage d'une marque imitée, pour des produits ou services identiques ou similaires à ceux désignés dans l'enregistrement.

2 Protégez-vous : déposez vos marques

VIDÉO

Répondez aux questions suivantes à l'aide de la vidéo 8-1 :

1. Quelle protection obtient-on grâce au dépôt de marque à l'INPI ?
2. À quelle condition ce dépôt est-il possible ?
3. Quels sont les différents types de marques pouvant être protégés par le dépôt ?
4. Quels avantages le dépôt de marque présente-t-il ?
5. Quels sont le coût et les modalités du dépôt de marque ?
6. Qu'est-ce qu'une licence de marque ? Quel avantage offre-t-elle ?

3 Quel dynamisme commercial ! Peut-être excessif...

La petite station de ski de Cholail, dans les Hautes-Alpes, connaît un succès grandissant et plusieurs habitants des hameaux environnants voient là une opportunité professionnelle.
Agnès Arnault a créé l'an dernier, juste à côté du seul télésiège, une crêperie dont l'enseigne, « La Pause des sportifs », commence à être réputée.
Sylvain Rimal, 20 ans, fils d'un hôtelier local et neveu du directeur de la gazette régionale *L'Air des cimes*, vient d'ouvrir un snack-bar, qu'il a baptisé « La Pause », à 20 mètres de l'établissement d'Agnès. Par ailleurs, il profite, à plusieurs titres, de ses relations familiales. Ainsi a-t-il donné une interview à un journaliste de *L'Air des cimes*, dans laquelle il prétend que son snack est la seule opportunité de restauration rapide et de qualité aux pieds des pistes.
En outre, il obtient de son père la possibilité de distribuer à tous les clients de son hôtel un tract publicitaire présentant sa carte de restauration.

1. Qualifiez juridiquement les principes qui sont au fondement de la vie professionnelle d'Agnès et de Sylvain.
2. Identifiez les comportements de concurrence loyale de Sylvain.
3. Peut-on estimer que Sylvain commet des actes de concurrence déloyale ? Lesquels ?
4. Quelle serait la juridiction compétente si Agnès décidait de se défendre de ces agissements ?
5. Quelles sanctions demanderait-elle à l'encontre de Sylvain ? Faites ressortir l'intérêt de chacune d'elles.

TESTEZ VOS CONNAISSANCES !

Répondez par vrai ou par faux aux propositions suivantes.

1. La liberté d'entreprendre est l'une des composantes de la liberté du commerce et de l'industrie.
❑ Vrai ❑ Faux

2. L'ordre public économique justifie des atteintes à la liberté d'entreprendre.
❑ Vrai ❑ Faux

3. Le droit de concurrencer a pour principale illustration la liberté des prix.
❑ Vrai ❑ Faux

4. La concurrence déloyale est constituée par des agissements précisément définis par le Code de commerce.
❑ Vrai ❑ Faux

5. Le parasitisme est une pratique réprimée par le Code pénal.
❑ Vrai ❑ Faux

6. Le dénigrement consiste à dévaloriser un concurrent, son activité ou ses produits.
❑ Vrai ❑ Faux

7. La réparation de la concurrence déloyale est forcément limitée à l'attribution de dommages-intérêts.
❑ Vrai ❑ Faux

8. L'action en contrefaçon relève du droit pénal.
❑ Vrai ❑ Faux

L'ESSENTIEL

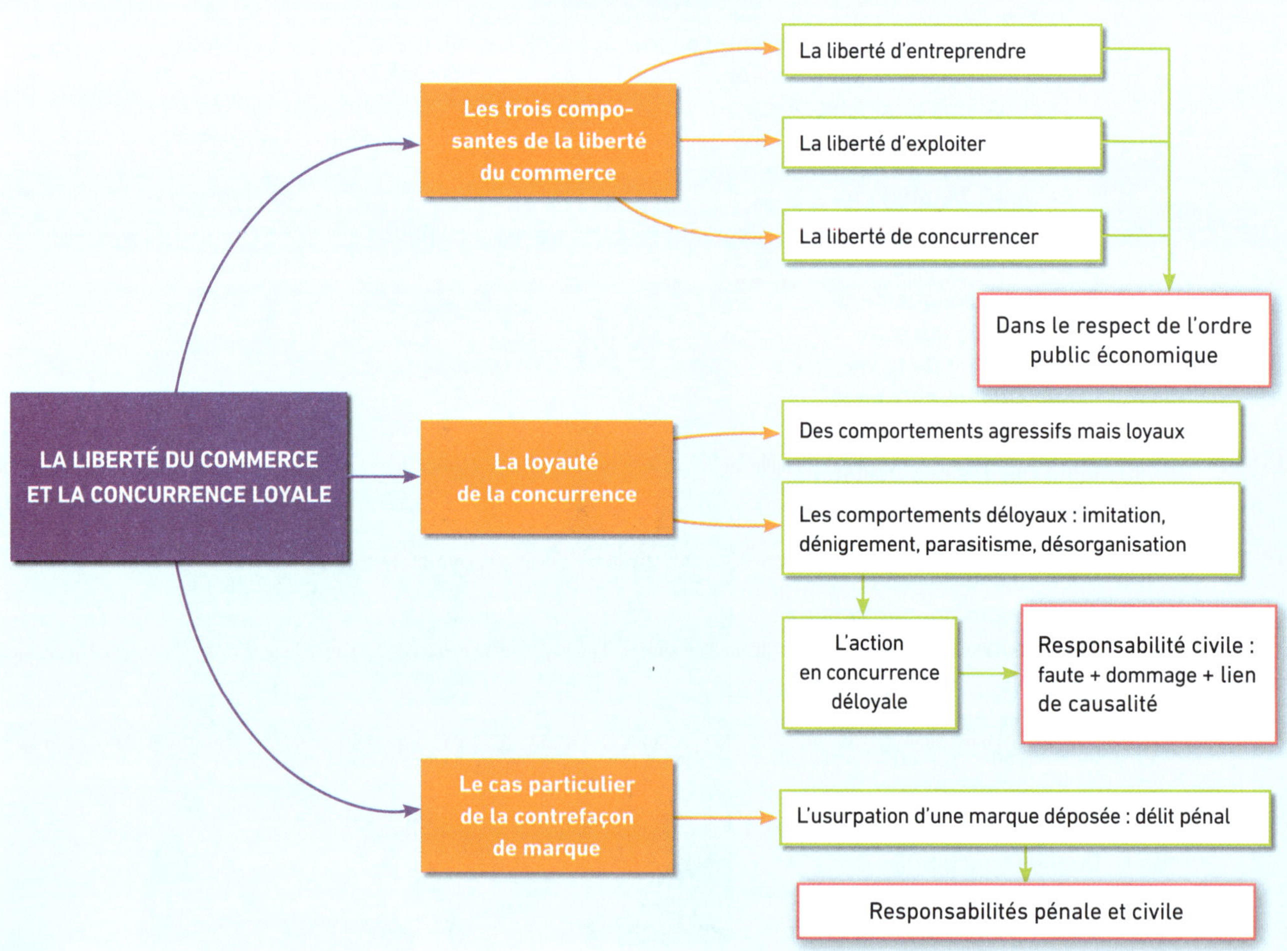

MOTS-CLÉS

- Concurrence déloyale
- Contrefaçon
- Dénigrement
- Désorganisation
- Imitation
- Liberté de concurrencer
- Liberté d'entreprendre
- Liberté d'exploiter
- Liberté du commerce
- Parasitisme

9 Les pratiques anticoncurrentielles et restrictives de concurrence

MISE EN SITUATION

Paul Auclair, P-DG de l'entreprise de nourriture animale connue sous la marque Wharf, voit son chiffre d'affaires diminuer régulièrement depuis quelques années. Ses produits sont soumis à une forte concurrence du fait de l'arrivée de nouveaux entrants sur le marché. Inquiet, Paul Auclair rencontre Michel Barrau, P-DG de l'entreprise propriétaire de la marque concurrente Blanco, leader sur le marché. L'objectif de cette rencontre est de mettre en place une politique commerciale commune.

1. Rappelez les avantages du marché concurrentiel pour l'économie.
2. Selon vous, quelles raisons pourraient amener des entreprises concurrentes à s'entendre pour développer une politique commerciale commune ?
3. Quelles peuvent être les conséquences de ces accords pour les concurrents ?

I Les pratiques anticoncurrentielles

A. Les différentes pratiques illicites

MISE EN SITUATION Paul Auclair et Michel Barrau envisagent une entente sur les prix et les modes de promotion de leurs produits. Ils veulent, tout d'abord, pratiquer des prix bas pour éliminer les concurrents qui ne pourront pas s'aligner. Ensuite, ils remonteront leurs prix ensemble. L'entente concernerait le marché national et le marché européen.

DOCUMENT 1 Cartel dans le secteur des produits laitiers frais

Les réunions avaient lieu le plus souvent dans des hôtels [...]. Les contacts téléphoniques se faisaient à partir de téléphones portables secrets dédiés à l'entente. Les concurrents s'informaient des hausses de prix passées et se mettaient d'accord sur les hausses qu'ils voulaient annoncer aux distributeurs ainsi que sur les arguments pour les justifier [...]. Ce cartel était de grande ampleur puisqu'il concernait l'ensemble du territoire national [...]. Par ailleurs, les produits concernés sont des produits courants, vers lesquels les consommateurs se tournent pour des raisons de prix et pour lesquels ils sont donc relativement captifs.

www.autoritédelaconcurrence. fr, 12 mars 2015.

1. **Quels sont les points communs entre l'entente des fabricants de produits laitiers frais et celle qui est envisagée par Paul Auclair et Michel Barrau ?**

....

....

2. **Quels sont les effets de cette entente :**

– pour les concurrents des fabricants de produits laitiers frais ....

....

– pour les consommateurs ? ....

....

DOCUMENT 2 Les ententes illicites

En droit français – Article L. 420-1 du Code de commerce
Sont prohibées [...], lorsqu'elles ont **pour objet** ou peuvent avoir **pour effet** d'empêcher, de restreindre ou de fausser le jeu de la concurrence sur un marché, les actions concertées, conventions, ententes, expresses ou tacites ou coalitions, **notamment** lorsqu'elles tendent à :

1) Limiter l'accès au marché ou le libre exercice de la concurrence par d'autres entreprises ;

2) Faire obstacle à la fixation des prix par le libre jeu du marché en favorisant artificiellement leur hausse ou leur baisse [...] ;

3) Limiter ou contrôler la production, les débouchés, les investissements ou le progrès technique ;

4) Répartir les marchés ou les sources d'approvisionnement.

En droit européen – Article 101 du traité sur le fonctionnement de l'Union européenne
Sont incompatibles avec le marché intérieur et interdits tous accords entre entreprises, toutes décisions d'associations d'entreprises et toutes pratiques concertées, qui sont susceptibles d'affecter le commerce entre États membres et qui ont **pour objet ou pour effet** d'empêcher, de restreindre ou fausser le jeu de la concurrence à l'intérieur du marché intérieur [...].

DOCUMENT 3 L'origine du caractère illicite d'une entente

S'entendre avec un concurrent ou avec un partenaire de la vie des affaires n'est pas en soi répréhensible. Ce qui est illicite, aussi bien en droit français qu'en droit européen, c'est de perturber le jeu de la concurrence sur le marché. L'entente en est un moyen, parfois volontaire (elle a « pour objet » de fausser la concurrence), parfois même involontaire (elle a « pour effet » de fausser la concurrence).

3. **En quoi peut-on dire que les ententes sont interdites en raison de leurs effets, voulus ou non, plutôt qu'en raison de leur nature ?**

....

....

4. **Relevez les différentes atteintes à la concurrence jugées néfastes pour le marché.**

....

....

DOCUMENT 4 Les abus de position dominante

En droit français	En droit européen
Article L. 420-2 du Code de commerce Est prohibée, [...] l'exploitation abusive par une entreprise ou un groupe d'entreprises d'une position dominante sur le marché intérieur ou une partie substantielle de celui-ci. [...]	**Article 102 du traité sur le fonctionnement de l'Union européenne** Est incompatible avec le marché intérieur et interdit, dans la mesure où le commerce entre États membres est susceptible d'en être affecté, le fait [...] d'exploiter de façon abusive une position dominante sur le marché intérieur ou dans une partie substantielle de celui-ci. [...]

DOCUMENT 5 Orange épinglé pour abus de position dominante

Saisie par Bouygues Telecom puis par SFR, l'Autorité de la concurrence rend une décision par laquelle elle sanctionne Orange à hauteur de 350 millions d'euros pour avoir freiné abusivement le développement de la concurrence sur le marché de la clientèle « entreprise » depuis les années 2000 [...] et impose des injonctions destinées à rétablir une situation de concurrence saine sur ces marchés [...]. En ce qui concerne les services mobiles, Orange est sanctionné pour avoir abusé de sa position dominante en mettant en œuvre différents mécanismes de fidélisation de sa clientèle [...] et de remises tarifaires anticoncurrentielles. [...] Les victimes de ces pratiques sont non seulement les opérateurs concurrents d'Orange, mais surtout l'ensemble des entreprises françaises, quelle que soit leur taille.

www.autoritédelaconcurrence.fr, 7 décembre 2015.

5. **Le droit interdit-il à une entreprise d'acquérir une position dominante sur un marché ?**

....

6. **Quel est le reproche fait à Orange par l'Autorité de la concurrence ?**

....

....

7. **En quoi la décision de l'Autorité de la concurrence peut-elle permettre d'insuffler davantage de concurrence sur le marché de la téléphonie ?**

....

....

B. Les sanctions des pratiques anticoncurrentielles

MISE EN SITUATION Michel Barrau, qui détient à lui seul 45 % de parts de marché en France et 30 % en Europe, et Paul Auclair ont finalisé leur entente sur les prix et les conditions de vente. Certains de leurs concurrents devinent cet accord en constatant la similitude des prix pratiqués par ces deux géants du marché. Tom Ducler, nouvel entrant sur le marché national, ne peut résister à la concurrence de Michel Barrau et Paul Auclair. Il souhaite donc mettre un terme aux agissements des deux P-DG qui, selon lui, faussent la concurrence.

DOCUMENT 6 Les sanctions en droit interne et en droit européen

Les pratiques anticoncurrentielles ayant un effet négatif sur le marché sont sanctionnées :

- Au niveau national → Par l'Autorité de la concurrence
- Au niveau européen → Par la Commission européenne

→ SANCTION PÉCUNIAIRE – INJONCTION

→ Les pratiques anticoncurrentielles ayant un effet positif sur le marché sont autorisées.

8. L'entente conclue entre Michel Barrau et Paul Auclair risque-t-elle d'être sanctionnée ? Justifiez votre réponse.

……………………………………………………………

……………………………………………………………

9. Quelle serait l'autorité compétente pour intervenir ? Pourquoi ?

……………………………………………………………

10. Comment peut-on justifier l'existence de deux autorités de surveillance des marchés ?

……………………………………………………………

DOCUMENT 7 La sanction pécuniaire

Selon le Code de commerce, l'Autorité de la concurrence a le pouvoir d'infliger une sanction, qui peut aller jusqu'à 10 % du chiffre d'affaires mondial du groupe auquel appartient l'entreprise.
Le droit européen applique la même règle au niveau européen : la Commission dispose d'un pouvoir de sanction identique à celui de l'Autorité de la concurrence.
Le montant des amendes est modulé selon la taille du marché affecté par les ententes ou abus de position dominante, la durée des pratiques illicites, la taille des différentes entreprises participantes.

11. Quel instrument peut utiliser l'Autorité de la concurrence pour sanctionner les entreprises de Michel Barrau et Paul Auclair ?

……………………………………………………………

……………………………………………………………

12. En quoi les amendes encourues sont-elles d'autant plus dissuasives que les entreprises faussant la concurrence sont puissantes ?

……………………………………………………………

……………………………………………………………

DOCUMENT 8 L'injonction

En droit européen comme en droit français, le législateur a institué un dispositif qui complète celui des sanctions pécuniaires. Il s'agit de l'injonction (du verbe « enjoindre »). Les autorités de surveillance peuvent ordonner aux entreprises coupables de pratiques illicites de mettre un terme à leurs agissements sur le marché ou de les modifier. L'attitude des entreprises visées par l'injonction a des conséquences sur les mesures prises à leur encontre : celles qui se soumettent de bonne grâce et rapidement (durant l'enquête, parfois) voient leur amende réduite, celles qui ne tiennent pas compte de l'injonction sont contraintes de se plier à la décision des autorités, après avoir subi une condamnation sévère.

13. Qu'est-ce que l'injonction ?

....

14. En quoi cette sanction est-elle indispensable pour assurer la protection effective de la concurrence ?

....

....

DOCUMENT 9 Des exemples de décisions prises par l'Autorité de la concurrence

Date	Affaire	Décision de l'Autorité de la concurrence et motif
06/05/2015	 Entente dans le secteur de la commercialisation de la viande de volaille	Sanction de 15,2 millions d'euros. L'Autorité de la concurrence sanctionne 21 industriels de la volaille et deux organisations professionnelles du secteur pour s'être concertés entre 2000 et 2007 en vue de réduire l'incertitude dans le cadre de leurs négociations commerciales.
09/06/2016	 Canal + – beIN Sports	L'Autorité de la concurrence a annoncé le rejet de l'accord exclusif de distribution entre les deux diffuseurs Canal + et beIN Sports, considérant que l'opération était de nature à porter atteinte à la concurrence. Cette entente, signée en février dernier, devait permettre à Canal + de diffuser en exclusivité dans ses bouquets les chaînes du groupe qatari beIN Sports pour une durée de cinq ans.

15. Qualifiez les comportements des entreprises dans les affaires rapportées ci-dessus.

....

....

16. Comparez les décisions prises par l'Autorité de la concurrence dans ces deux cas.

....

....

DOCUMENT 10 La clémence

Par cette procédure, l'Autorité de la concurrence ou la Commission européenne peuvent décider d'exonérer d'amende (ou d'en réduire le montant) une ou des entreprises qui dénoncent les pratiques anticoncurrentielles auxquelles elles participent, permettent leur répression, contribuent à accélérer la procédure d'instruction de l'affaire et s'engagent à ne plus commettre d'infractions liées à ces pratiques.

17. Quelle est la finalité de la procédure dite de « clémence » ?

....

C. Les pratiques licites

MISE EN SITUATION Michel Barrau souhaite favoriser la recherche afin d'innover et de rendre ses produits encore plus performants, et donc incontournables pour les consommateurs. Outre l'entente sur les prix, il envisage un partenariat avec Paul Auclair afin de rassembler des ressources financières et des compétences dans le cadre d'une politique commune de recherche-développement. Bien sûr, il échangera des informations confidentielles, des savoir-faire qui peuvent avoir une importance stratégique.

DOCUMENT 11 L'alliance entre le groupe AccorHotels et Huazhu

AccorHotels et Huazhu Hotels Group se félicitent de la concrétisation de leur alliance de grande ampleur et à long terme, initialement annoncée au marché le 14 décembre 2014. […] Ce partenariat sans précédent donne naissance aujourd'hui à un géant de l'hôtellerie en Chine, dont la force repose sur un système conjoint de distribution nouvellement créé, ainsi que sur l'association de deux programmes de fidélité ambitieux réunissant plus de 75 millions de membres à travers le monde. Cette alliance stratégique permettra également d'accélérer le développement des marques Grand Mercure, Novotel, Mercure, ibis et ibis Styles en Chine, à Taiwan et en Mongolie, avec l'ouverture de 350 à 400 hôtels prévue sur les cinq prochaines années.

www.accorhotels-group.com, Communiqué de presse, 27 janvier 2016.

18. Le type de coopération envisagé par Michel Barrau est-il autorisé ? Justifiez votre réponse.

19. Le partenariat entre Michel Barrau et Paul Auclair sera-t-il bénéfique pour le consommateur ?

20. Quels sont les aspects positifs de ce type de partenariat pour l'économie ?

21. En quoi les objectifs de l'entente conclue entre AccorHotels et Huazhu sont-ils favorables au développement du marché et aux intérêts du consommateur ?

22. Complétez le tableau ci-dessous en identifiant l'objet des ententes et en distinguant les ententes licites des ententes illicites.

Exemples d'ententes	Objet des ententes	Ententes licites	Ententes illicites
Arrangement entre les stations-service d'une autoroute pour pratiquer des prix identiques			
Accord entre des entreprises françaises pour développer en commun un service d'étude des marchés asiatiques			
Concertation entre des industriels pour prolonger l'exploitation de produits techniquement dépassés dans le but d'écouler des stocks importants			
Concertation entre des entreprises françaises pour réaliser des offres promotionnelles identiques			

II Les pratiques restrictives de concurrence

A. Les différentes pratiques restrictives de concurrence

MISE EN SITUATION Michel Barrau entretient des relations d'affaires avec de nombreuses entreprises qui distribuent ses produits Blanco : des réseaux d'hypermarchés et de supermarchés aux grossistes régionaux, en passant par des cabinets de vétérinaires. Dernièrement, l'un de ses plus importants clients a décidé sans prévenir d'abandonner la vente de ses produits suite au refus d'un geste commercial en sa faveur. Il voulait une réduction de prix irréaliste, qui aurait amené Michel Barrau à vendre à perte.

DOCUMENT 12 Le principe de la loyauté dans la concurrence

Le droit de la concurrence cherche à préserver la loyauté dans les relations économiques et sanctionne les pratiques restrictives de concurrence car elles ont toujours pour conséquence de fausser les conditions de fonctionnement du marché. Toutes sont illicites, toutes sont sanctionnées.

DOCUMENT 13 Les pressions exercées sur les partenaires

Selon l'article L. 442-6 du Code de commerce, un industriel, un commerçant ou un artisan ne doit pas exercer de pression exagérée sur ses partenaires de la vie des affaires, ses fournisseurs ou ses clients. La loi énumère diverses pratiques interdites.

Obtenir un avantage quelconque ne correspondant à aucun service commercial effectivement rendu.	Soumettre un partenaire commercial à des obligations créant un déséquilibre significatif dans le contrat.	Obtenir des avantages excessifs sous la menace d'une rupture brutale, totale ou partielle, des relations commerciales.	Rompre brutalement une relation d'affaires sans préavis écrit ni respect d'un délai de prévenance.
↓	↓	↓	↓
Ex. ① : un hypermarché oblige ses fournisseurs à payer les frais d'édition de son catalogue des fêtes de fin d'année.	Ex. ② : un producteur oblige une chaîne de supérettes à lui accorder des délais de paiement excessivement longs.	Ex. ③ : un distributeur de taille internationale menace d'abandonner la vente d'un produit s'il n'obtient pas un rabais.	Ex. ④ : un distributeur, client important d'une entreprise, décide sans prévenir d'abandonner la vente de ses produits.

23. Le distributeur des produits Blanco pouvait-il décider de cesser leur vente sans prévenir Michel Barrau ? Justifiez votre réponse.

....

....

24. Quel rapport de force entre les partenaires l'existence des pratiques restrictives permet-elle ?

....

25. Pour chacun des exemples cités dans le document 13, indiquez quelle est l'entreprise dominante et quelle est l'entreprise dominée.

Exemples	Entreprise dominante	Entreprise dominée
①		
②		
③		
④		

DOCUMENT 14 La revente à perte

LE PRINCIPE

Code de commerce – Art. L. 442-2. Le fait, pour tout commerçant, de revendre ou d'annoncer la revente d'un produit en l'état à un prix inférieur à son prix d'achat effectif est puni de 75 000 euros d'amende. Cette amende peut être portée à la moitié des dépenses de publicité dans le cas où une annonce publicitaire, quel qu'en soit le support, fait état d'un prix inférieur au prix d'achat effectif. La cessation de l'annonce publicitaire peut être ordonnée [...].

DES EXCEPTIONS

- Ventes précédant une cessation d'activité
- Ventes de produits saisonniers, en fin de saison
- Ventes de produits périssables proches de la date de péremption
- Soldes

26. **Quel risque Michel Barrau aurait-il pris s'il avait fait le geste commercial demandé par son client pour le conserver ? Justifiez votre réponse.**

27. **Quel est l'avantage apparent de la revente à perte pour les consommateurs ?**

28. **Pourquoi l'interdiction de la revente à perte doit-elle être considérée comme une protection du marché ? Envisagez la situation des concurrents et celle des consommateurs.**

29. **En quoi toutes les pratiques restrictives faussent-elles la concurrence ?**

30. **Que veut-on protéger en sanctionnant ces pratiques restrictives : le marché ou les entreprises qui sont victimes de ces pratiques ?**

B. Les sanctions des pratiques restrictives de concurrence

MISE EN SITUATION Après avoir consulté un avocat, Michel Barrau choisit de prévenir son ancien distributeur qu'il envisage d'agir contre lui. En fait, il espère que la crainte des sanctions l'amène à revenir sur sa décision de rompre leurs relations commerciales.

DOCUMENT 15 La commission d'examen des pratiques commerciales (CEPC)

Cette commission a pour mission de donner des avis ou de formuler des recommandations sur les questions, les documents commerciaux ou publicitaires et les pratiques concernant les relations commerciales entre producteurs, fournisseurs, revendeurs, qui lui sont soumis. [...] Elle peut être saisie par le gouvernement, le président de l'Autorité de la concurrence, les entreprises, les organisations professionnelles ou syndicales, les associations de consommateurs agréées [...].

www.economie.gouv.fr

31. **Qui peut saisir la commission d'examen des pratiques commerciales dans l'affaire qui oppose Michel Barrau à son ancien distributeur ?**

32. **Quel est le rôle de la CEPC ?**

DOCUMENT 16 Diverses responsabilités et sanctions encourues

Pratiques restrictives de concurrence	Exemples	Types de responsabilité	Sanctions possibles
Des conditions de règlement abusives	*Une centrale d'achat obtient d'un petit fournisseur des délais de paiement anormalement longs.*	Responsabilité civile	Dommages et intérêts, nullité de la clause ou du contrat, parution de l'avis de condamnation dans la presse, cessation des agissements
Un déséquilibre significatif dans le contrat	*Un industriel obtient une importante majoration de prix d'un distributeur, au seul motif qu'il cesse de vendre ses produits à un concurrent.*		
Une rupture brutale ou une menace de rupture de la relation commerciale	*Un hypermarché cesse, du jour au lendemain, de vendre un produit qu'il distribuait depuis des années.*		
Une vente à perte	*Un fabricant décide de vendre à perte pour conforter sa position sur le marché.*	Responsabilité pénale	Amende

33. **Justifiez l'intérêt des différentes sanctions encourues au plan de la responsabilité civile.**

34. **Dans quels cas la sanction pénale ajoute-t-elle à l'efficacité de la prévention ?**

35. **Cette sanction joue-t-elle seulement un rôle préventif ?**

1 La clémence, utile pour détecter les cartels

Jean-Pierre Lucas, P-DG de la marque de pneus Rivo, et ses deux principaux concurrents, P-DG des marques Gommet et Rollet, s'inquiètent de la diminution de leurs marges, liée à l'augmentation du coût des matières premières. Les trois dirigeants se rencontrent afin de se concerter pour élaborer une politique de prix commune. Ils espèrent ainsi continuer à dominer les marchés national et européen.
Jean-Pierre Lucas, conscient du caractère illicite de l'accord et soucieux des sanctions possibles, hésite à dénoncer le cartel.

1. **Selon vous, quel type d'entente peut être conclu entre ces fabricants de pneus ?**
2. **Pourquoi cette entente fausse-t-elle la concurrence ?**
3. **Quels seront les effets de cette entente sur les consommateurs ?**
4. **La procédure de clémence est-elle un outil de prévention et/ou de répression ? Justifiez votre réponse.**
5. **Que peut espérer Jean-Pierre Lucas en dénonçant le cartel ?**

DOCUMENT La procédure de clémence

Les ententes anticoncurrentielles se nouent généralement dans le plus grand secret. Il est donc particulièrement difficile de les détecter. La procédure de clémence, importée des pays anglo-saxons et instaurée en France par la loi du 15 mai 2001, est un outil efficace pour les mettre au jour et pour aider l'Autorité à les sanctionner.
Cette procédure permet à une entreprise de révéler une entente à laquelle elle a participé auprès de l'Autorité de la concurrence, en contrepartie d'une exonération totale ou partielle de sanction. Pour bénéficier de cette exonération, il faut que l'entreprise participe de façon positive au traitement du cas, en particulier en apportant des preuves de l'entente, et qu'elle coopère de façon véritable, totale, permanente et rapide au traitement de l'affaire.

2 Négocier n'est pas brusquer

1. **Quels sont les faits et les parties à l'origine du litige présenté dans le document ?**
2. **Quel est le problème juridique posé par cette affaire ?**
3. **Quelle a été la décision de la cour d'appel qui justifie le pourvoi en cassation ?**
4. **Quel est le sens de l'arrêt de la Cour de cassation ?**
5. **Dans quelle mesure ce type de décision peut-il favoriser l'amélioration du comportement des entreprises puissantes à l'égard de leurs partenaires plus faibles ?**

DOCUMENT Cour de cassation – Arrêt du 6 novembre 2012 (extrait)

Attendu, selon l'arrêt attaqué, que depuis le 1er février 2004, la société Trans'meubles 83 effectuait des transports et livraisons de meubles et autres objets pour le compte de la société Castorama France ; qu'ayant proposé, le 2 août 2006, une modification de ses prestations et des tarifs, elle s'est vu notifier la fin de la relation par une lettre recommandée du 22 août 2006 ; qu'estimant la rupture brutale, elle a assigné la société Castorama en paiement de dommages-intérêts ;

Attendu que pour rejeter la demande de la société Trans'meubles 83, l'arrêt retient que la diminution du volume des camions mis à disposition constituait une modification substantielle des accords antérieurement trouvés, alors que les parties ne s'étaient pas entendues sur les quantités à transporter […] ; qu'il en déduit que cette modification, proposée avec effet immédiat, autorisait la société Castorama à rompre la relation commerciale sans respecter un préavis ;

Attendu qu'en se déterminant ainsi, en se fondant sur une simple proposition de modification des conditions contractuelles sans constater qu'elle n'était pas négociable, la cour d'appel n'a pas donné de base légale à sa décision ;

PAR CES MOTIFS : CASSE ET ANNULE […].

3 Concurrence et liberté des prix

1. Qualifiez les parties et les faits dans le litige à l'origine de l'arrêt reproduit au document 2.
2. Quel est le problème juridique ?
3. Quels sont les arguments qui s'opposent ?
4. Quel est le sens de l'arrêt de la cour d'appel ?
5. Quel est l'apport de cet arrêt à la définition de la vente à prix minimal ?

DOCUMENT 1 L'interdiction du prix minimal imposé

Le fait d'imposer un caractère minimal à un prix ou à une marge commerciale est interdit. Le Code de commerce définit comme une pratique délictuelle le fait d'imposer un caractère minimal à un prix ou à une marge commerciale. L'interdiction vise toute personne, c'est-à-dire physique ou morale, commerçante ou non, susceptible de se livrer à une telle pratique. Elle porte sur le prix d'un produit, d'un bien, d'une prestation de service, ou sur une marge commerciale.
La pratique peut être qualifiée de « péché majeur » en droit de la concurrence. En effet, l'exercice du jeu concurrentiel ne peut se concevoir sans la libre détermination des prix par l'ensemble des agents économiques.

www.economie.gouv.fr

DOCUMENT 2 Cour d'appel – Arrêt du 16 mai 2013

Par décision n° 11-D-19 du 15 décembre 2011, l'Autorité de la concurrence a considéré « établi que la société Kontiki SAS a enfreint les dispositions de l'article L. 420-1 du Code de commerce en mettant en œuvre avec ses distributeurs une pratique anticoncurrentielle visant à fixer les prix de revente aux consommateurs des articles Diddl du 1er janvier 2003 à la mi-mars 2007 » et lui a infligé une sanction de 1,34 million d'euros.
Vu le recours en annulation formé le 20 janvier 2012 par la société Kontiki de la décision n° 11-D-19 du 15 décembre 2011 de l'Autorité de la concurrence […],
Considérant que les pratiques de prix de vente imposés sont considérées […] comme des « restrictions caractérisées » […],
Considérant que le référencement des distributeurs sur le site Internet « Diddl.fr » subordonné au respect effectif par ceux-ci des « prix publics conseillés » […] confère aux accords signés un objet anticoncurrentiel […] ;
Considérant que les prix mentionnés comme « conseillés ou maximum » par la société Kontiki étaient communiqués à tous les distributeurs sur les bons de commande et de livraison […], qu'au surplus certains revendeurs ont fait état de surveillance par Kontiki […] des prix de revente pratiqués et de pressions exercées par les représentants de la société Kontiki lorsqu'ils s'écartaient à la baisse des prix communiqués ;
PAR CES MOTIFS ;
REJETTE LE RECOURS […]

4 Qualifier des comportements pour les sanctionner

Qualifiez les comportements décrits dans le tableau en choisissant parmi les pratiques suivantes : abus de position dominante, entente illicite, entente licite, pratique restrictive de concurrence.

Situation juridique	Qualification
Accord entre deux entreprises pour développer en commun un marché à l'étranger	
Obstacles mis à l'installation de tout concurrent par un géant du marché	
Partage géographique du marché des journaux quotidiens entre deux éditeurs de presse	
Revente par un grossiste au prix d'achat, avec remise trimestrielle aux détaillants en fin de trimestre	
Accords sur les prix entre des entreprises concurrentes	
Cessation brutale du référencement d'un fournisseur par une centrale d'achat	

TESTEZ VOS CONNAISSANCES !

Répondez par vrai ou par faux aux propositions suivantes.

1. **Les pratiques anticoncurrentielles sont sanctionnées quels que soient leurs effets sur le marché.**
❑ Vrai ❑ Faux

2. **La volonté de dominer le marché est une pratique anticoncurrentielle.**
❑ Vrai ❑ Faux

3. **Le droit de la concurrence cherche à préserver la loyauté dans les relations économiques.**
❑ Vrai ❑ Faux

4. **L'existence d'une concurrence effective est indispensable au bon fonctionnement de l'économie.**
❑ Vrai ❑ Faux

5. **Pour faire cesser les pratiques anticoncurrentielles, l'Autorité de la concurrence ne dispose que d'un instrument : les injonctions.**
❑ Vrai ❑ Faux

6. **Les pratiques restrictives de concurrence faussent la concurrence.**
❑ Vrai ❑ Faux

7. **Les sanctions sont proportionnées à l'importance du dommage causé à l'économie.**
❑ Vrai ❑ Faux

8. **Toute entreprise a le droit de conquérir la clientèle de ses concurrents.**
❑ Vrai ❑ Faux

L'ESSENTIEL

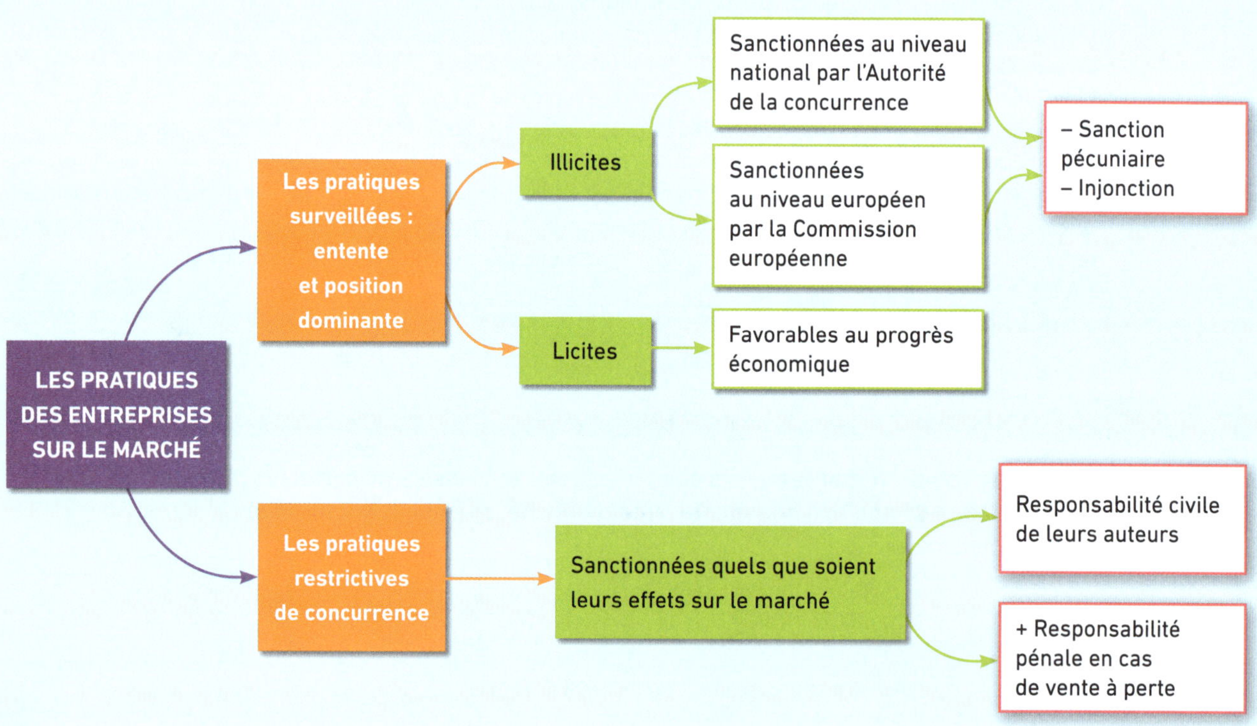

MOTS-CLÉS

- Abus de position dominante
- Autorité de la concurrence
- Clémence
- Commission d'examen des pratiques commerciales
- Entente
- Injonction
- Pratiques anticoncurrentielles
- Pratiques restrictives de concurrence

Le respect des règles de marché

Situation 1

Archibald de Latour est un homme qui ne manque pas d'expérience en affaires. Il est en effet le directeur général de la SA Latour, une importante entreprise familiale, de dimension nationale, spécialisée dans la fabrication de produits d'arrosage de jardins. Il travaille en collaboration avec les sociétés Wolf SA, Nerval SARL et Vanbout SA, développant avec elles, depuis de nombreuses années, une collaboration très active bien qu'informelle. Comme la SA Latour, implantée dans le Sud-Ouest, chacune de ces sociétés est en position dominante sur son marché régional. L'objectif premier des quatre entreprises est de conforter leur position et de se partager le marché français. À cette fin, un accord secret a été passé entre elles : aucune ne doit chercher à conquérir le marché de ses partenaires.

Cette stratégie a longtemps porté ses fruits, mais au début de l'année 2015, Archibald de Latour a été inquiété par la lecture d'un article de presse évoquant la condamnation de plusieurs entreprises de produits d'entretien qui s'étaient entendues sur leur politique commerciale et sur leurs hausses durant plusieurs années. En effet, Michèle Raillac, gérante de la SARL « Jardins verts », installée à Toulouse, distributrice de produits de jardinage et d'arrosage, l'a menacé d'agir contre lui : elle fait état d'un dommage commercial lié à l'impossibilité de se fournir auprès des autres principaux producteurs français, qui lui refusent toute livraison.

1.1. Qualifiez juridiquement le comportement des entreprises Latour, Wolf, Nerval et Vanbout (document 1).

1.2. Citez l'autorité compétente pour régler les problèmes que ces agissements font naître.

1.3. Quelles sanctions les sociétés concernées encourent-elles ?

1.4. Qualifiez juridiquement le dommage subi par Michèle Raillac. Est-il réparable ? Comment ?

Situation 2

Archibald de Latour étudie les possibilités d'échapper aux sanctions ou de les minimiser au cas où il serait inquiété pour ses pratiques commerciales. Il est prêt à se désolidariser de ses partenaires pour défendre seul ses intérêts.

2.1. Comment est-il possible à Archibald de Latour d'échapper aux sanctions (document 2) ?

2.2. À quelle condition peut-il espérer être totalement exonéré de sanction ?

2.3. Les partenaires à l'entente de la SA Latour pourraient-ils eux aussi agir pour réduire le montant des amendes encourues ? Justifiez.

ACTIVITÉ DE SYNTHÈSE

DOCUMENT 1 Ententes dans le transport de colis, 672,3 millions d'euros d'amende

L'Autorité de la concurrence annonce le 15 décembre 2015 qu'elle inflige pour 672,3 millions d'euros d'amende au total à plusieurs entreprises de messagerie (transport de colis) pour avoir coordonné leur politique commerciale et s'être concertées sur les hausses de prix entre 2004 et 2010.

L'entente principale fait l'objet d'une sanction de 670,9 millions d'euros. Regroupant vingt entreprises, elle a consisté en des concertations répétées sur les hausses tarifaires annuelles qu'elles demandaient à leurs clients respectifs. Ces échanges ont principalement eu lieu lors de réunions tenues dans le cadre d'une instance d'un syndicat professionnel (TLF), lequel a également été sanctionné. Les éléments au dossier montrent que ce dernier, au lieu de jouer son rôle de vigilance dans le respect des règles de concurrence, participait activement tant à l'organisation des échanges illicites qu'à la protection de leur confidentialité.

Dans le calcul des sanctions, l'Autorité a pris en compte la durée des pratiques, leur gravité et le dommage causé à l'économie, notamment aux PME, qui faute d'un pouvoir de négociation suffisant, ont été les principales victimes de l'entente. Elle a néanmoins adapté ses sanctions aux spécificités du dossier, notamment en diminuant pour six entreprises le montant des sanctions de plus de 90 % afin de tenir compte de leurs difficultés financières actuelles. L'Autorité a, par ailleurs, pris en compte les demandes de clémence et de non-contestation des griefs dans le calcul des sanctions.

La seconde entente, de moindre envergure, concerne la définition d'une méthode commune de répercussion de la surcharge gazole. Dans cette procédure, quinze des entreprises déjà impliquées dans la première entente sont sanctionnées, à hauteur de 1,4 million d'euros.

D'après www.autoritedelaconcurrence.fr

DOCUMENT 2 La clémence au service de la lutte contre les ententes illicites

POURQUOI UNE PROCÉDURE DE CLÉMENCE ?

La clémence a vocation à s'appliquer dans les cas d'ententes secrètes ou de cartels.

Il s'agit de deux entreprises ou plus qui se concertent (par écrit ou de toute autre façon) afin d'empêcher, de restreindre ou de fausser le libre jeu de la concurrence. Ces ententes font partie des infractions les plus graves au Code de commerce.

Les entreprises contrevenantes s'exposent au risque de sanctions élevées, qui peuvent atteindre jusqu'à 10 % du chiffre d'affaires mondial de l'entreprise. [...]

POURQUOI DEMANDER LA CLÉMENCE ?

Si votre entreprise participe ou a participé à une entente entre concurrents, elle peut échapper à une sanction élevée en dénonçant cette infraction et en fournissant à l'Autorité des éléments de preuve.

Elle agit ainsi dans son propre intérêt. En effet, ne pas prendre l'initiative de dénoncer une infraction dont elle a connaissance l'exposerait à un double risque : celui de l'action d'un tiers (une entreprise concurrente, un ancien salarié...) qui viendrait dévoiler l'infraction à l'Autorité de la concurrence, et celui d'une enquête menée à l'initiative de l'Autorité. [...]

COMMENT FONCTIONNE LA CLÉMENCE ?

La clémence permet à une entreprise de révéler une entente à laquelle elle a participé auprès de l'Autorité de la concurrence, en contrepartie :

– d'une exonération totale d'amende pour la première entreprise qui demande la clémence ;

– d'une exonération partielle d'amende pour les suivantes.

Pour bénéficier de cette exonération, il faut que l'entreprise contribue de façon positive au traitement du cas, en particulier en apportant des preuves de l'entente, et qu'elle coopère de façon véritable, totale, permanente et rapide au traitement de l'affaire. [...]

www.autoritedelaconcurrence.fr

10 Entreprendre seul

MISE EN SITUATION

Luc Vitelli, 32 ans, est titulaire d'un BEPA (brevet d'études professionnelles agricoles) Aménagements de l'espace, option « Travaux paysagers ». Il a commencé sa carrière professionnelle à 18 ans comme salarié d'un pépiniériste, Raphaël Ladi, et il est maintenant très expérimenté. Privé d'emploi suite à la fermeture de l'entreprise de M. Ladi, il se sent prêt pour créer la sienne.

Malgré les propositions d'emploi d'anciens concurrents de M. Ladi, qui soulignent la sécurité d'un emploi salarié, Luc aspire à de nouvelles responsabilités. Ses amis lui conseillent de ne pas s'engager seul dans cette aventure, afin de pouvoir partager les risques. Mais il aspire à plus de liberté, veut décider de ses horaires et de l'organisation de son travail, et il ne souhaite pas partager le pouvoir de gérer son entreprise. Le libre choix de ses chantiers, l'intérêt professionnel qui leur est attaché, la gestion personnelle de son activité loin de la subordination à un employeur, l'espérance de mieux gagner sa vie, son caractère indépendant, tout cela l'incite à se lancer dans l'aventure.

1. Pourquoi Luc veut-il entreprendre seul ?
2. Indiquez les différences entre la situation d'entrepreneur individuel et celle de salarié.
3. D'après vous, quels traits de personnalité caractérisent Luc et l'amènent à entreprendre seul ?

I Les caractéristiques de l'entreprise individuelle

A. La microentreprise, la forme la plus simple

MISE EN SITUATION Luc a réalisé une étude de marché et pense qu'il peut raisonnablement espérer un chiffre d'affaires annuel de 40 000 euros. Au regard des renseignements qu'il s'est procurés, il envisage de choisir le statut de microentrepreneur réputé comme étant la forme la plus simple pour débuter une activité.

DOCUMENT 1 Le succès du régime du microentrepreneur

Fin 2015, le nombre de microentrepreneurs inscrits s'établit à 1 012 000, en net ralentissement par rapport à l'an dernier (+ 4,2 % en évolution annuelle contre + 7,7 % fin 2014). Parmi eux, 619 000 déclarent un chiffre d'affaires positif au quatrième trimestre 2015, soit 61,2 % d'entre eux (+ 1,2 point de plus que l'an dernier). [...] Le chiffre d'affaires trimestriel moyen atteint 3 423 euros au dernier trimestre 2015.

Acoss Stat n° 235, juillet 2016.

DOCUMENT 2 La déclaration du microentrepreneur

Le microentrepreneur ne constitue pas une forme juridique (qui reste le statut de l'entreprise individuelle), mais seulement une simplification des formalités pour l'exercice d'activités indépendantes : une activité commerciale ou artisanale peut être exercée en parallèle d'une activité principale ou en complément d'un autre statut (salarié, demandeur d'emploi, retraité, étudiant...).

Pour démarrer une activité permanente ou occasionnelle sous statut de microentrepreneur, il suffit d'une simple déclaration : soit directement par la déclaration de microentreprise en ligne auprès de l'Urssaf, soit par l'envoi du formulaire P0 – cerfa n° 15253*02 au centre de formalités des entreprises (CFE).

Un microentrepreneur exerçant à titre principal une activité artisanale doit obligatoirement être immatriculé au répertoire des métiers (RM), ou au registre du commerce et des sociétés (RCS) s'il exerce une activité commerciale.

http://vosdroits.service-public.fr

DOCUMENT 3 Le régime du microentrepreneur

– Ce régime simplifie les formalités de création et de cessation d'activité.

– Il permet à toute personne d'exercer une petite activité professionnelle indépendante (chiffre d'affaires < à 32 900 € pour les activités de service, < à 82 200 € pour une activité commerciale), sans apport de capital.

– Il concerne un nombre limité d'activités : le commerce de détail, les activités de services, les soins de beauté, les tatouages, la programmation et autres activités informatiques...

– Le microentrepreneur est libéré des cotisations et contributions sociales et d'impôt sur le revenu par le versement d'un pourcentage de son chiffre d'affaires (24,8 % pour les activités de services, 14,4 % pour une activité commerciale)*. Son activité est exonérée de TVA.

* S'ajoutent la contribution pour formation professionnelle (0,1 à 0,3 % du CA), et la taxe pour frais de chambre de métiers et de l'artisanat ou de chambre de commerce et de l'industrie (0,015 à 0,48 % du CA).

1. Les personnes suivantes peuvent-elles créer une microentreprise ?

– Un salarié	❑ Oui	❑ Non
– Un demandeur d'emploi	❑ Oui	❑ Non
– Un retraité	❑ Oui	❑ Non
– Une association	❑ Oui	❑ Non

2. Quelle sera la conséquence de l'exonération de TVA sur l'activité de Luc ?

3. Retrouvez les raisons administratives, sociales et fiscales qui expliquent le succès de la microentreprise.

....

....

4. L'absence de ressources financières de Luc serait-elle un frein s'il se déclarait microentrepreneur ? Justifiez votre réponse.

....

....

DOCUMENT 4 Les obligations du microentrepreneur

La microentreprise est une vraie entreprise. Gardez toujours cette notion en tête car elle vous permettra de :
- remplir correctement vos obligations ;
- développer une activité rentable.

En tant que microentrepreneur, vous devez :
[...]
- respecter des règles de comptabilité et de gestion :

– tenir un livre « recettes – dépenses » pour suivre la rentabilité de votre activité et surveiller les seuils de chiffre d'affaires,
– conserver l'ensemble des factures et pièces justificatives relatives à vos achats, ventes et prestations de services,
– déclarer votre chiffre d'affaires dans les délais,
– déclarer le fait que vous ne fassiez pas de chiffre d'affaires (déclaration à 0 €) sous peine de pénalité,
– et il est recommandé mais non obligatoire de détenir un compte bancaire propre à votre activité.

- Il est fortement recommandé d'être assuré pour votre activité professionnelle. Votre assurance civile ne suffit pas, vous devez souscrire à une assurance professionnelle (assurance « responsabilité civile professionnelle » et/ou une assurance multirisque ou autre en fonction de votre activité).
- Respectez les mêmes règles et normes en vigueur exigées par l'activité que vous exercez.

www.cci.fr

5. Montrez que la microentreprise doit être gérée comme toute autre entreprise.

....

....

6. Quelles seront les obligations comptables de Luc s'il choisit le statut de microentrepreneur ?

....

....

....

DOCUMENT 5 L'activité de jardinage

Les activités agricoles sont exclues du régime du microentrepreneur. L'entrepreneur qui exerce exclusivement une activité d'entretien de jardin ne peut pas être microentrepreneur. En revanche, s'il exerce de l'entretien de jardin ainsi que d'autres activités de services à la personne en plus (exemples : petit bricolage, ménage...), il peut alors opter pour le régime du microentrepreneur.

D'après www.federation-auto-entrepreneur.fr

7. À quelles conditions Luc peut-il choisir cette forme juridique d'entreprise ?

....

....

....

B. L'entreprise individuelle classique

MISE EN SITUATION Luc Vitelli a finalement choisi de créer une entreprise individuelle car il tient à exercer uniquement l'activité de jardinier-paysagiste. Il a l'obligation d'immatriculer son entreprise au Répertoire des métiers.

DOCUMENT 6 Les différentes entreprises individuelles

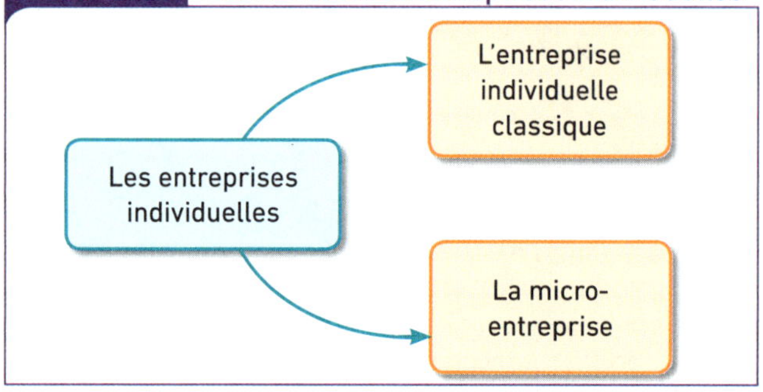

DOCUMENT 7 Les règles de fonctionnement de l'entreprise individuelle

C'est la forme juridique la moins coûteuse. Le fonctionnement est simple (pas de statuts à rédiger et pas d'assemblée générale à organiser comme dans le cas des sociétés) et le coût est faible (pas de capital social à constituer au départ, frais de comptabilité et de gestion peu élevés).

F. Sabarly, « L'entreprise individuelle en résumé », LEntreprise.com

DOCUMENT 8 Les avantages de l'entreprise individuelle

L'entreprise individuelle (EI) est le statut le plus fréquemment utilisé : il concerne plus de 80 % des entreprises de un à cinq salariés. Les démarches nécessaires pour s'installer sont réduites au minimum et l'entrepreneur est seul maître à bord. À la différence des sociétés, il n'est pas contraint de dévoiler l'état de ses finances à des tiers en publiant ses comptes. Sur le plan fiscal, le bénéfice de l'entreprise constitue la rémunération de l'exploitant.

F. Sabarly, « L'entreprise individuelle en résumé », LEntreprise.com

8. Quel est l'intérêt, pour Luc, de choisir la forme juridique d'entreprise individuelle ?

....

....

DOCUMENT 9 Les formalités pour créer une entreprise individuelle

CFEnet – CCI DE FRANCE

- **Stage d'initiation à la gestion pour les artisans.** Un stage de préparation à l'installation, d'une durée minimum de 30 heures, est obligatoire (sauf dispenses accordées au regard des diplômes du créateur), pour les personnes qui demandent leur immatriculation au Répertoire des métiers (le coût est d'environ 200 euros). […]
- Les créateurs peuvent **domicilier** leur entreprise à leur adresse personnelle. […]
- **Effectuer les formalités de création de l'entreprise.** Le créateur doit soit se déplacer au CFE [Centre de formalités des entreprises, qui centralise les procédures et transmet aux services fiscaux, à l'URSSAF, à la Caisse régionale d'assurance maladie, au greffe du tribunal de commerce…] pour déposer le dossier complet de sa déclaration d'activité, soit déclarer par Internet l'entreprise. L'entreprise individuelle « naîtra » officiellement lorsqu'elle sera immatriculée.

www.apce.com

9. Quel est le but des formalités d'immatriculation de l'entreprise individuelle ?

....

....

10. Selon vous, quels sont les objectifs du stage d'initiation à la gestion, obligatoire pour les artisans ?

....

II Les risques de l'entreprise individuelle

MISE EN SITUATION L'ancien employeur de Luc Vitelli, Raphaël Ladi, a dû cesser son activité en 2007. Grâce à sa banque et au crédit de ses fournisseurs, il avait avancé le montant des travaux d'un gros chantier (nivellement des sols, plantation d'arbres et d'arbustes, mise en place par des machines élévatrices, etc.), qui se chiffrait à plusieurs milliers d'euros. À la fin du chantier, le client n'a pu honorer le paiement de sa prestation. Les fournisseurs et la banque, voulant absolument être payés, ont demandé la saisie des biens de Raphaël Ladi, notamment son appartement familial, qu'il a acquis avec son épouse.

DOCUMENT 10 Le principe de l'unicité du patrimoine

Ce principe repose sur trois propositions de base : toute personne a un patrimoine, une personne n'a qu'un seul patrimoine, un patrimoine appartient nécessairement à une personne.
En conséquence, le patrimoine de l'entreprise individuelle et celui de l'entrepreneur se confondent car l'entreprise individuelle, c'est l'entrepreneur personne physique. Les biens (machines, locaux, véhicules, etc.) utilisés par l'entrepreneur pour exercer son activité professionnelle appartiennent à l'actif de son patrimoine au même titre que ses autres biens personnels.

11. Pourquoi Raphaël doit-il cesser son activité ?

12. Citez les créanciers de Raphaël.

13. Quelle est la conséquence du principe de l'unicité du patrimoine pour Raphaël ?

DOCUMENT 11 Le droit des créanciers

Article 2284 du Code civil. Quiconque s'est obligé personnellement, est tenu de remplir son engagement sur tous ses biens mobiliers et immobiliers, présents et à venir.

Dans la situation de l'entreprise individuelle classique comme dans celle de la microentreprise, l'ensemble des biens de l'entrepreneur, qu'ils soient à usage professionnel ou non, est affecté au paiement des dettes de l'entreprise.

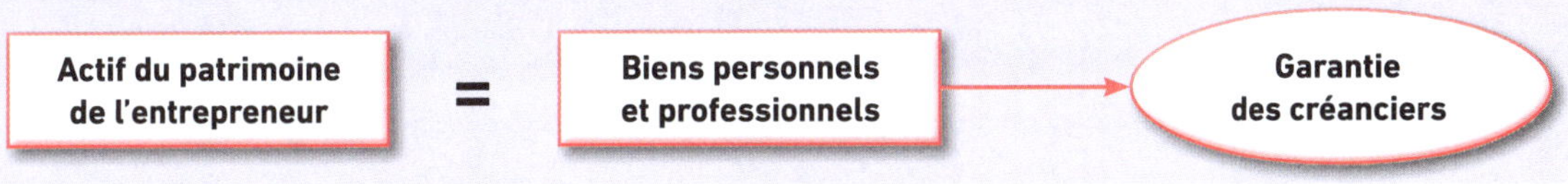

14. Justifiez juridiquement la saisie des biens de Raphaël pour payer ses créanciers.

15. Faites ressortir les risques pris par tout entrepreneur individuel en cas d'impayés.

III L'atténuation du principe de la responsabilité illimitée de l'entrepreneur individuel

A. L'insaisissabilité des biens immobiliers

MISE EN SITUATION Luc Vitelli ne souhaite pas connaître le triste sort de son ancien employeur. La loi lui permet de protéger certains de ses biens. Il possède un appartement et un terrain non constructible sur lequel il envisage de stocker son matériel professionnel.

DOCUMENT 12 La loi du 6 août 2015 pour la croissance, l'activité et l'égalité des chances économiques

Article L. 526-1 du Code de commerce. Par dérogation aux articles 2284 et 2285 du Code civil, les droits d'une personne physique immatriculée à un registre de publicité légale à caractère professionnel ou exerçant une activité professionnelle agricole ou indépendante sur l'immeuble où est fixée sa résidence principale sont de droit insaisissables par les créanciers dont les droits naissent à l'occasion de l'activité professionnelle de la personne. […]

Par dérogation aux articles 2284 et 2285 du Code civil, une personne physique immatriculée à un registre de publicité légale à caractère professionnel ou exerçant une activité professionnelle agricole ou indépendante peut déclarer insaisissables ses droits sur tout bien foncier, bâti ou non bâti, qu'elle n'a pas affecté à son usage professionnel (après déclaration devant notaire).

16. Quelle est la conséquence de la déclaration d'insaisissabilité ?

17. Luc peut-il protéger son appartement ? Justifiez votre réponse.

18. À quelle condition Luc peut-il protéger son terrain ? Justifiez votre réponse.

19. Pourquoi la publicité de l'insaisissabilité de certains biens immobiliers est-elle indispensable ?

B. L'entreprise individuelle à responsabilité limitée (EIRL)

MISE EN SITUATION Luc Vitelli a appris que la loi du 15 juin 2010 lui permet de créer une entreprise individuelle à responsabilité limitée (EIRL). Il se renseigne sur cette forme juridique d'entreprise. S'il choisit cette formule, il devra porter la mention « EIRL » sur tous les documents de l'entreprise.

DOCUMENT 13 Un patrimoine d'affectation

Grâce à la loi du 15 juin 2010, tout entrepreneur individuel peut affecter à son activité professionnelle un patrimoine séparé de son patrimoine personnel en effectuant une déclaration d'affectation. Composé de l'ensemble des biens, droits, obligations ou garanties dont l'entrepreneur individuel est titulaire, et qui sont nécessaires à l'exercice de son activité professionnelle, ce patrimoine affecté est la garantie des créanciers professionnels de l'entrepreneur. Les biens restés en dehors du patrimoine affecté (patrimoine non affecté) demeurent le gage des créanciers personnels de l'entrepreneur.

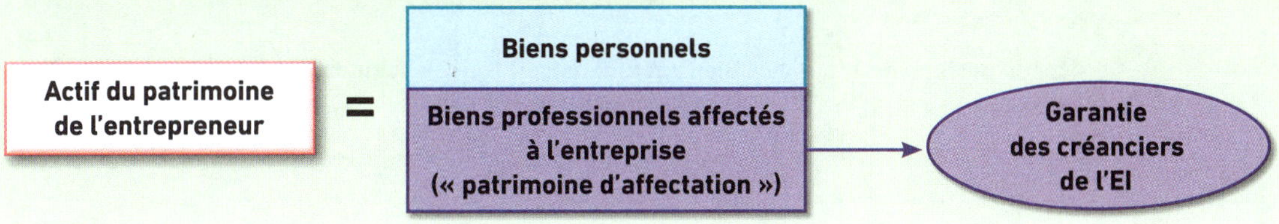

20. **Montrez que l'une des trois propositions citées dans le document 10 est révolue avec cette forme juridique.**

21. **En quoi Luc sera-t-il mieux protégé s'il choisit l'EIRL ?**

DOCUMENT 14 La déclaration d'affectation

La déclaration [remise au Centre de formalités des entreprises] devra préciser l'objet de l'activité professionnelle concernée et comporter notamment : un état descriptif des biens, droits, obligations ou sûretés affectés à l'entreprise, en nature, qualité, quantité et valeur ; l'acte notarié en cas d'affectation d'un bien immobilier [...] ; le document justifiant que l'entrepreneur a obtenu l'accord de son conjoint [...] lorsque des biens affectés sont des biens communs.

http://impots-service.net/

22. **Justifiez l'obligation faite à Luc de procéder à la déclaration d'affectation s'il choisit cette forme juridique.**

23. **Pourquoi l'entrepreneur individuel doit-il parfois obtenir l'accord de son conjoint ?**

24. **Quelle est la fonction de la mention « EIRL » à ajouter à la dénomination de l'entreprise sur les documents professionnels ?**

C. L'entreprise unipersonnelle à responsabilité limitée (EURL)

MISE EN SITUATION Luc Vitelli peut aussi opter pour la forme juridique de l'EURL. Il en serait le gérant. Il ne dispose pas d'argent mais pourrait affecter son terrain non constructible, évalué à 4 000 euros, au capital de l'EURL.

DOCUMENT 15 L'EURL

L'EURL (entreprise unipersonnelle à responsabilité limitée) est une société à responsabilité limitée (SARL) constituée d'un seul associé. C'est une personne morale distincte de l'associé qui la crée.

Elle doit être immatriculée au registre du commerce et des sociétés. Elle est soumise aux mêmes règles qu'une société, exception faite toutefois des aménagements rendus nécessaires par la présence d'un unique associé.

La rédaction de statuts est obligatoire. Le montant du capital social est librement fixé par l'associé. La responsabilité de l'associé unique est limitée aux apports à l'EURL. La société est dirigée par un gérant, personne physique, qui peut être soit l'associé unique, soit un tiers.

Actif du patrimoine du créateur de l'EURL = Biens personnels du créateur de l'EURL

Actif du patrimoine de l'EURL = Biens personnels de l'EURL

25. En quoi la création d'une EURL marque-t-elle la naissance d'une personne distincte de celle de l'entrepreneur ?

26. Quel serait le montant du capital de l'EURL créée par Luc ? Justifiez votre réponse.

27. Quels risques Luc prendrait-il en optant pour cette forme d'entreprise ?

D. Les limites à l'atténuation de la responsabilité de l'entrepreneur

MISE EN SITUATION Luc Vitelli a besoin d'argent pour investir et développer son activité mais les banques qu'il a consultées demandent des garanties sur ses biens personnels, quelle que soit la forme juridique choisie.

DOCUMENT 16 La difficulté d'obtenir des crédits pour entreprendre seul

Le législateur est continuellement confronté à l'enjeu suivant : réduire le risque de l'entrepreneur tout en créant de l'activité économique. Circonscrire la responsabilité de l'entrepreneur sans endiguer les sources de crédit. [Les banques demandent alors des garanties sur les biens non nécessaires à l'activité professionnelle.]

F. Roussel, P. Van Steenlandt, *La Semaine Juridique Notariale et Immobilière*, n° 42, 1327.

28. Expliquez la position des banques à l'égard de Luc et ses conséquences.

1 Entreprendre par passion

Frédérique a 40 ans. Après avoir travaillé 20 ans comme employée de banque, elle pense à une reconversion et réfléchit à créer sa propre activité. D'un tempérament très indépendant, elle supporte de plus en plus mal les ordres et contre-ordres de sa direction, et n'entrevoit pas, compte tenu de sa formation, de possibilité de promotion. Elle habite à la campagne, à 8 km d'une grande ville. Elle possède une petite maison isolée et un terrain adjacent de 560 m^2, mais elle ne dispose pas de fonds en numéraire.

Frédérique aime les animaux. Elle envisage de proposer aux propriétaires de chiens deux types de services : la promenade de chiens et le gardiennage d'animaux pendant les vacances. Elle espère un chiffre d'affaires mensuel de 3 000 euros.

1. **Quel problème juridique se pose à Frédérique au moment de créer son activité ?**
2. **Évaluez chacune des solutions possibles au regard de la situation de Frédérique.**
3. **Proposez la forme juridique la plus pertinente pour elle.**
4. **Recherchez sur Internet les outils de création pour cette forme juridique.**

2 Un choix peu judicieux de forme juridique ?

Arthur Cuisto, quadragénaire, a créé son restaurant, « Le Régalou », sous la forme d'une entreprise individuelle il y a maintenant dix ans. Son établissement, qui peut accueillir 48 couverts, a immédiatement connu un franc succès et dès la quatrième année, il a obtenu une étoile au Guide Michelin. Arthur est propriétaire d'une petite maison de campagne et d'un petit immeuble d'un étage. Le restaurant est situé au rez-de-chaussée et Arthur occupe l'appartement du premier étage avec son épouse et ses deux enfants.

Grisé par le succès, il a recruté du personnel très qualifié pour satisfaire ses clients et a effectué, grâce à un emprunt auprès de sa banque, de gros travaux d'amélioration de son restaurant. L'avenir s'annonçait bien mais avec la crise, les clients se sont raréfiés et Arthur, très endetté, n'a pu faire face à toutes ses échéances (remboursement du crédit, salaires, cotisations URSSAF, impôts...). Mis en vente, le restaurant n'a pas trouvé preneur et Arthur a dû se résoudre à mettre fin à son activité. Les créanciers demandent le paiement de leurs créances.

Indiquez quels sont les droits des créanciers d'Arthur dans les cas de figure suivants.
Arthur a exercé son activité sous la forme :

1. **d'une entreprise individuelle classique ;**
2. **d'une entreprise individuelle et il a effectué une déclaration d'insaisissabilité de sa petite maison de campagne ;**
3. **d'une EIRL ;**
4. **d'une EURL ;**
5. **d'une EIRL et il s'est porté caution sur ses biens personnels pour garantir son emprunt ;**
6. **d'une EURL et il s'est porté caution sur ses biens personnels pour garantir son emprunt.**

TESTEZ VOS CONNAISSANCES !

Répondez par vrai ou par faux aux propositions suivantes.

1. Toute personne physique peut devenir microentrepreneur.
❑ Vrai
❑ Faux

2. Toute activité peut être exercée sous le statut de microentrepreneur.
❑ Vrai
❑ Faux

3. L'entreprise individuelle et son créateur sont deux personnes juridiques différentes.
❑ Vrai
❑ Faux

4. L'entrepreneur qui exerce en entreprise individuelle peut déclarer ses biens insaisissables.
❑ Vrai
❑ Faux

5. Le patrimoine de l'EIRL est le patrimoine du créateur.
❑ Vrai
❑ Faux

6. L'obligation pour l'entrepreneur de s'immatriculer à un registre de publicité légale protège les créanciers.
❑ Vrai
❑ Faux

7. L'EURL protège le patrimoine personnel de l'entrepreneur.
❑ Vrai
❑ Faux

L'ESSENTIEL

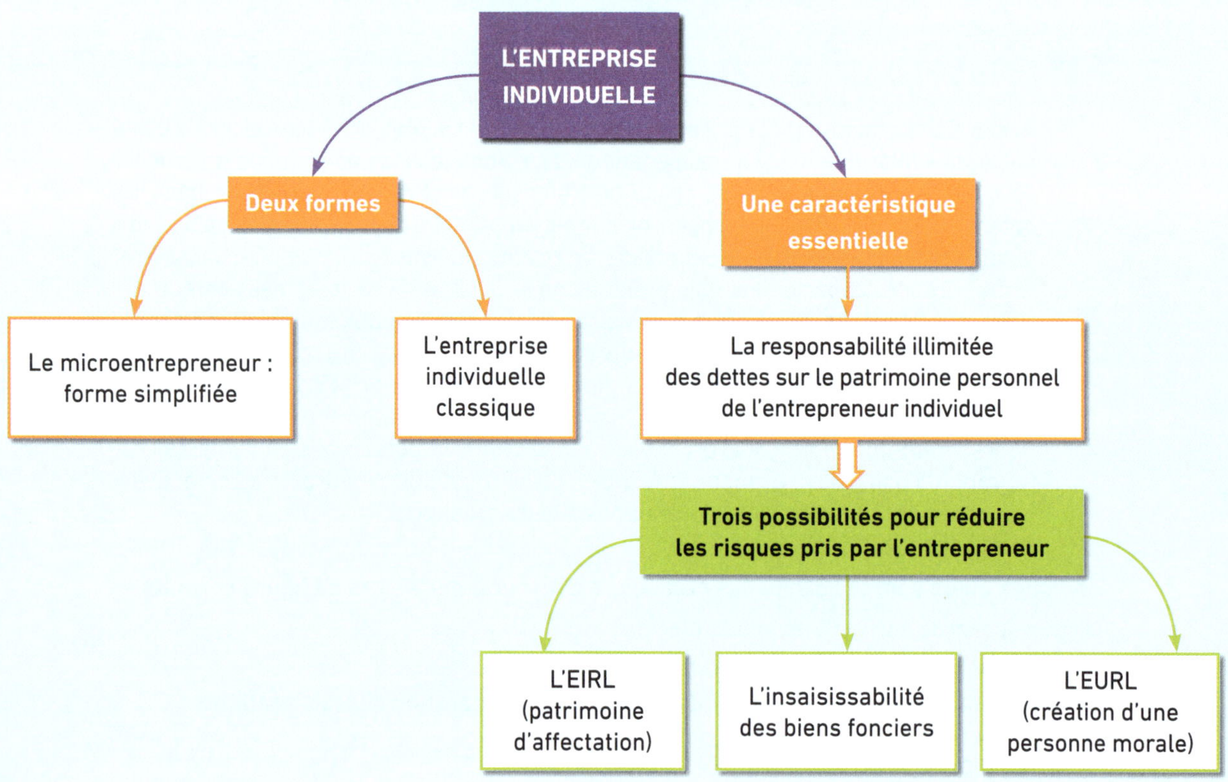

MOTS-CLÉS

- EIRL
- Entreprise individuelle
- EURL
- Insaisissabilité
- Microentrepreneur
- Patrimoine
- Patrimoine d'affectation
- Publicité légale

11 Entreprendre en société

MISE EN SITUATION

Alain Casa, ingénieur chimiste à la retraite, dispose de quelques économies. Yaëlle Rimour est technico-commerciale et salariée dans l'industrie de produits aromatiques. Gérard Roma est un ancien artisan parfumeur. Cécile Moreau, sans emploi, a suivi une formation de « nez » dans une grande parfumerie de Grasse. Depuis plusieurs années, ces quatre personnes ont établi entre elles de solides relations grâce au club auquel elles appartiennent.

Sous l'impulsion de Gérard Roma, elles ont créé en 2010 une société sous la forme d'une SARL, qui a pour objet la mise au point, la fabrication et la commercialisation de matières aromatiques industrielles.
Gérard a été désigné gérant de la SARL Aromapro par décision unanime des associés. La société exploite le savoir-faire et le travail de Cécile. Alain et Yaëlle tirent des profits de l'investissement qu'ils ont réalisés.

1. D'après vous, pour quelles raisons Alain, Yaëlle, Gérard et Cécile ont-ils décidé de s'associer ?
2. Quelle importance les aptitudes spécifiques de Cécile représentent-elles pour ce groupe ?
3. Pourquoi désigne-t-on un ou des dirigeants au sein d'une société (comme ici Gérard, nommé gérant de la SARL Aromapro) ?
4. L'entreprise est-elle toujours une société ?

I Le contrat de société

A. Les éléments du contrat de société prévus par la loi

MISE EN SITUATION Les statuts de la société créée par Alain Casa, Yaëlle Rimour, Gérard Roma et Cécile Moreau ont été rédigés par un avocat.

DOCUMENT 1 L'article fondateur

Article 1832 du Code civil – La société est instituée par deux ou plusieurs personnes qui conviennent par un contrat d'affecter à une entreprise commune des biens ou leur industrie* en vue de partager le bénéfice ou de profiter de l'économie qui pourra en résulter. […]
Les associés s'engagent à contribuer aux pertes.

* Savoir-faire, travail, inventivité, compétences ou talents particuliers.

DOCUMENT 2 Créer une société à plusieurs

En choisissant la société, vous donnerez naissance à une nouvelle personne (personne morale), distincte de vous juridiquement. […] On peut être tenté de créer une société à plusieurs pour des raisons diverses : patrimoniales, économiques, fiscales ou encore sociales.

Mais si l'on n'a pas, au départ, la volonté réelle […] de mettre en commun ses compétences, connaissances, carnet d'adresses… « pour le meilleur et pour le pire », les chances de réussite seront considérablement amoindries.

Agence pour la création d'entreprise, www.apce.com

1. Repérez les éléments qui caractérisent le contrat de société.

....

....

DOCUMENT 3 Les statuts de la société (extrait)

Les soussignés : Alain Casa, demeurant 7 chemin du Petit Treuil à Limoges ; Yaëlle Rimour, demeurant 45 avenue Émile Labussière à Limoges ; Gérard Roma, demeurant 20 boulevard de Paris à Limoges ; Cécile Moreau, demeurant 2 impasse des Tilleuls à Limoges, ont établi les statuts de la SARL devant exister entre eux ainsi qu'il suit.
Article 1 – Forme de la société : il est formé entre les propriétaires de parts sociales, signataires du présent acte constitutif, une société à responsabilité limitée régie par les lois en vigueur ainsi que par les présents statuts.
Article 2 – Objet : la société a pour objet la mise au point, la fabrication et la commercialisation de matières aromatiques industrielles.
Article 3 – Dénomination : la société prend la dénomination de : Aromapro.
Article 4 – Siège social : le siège social est fixé à Limoges, 22 rue Jules Ferry.
Article 5 – Durée : la durée de la société est fixée à 99 ans à compter de son immatriculation au registre du commerce et des sociétés.

2. Qualifiez juridiquement cet accord. Quelles relations établit-il entre quelles parties ?

....

....

3. Retrouvez l'objectif des associés de la SARL Aromapro.

....

....

DOCUMENT 4 Les statuts (extrait) : les apports, le capital social

Article 6 – Apports en numéraire et apport en nature

Les soussignés apportent à la société en numéraire : Alain Casa une somme de 20 000 euros, Yaëlle Rimour une somme de 5 000 euros, Gérard Roma une somme de 10 000 euros.

Les associés déclarent et reconnaissent que ladite somme a été versée intégralement avant ce jour au crédit d'un compte ouvert à la Société Générale, place Carnot à Limoges, au nom de la société en formation. Gérard Roma apporte à la société une machine de conditionnement, constituant un apport en nature d'une valeur de 10 000 euros.

Article 7 – Apport en industrie

Cécile Moreau met à la disposition de la société son savoir-faire et son expérience dans le domaine de la combinaison des essences et de l'élaboration des produits aromatiques, pendant une période de cinq ans à compter de l'immatriculation de la société. En contrepartie de cet apport en industrie, elle reçoit un nombre de parts sociales égal à 50.

Article 8 – Capital social et parts

Le capital est fixé à la somme de 45 000 euros et divisé en parts de 100 euros chacune. Les parts sont numérotées de 1 à 500 et attribuées en rémunération des apports respectifs : Alain Casa 200 parts numérotées de 1 à 200, Yaëlle Rimour 50 parts numérotées de 201 à 250, Gérard Roma 200 parts numérotées de 251 à 450. En outre, Cécile Moreau reçoit 50 parts incessibles numérotées de 451 à 500.

DOCUMENT 5 Les statuts (extrait) : les droits et obligations des associés

Article 9 – Droits et obligations attachés aux parts sociales

Chaque part donne droit dans les bénéfices à une fraction égale et proportionnelle au nombre de parts créées. Elle donne droit à une voix dans tous les votes et délibérations.

Chaque associé contribue aux pertes proportionnellement au nombre de parts qu'il détient.

DOCUMENT 6 Article 1843-2 du Code civil

Les apports en industrie ne concourent pas à la formation du capital social mais donnent lieu à l'attribution de parts ouvrant droit au partage des bénéfices et de l'actif net, à charge de contribuer aux pertes.

4. Expliquez pourquoi les trois associés ont fait des apports à la société.

....

....

....

5. Comment les pertes de la société seront-elles réparties entre les associés ?

....

....

....

6. Pourquoi les apports en industrie ne contribuent-ils pas à la formation du capital ?

....

....

....

DOCUMENT 7 Capital minimum et nombre minimum d'associés exigés par la loi pour trois formes sociales

SNC Société en nom collectif	SARL Société à responsabilité limitée	SA Société anonyme
– Pas de capital minimum imposé – Au moins 2 associés	– Pas de capital minimum imposé – De 2 à 100 associés	– Capital minimum : 37 000 € – Au moins 2 associés

7. **La constitution d'un capital grâce aux apports des créateurs était-elle nécessaire pour créer la société Aromapro ?**

....

8. **De quel type d'entreprise le législateur veut-il faciliter la création lorsqu'il n'exige aucun apport minimum ?**

....

B. L'élément jurisprudentiel du contrat de société : *l'affectio societatis*

MISE EN SITUATION Alain Casa est pointilleux dans la rédaction des statuts. Il n'a pas oublié l'aventure qu'il a connue dans le passé et qui lui a appris ce qui est un élément essentiel de la société pour les juges. Ayant l'habitude de jouer au loto avec un ami, Alain l'avait chargé de valider un ticket, pour une mise de 100 euros, à concurrence de 40 euros pour lui et de 60 euros pour son ami. La chance leur avait souri, avec un gain de 100 000 euros, mais le détenteur du ticket avait encaissé et conservé l'intégralité de la somme. Alain avait demandé à la justice de qualifier le contrat qui les liait de « contrat de société » et d'obliger son ami à partager les gains.

DOCUMENT 8 *L'affectio societatis*

La jurisprudence exige un élément psychologique dans le contrat de société, ce qu'elle appelle « l'*affectio societatis* », entendu « comme la volonté d'union et l'acceptation d'aléas communs, et de participation aux bénéfices et aux pertes ». Cet élément n'est rien d'autre que la volonté de s'associer.

DOCUMENT 9 Extrait de l'arrêt de la Cour de cassation n° 00-19.984

Et attendu qu'en raison de la nature même du billet de loterie, qui repose sur des chances de gain et des risques de perte, c'est encore dans l'exercice de son pouvoir souverain que la cour d'appel, après avoir constaté l'achat en commun, constitutif d'un apport, en a déduit la volonté de s'associer pour un partage du coût et des gains éventuels.

9. **Pourquoi dit-on que l'*affectio societatis* est un élément psychologique du contrat de société ?**

....

10. **Par quel raisonnement la Cour de cassation perçoit-elle l'*affectio societatis* ?**

....

....

11. **Comment s'exprime l'*affectio societatis* dans la société Aromapro ?**

....

....

II La naissance de la société, personne morale

A. L'immatriculation au registre du commerce et des sociétés

MISE EN SITUATION Gérard Roma, mandaté par ses associés, a procédé rapidement aux formalités d'immatriculation de la société Aromapro avant de signer un contrat de location d'un local pour l'exploitation et de recruter plusieurs collaborateurs salariés.

DOCUMENT 10 L'immatriculation de la société

Les statuts rédigés sont déposés au Centre de formalités des entreprises (CFE) qui transmet le dossier au greffe (secrétariat) du tribunal de commerce. Le greffier attribue un numéro d'immatriculation à la société. Celle-ci a alors la personnalité juridique. Elle est une personne morale.
La SARL Aromapro a pour numéro d'inscription : 319 415 517 RCS Limoges.

DOCUMENT 11 Les statuts de la SARL Aromapro (extrait)

Article 25 – Jouissance de la personnalité morale
[...] Toutes les formalités requises par la loi à la suite des présentes, notamment en vue de l'immatriculation de la société au registre du commerce et des sociétés, seront faites à la diligence et sous la responsabilité du gérant.

12. La société Aromapro existe-t-elle juridiquement dès l'instant où les quatre associés ont décidé de la créer ? Justifiez votre réponse.

....

....

13. Expliquez pourquoi Gérard a effectué les formalités d'immatriculation le plus rapidement possible.

....

....

B. Les conséquences de la personnalité morale

MISE EN SITUATION Gérard Roma a insisté pour choisir la forme juridique de la SARL qui, comme la SNC, n'exige pas de capital minimum. Les associés ont abandonné l'idée de la SNC au regard des risques qu'elle aurait fait naître pour eux.

DOCUMENT 12 Des risques limités

Dès qu'elle acquiert la personnalité morale, l'entreprise sociétaire dispose d'un patrimoine propre qui constitue le gage de ses créanciers. Les biens personnels des associés sont ainsi protégés contre les créanciers de l'entreprise, sauf s'il s'agit d'une société en nom collectif. Dans ce cas, les associés sont solidairement et indéfiniment responsables des dettes de leur société.

14. Montrez que le choix de la forme juridique de la société est lourd de conséquences.

....

....

15. Pourquoi la loi exige-t-elle que tout document émanant de la société Aromapro mentionne « SARL au capital de 45 000 euros » ?

....

III Les décisions de gestion

A. Les décisions prises par le dirigeant

MISE EN SITUATION Gérard Roma a recruté une secrétaire comptable à mi-temps pour la société Aromapro. Par ailleurs, il a signé un contrat d'entretien et de nettoyage avec l'entreprise NetIndus, qui sera chargée d'assurer l'entretien quotidien des locaux d'Aromapro pour un montant annuel de 20 000 euros.

DOCUMENT 13 L'étendue du pouvoir de décision des dirigeants

La loi dispose que, dans les sociétés, le dirigeant peut faire **tous les actes de gestion** dans l'intérêt de la société. Dans les SARL ou les SA, les dirigeants qui, dans leur intérêt personnel, utilisent les biens ou le crédit de la société pour un usage contraire à l'intérêt de celle-ci, se rendent coupables du délit d'abus de biens sociaux.

La diversité des actes de gestion

Gestion opérationnelle	Gestion tactique	Gestion stratégique
Recrutement de salariés, rénovation des locaux, achat de nouveaux matériels…	Externalisation de certaines activités, choix des supports de publicité…	Lancement d'un nouveau produit, internationalisation de l'entreprise, fusion…

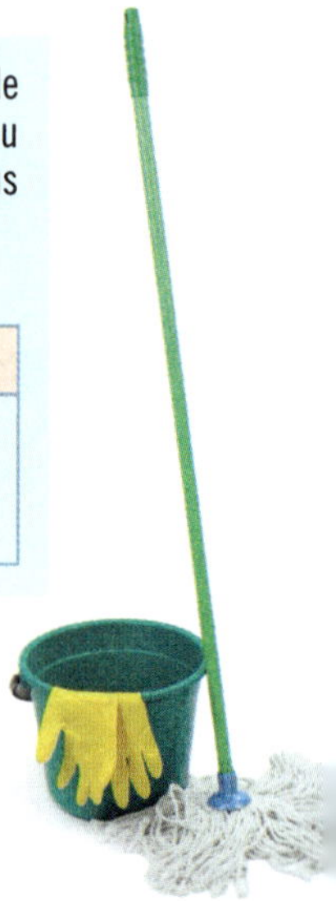

16. Quelle finalité doit gouverner les décisions des dirigeants ?

DOCUMENT 14 La mise en œuvre du pouvoir de décision des dirigeants

En tant que dirigeant désigné pour représenter la société vis-à-vis des tiers, vous n'agirez pas « pour votre compte », mais « au nom et pour le compte » d'une autre personne. Vous devrez donc respecter un certain formalisme lorsque vous devrez prendre des décisions importantes. De même, vous devrez périodiquement rendre des comptes à vos coassociés sur votre gestion.

Agence pour la création d'entreprise, www.apce.com

17. Pourquoi le dirigeant doit-il rendre des comptes aux associés ?

DOCUMENT 15 Les statuts de la société Aromapro (extrait)

[…] Le gérant s'oblige à consulter les associés réunis en assemblée générale ou par consultation écrite pour tous les actes qui engagent la société pour une somme excédant 15 000 euros.

18. D'après le document 15, quel formalisme s'impose à Gérard pour conclure le contrat d'entretien des locaux ou tout autre contrat important ?

19. Gérard dispose-t-il de tous les pouvoirs pour gérer la société ? Justifiez votre réponse.

B. Les décisions prises en assemblée générale ordinaire

MISE EN SITUATION L'exercice comptable de la SARL Aromapro est clos le 31 décembre. Gérard Roma, le gérant, a convoqué l'assemblée générale ordinaire (AGO) des associés. Les comptes annuels présentent un bénéfice de 100 000 euros. Comme lors des AGO annuelles précédentes, Gérard propose, avec le soutien sans faille de Yaëlle et de Cécile, d'affecter la totalité du bénéfice à la société afin de financer son développement. Alain préférerait que le bénéfice soit distribué entre les associés selon la clause prévue dans les statuts.

DOCUMENT 16 Les types de décisions de l'AGO

Les décisions prises en AGO portent sur toutes les questions n'impliquant pas une modification des statuts. La principale d'entre elles est l'approbation annuelle des comptes écoulés. Autres décisions d'AGO parmi les plus fréquentes : la nomination ou le remplacement d'un ou de plusieurs dirigeants, l'autorisation afin qu'un dirigeant puisse procéder à une opération lorsque les statuts prévoient cette procédure.

DOCUMENT 17 La convocation à l'AGO de la SARL Aromapro (extrait)

Aromapro, SARL au capital de 45 000 €

AVIS DE CONVOCATION

L'assemblée générale ordinaire de notre société se tiendra le lundi 31 mars 2017 à 17 h 30, dans la salle Condorcet, 22 rue Jules Ferry à Limoges, avec l'ordre du jour suivant :
- Présentation du rapport de gestion du gérant sur les comptes de la société
- Approbation des comptes de l'exercice clos le 31 décembre 2016 de la société
- Affectation du résultat de l'exercice [...]

Le gérant

20. Qui a convoqué l'assemblée générale ordinaire d'Aromapro ? S'agit-il de l'expression d'un pouvoir ou du respect d'une obligation ?

....

....

21. À l'aide des statuts, indiquez à quelle part Alain pourrait prétendre si la totalité du bénéfice 2016 était distribuée.

....

DOCUMENT 18 Les prises de décision en AGO

En SNC	En SARL	En SA
Décisions prises à l'unanimité des associés	Vote à la majorité des parts sociales	Vote à la majorité des voix (selon la part dans les apports)

22. Alain peut-il s'opposer à la résolution présentée par Gérard ? Justifiez votre réponse.

....

....

23. Montrez les avantages et les risques qu'il y a à créer une SARL à deux avec une répartition égale des parts sociales ?
- Avantages : ....
- Risques : ....

MISE EN SITUATION Gérard Roma a pris des leçons de pilotage d'avion auprès de l'école de pilotage de l'aérodrome de Limoges. Il a réglé la facture de 15 200 euros au nom et sur les fonds de la société Aromapro. Alain Casa conteste la pertinence de cette dépense, avançant en particulier que la fonction de gérant occupée par Gérard ne nécessite aucun déplacement. Yaëlle Rimour et Cécile Moreau soutiennent Gérard mais Alain voudrait obtenir sa révocation. (Les statuts d'Aromapro sont conformes à la loi.)

DOCUMENT 19 La révocation du gérant de SARL

Code de commerce
Article L. 223-25 – Le gérant peut être révoqué par décision des associés dans les conditions de l'article L. 223-29, à moins que les statuts prévoient une majorité plus forte. Si la révocation est décidée sans juste motif, elle peut donner lieu à des dommages et intérêts.
En outre, le gérant est révocable par les tribunaux pour cause légitime, à la demande de tout associé [...].
Article L. 223-29 – Dans les assemblées ou lors des consultations écrites, les décisions sont adoptées par un ou plusieurs associés représentant plus de la moitié des parts sociales [...].

24. Alain pourra-t-il obtenir la révocation de Gérard en assemblée ? Justifiez votre réponse.

....

....

....

25. S'il n'obtient pas gain de cause par une décision des associés, de quelle autre solution Alain dispose-t-il ?

....

....

26. Comment se justifie chacune des voies possibles pour obtenir la révocation du gérant ?

....

....

....

....

C. Les décisions prises en assemblée générale extraordinaire

MISE EN SITUATION Gérard Roma propose d'augmenter le capital de la SARL Aromapro pour un montant de 20 000 euros en accueillant un nouvel associé, la société Prodarom. Alain Casa ne l'entend pas du tout ainsi et prévient qu'il s'opposera fermement à cette augmentation de capital.

DOCUMENT 20 Les types de décisions prises en AGE

Quelle que soit la forme de la société, l'assemblée générale extraordinaire (AGE) est en principe compétente pour toutes les décisions entraînant une modification des statuts. Par conséquent, ces changements portent sur les mentions prévues dans les statuts, à savoir les caractéristiques (forme, dénomination, durée…) et les règles de fonctionnement de la société.

DOCUMENT 21 La convocation à l'AGE de la SARL Aromapro (extrait)

Aromapro, SARL au capital de 45 000 €

AVIS DE CONVOCATION

Une assemblée générale extraordinaire de notre société se tiendra le vendredi 31 octobre 2017 à 17 h 30, dans la salle Condorcet, 22 rue Jules Ferry à Limoges, avec l'ordre du jour suivant :
– Augmentation du capital par apport nouveau de la somme de 20 000 euros effectué par la SA Prodarom (P-DG Luc Jasmin) et création de 200 parts nouvelles numérotées de 501 à 700 […]

27. Quel est l'objet de l'assemblée générale extraordinaire ?

……………………………………………………………………………………………

……………………………………………………………………………………………

28. En quoi le contrat de société sera-t-il modifié si l'augmentation de capital est décidée en AGE ?

……………………………………………………………………………………………

……………………………………………………………………………………………

DOCUMENT 22 Le vote en AGE

En SNC	En SARL	En SA
Décisions prises à l'unanimité	Vote à la majorité des 2/3 des parts sociales ou des actions	

29. Quelle relation existe-t-il entre les exigences de la procédure en AGE et l'importance des décisions prises ?

……………………………………………………………………………………………

……………………………………………………………………………………………

30. Alain pourra-t-il s'opposer à l'entrée de la SA Prodarom dans le capital de la SARL Aromapro ? Justifiez votre réponse.

……………………………………………………………………………………………

……………………………………………………………………………………………

31. À quelle condition un associé peut-il s'opposer à toute modification des statuts (conformes à la loi) dans les sociétés suivantes : SNC, SARL, SA ?

……………………………………………………………………………………………

……………………………………………………………………………………………

IV La société coopérative

MISE EN SITUATION La SARL Aromapro est à un stade critique : les conflits avec Alain Casa se multiplient et les salariés sont inquiets pour la pérennité de l'entreprise. D'ailleurs, la SA Prodarom a finalement renoncé à entrer au capital de la SARL. Désireux de renforcer la stabilité de l'entreprise, les associés se décident à préparer un profond remaniement de la société. Alain veut vendre ses parts. Or, quatre salariés se montrent intéressés par l'entrée au capital et sont prêts à apporter 10 000 euros chacun. Cette opération donne l'idée à tous de transformer la SARL en SCOP (société coopérative et participative), avec un nouveau capital. Yaëlle Rimour quittera son employeur actuel et se fera embaucher par la SCOP Aromapro. Elle fera un nouvel apport de 5 000 euros.

DOCUMENT 23 Les spécificités de la SCOP

les scop
SOCIÉTÉS COOPÉRATIVES ET PARTICIPATIVES

Juridiquement, une SCOP est une société coopérative de forme SA ou SARL dont les salariés sont les associés majoritaires.

Dans une SCOP :

– les salariés sont associés majoritaires et détiennent au moins 51 % du capital social et 65 % des droits de vote ; [...]

– il y a un dirigeant élu par les salariés associés ;

– le partage du profit est équitable : une part pour tous les salariés sous forme de participation et d'intéressement, une part pour les salariés associés sous forme de dividendes, une part pour les réserves de l'entreprise. [...]

Les coentrepreneurs sont rémunérés de leur travail et de leur apport en capital.

www.les-scop.coop

32. Les conditions de transformation de la SARL en SCOP sont-elle réunies ? Justifiez votre réponse.

33. Gérard est-il assuré d'être le gérant de la SCOP ? Justifiez votre réponse.

34. Qu'est-ce qui rapproche et qu'est-ce qui différencie la SCOP des sociétés « classiques » ?

– Points communs :

– Différences :

Les difficiles relations entre associés

La société à responsabilité limitée R & P a pour associés Peter, Jacques et Pauline. Pauline a cédé la totalité de ses parts sociales à Peter. Jacques a demandé l'annulation de cette cession, d'une part, et des dommages et intérêts pour le préjudice subi, d'autre part, en faisant valoir que cet acte était intervenu en violation de la clause 13 des statuts. Cette clause prévoit en effet qu'en cas de cession, les parts devront être proposées par priorité aux autres associés, au prorata de leur participation. La cour d'appel a annulé la cession, décidé l'exécution provisoire de son arrêt et rejeté la demande de dommages et intérêts de Jacques. Pauline a alors exécuté l'arrêt et, appliquant la décision de la cour, elle a cédé 20 de ses 30 parts à Jacques et 10 à Peter. Peter a formé un pourvoi en cassation contre la décision des juges.

1. **Qualifiez juridiquement les faits.**
2. **Expliquez pourquoi Jacques s'opposait à la cession des parts sociales de Pauline à Peter.**
3. **Formulez le problème juridique posé.**
4. **Quelle solution la Cour de cassation retient-elle ? Faites ressortir le raisonnement de la Cour de cassation.**

DOCUMENT 1 D'après l'arrêt n° 245 du 11 mars 2014 (13-10.366) – Cour de cassation – Chambre commerciale

Vu l'article 1142 du Code civil,
Attendu qu'en faisant application de la clause de préemption de l'article 13 des statuts de la SARL R & P, la cour d'appel a relevé qu'elle ne portait pas atteinte au principe de la liberté de cession des parts sociales entre associés affirmé par l'article L. 223-16 du Code de commerce, même si elle y apportait une restriction.
Mais attendu que la violation d'une clause de préemption figurant dans les statuts d'une société à responsabilité limitée n'entraîne pas par elle-même nullité de la cession de parts conclue entre deux associés ; qu'en statuant ainsi, la cour d'appel a violé les textes susvisés ;
PAR CES MOTIFS : CASSE ET ANNULE, en ce qu'il a annulé la cession de parts sociales et rejeté la demande de Jacques en paiement de dommages-intérêts, l'arrêt rendu entre les parties par la cour d'appel d'Aix-en-Provence.

DOCUMENT 2 Extraits des statuts de la SARL R & P

Article 8 – Capital social et parts
Le capital est fixé à la somme de 60 000 euros et divisé en parts de 1 000 euros chacune. Les parts sont attribuées selon les apports respectifs : Pauline X : 30 parts ; Jacques Y : 20 parts ; Peter Z : 10 parts.
Article 13 – Clause de préemption*
En cas de cession, les parts sociales de l'associé cédant devront être proposées par priorité aux autres associés au prorata de leur participation.
* Clause de priorité.

DOCUMENT 3 Article L. 223-16 du Code de commerce

Les parts sont librement cessibles entre les associés. [...]

DOCUMENT 4 Article 1142* du Code civil

Toute obligation de faire ou de ne pas faire se résout en dommages et intérêts en cas d'inexécution de la part du débiteur.
* Version 2014 en vigueur au moment de l'arrêt.

TESTEZ VOS CONNAISSANCES !

Indiquez la ou les bonnes réponses aux propositions suivantes.

1. La société personne juridique existe dès l'accord des associés fondateurs.
- ❑ Vrai
- ❑ Faux

2. Une association sans but lucratif peut être qualifiée de « société ».
- ❑ Vrai
- ❑ Faux

3. Les apports en industrie contribuent à la formation du capital.
- ❑ Vrai
- ❑ Faux

4. Les futurs associés s'engagent définitivement à participer à la société en signant les statuts.
- ❑ Vrai
- ❑ Faux

5. L'associé est responsable indéfiniment des dettes de sa société créée sous forme de :
- ❑ société en nom collectif.
- ❑ société à responsabilité limitée.
- ❑ société anonyme.

6. Les associés d'une SARL adoptent les comptes annuels de leur société :
- ❑ en AGO.
- ❑ en AGE.

7. Les associés d'une SARL réduisent le montant du capital de leur société :
- ❑ à la majorité absolue.
- ❑ à la majorité des 2/3.
- ❑ à l'unanimité.

L'ESSENTIEL

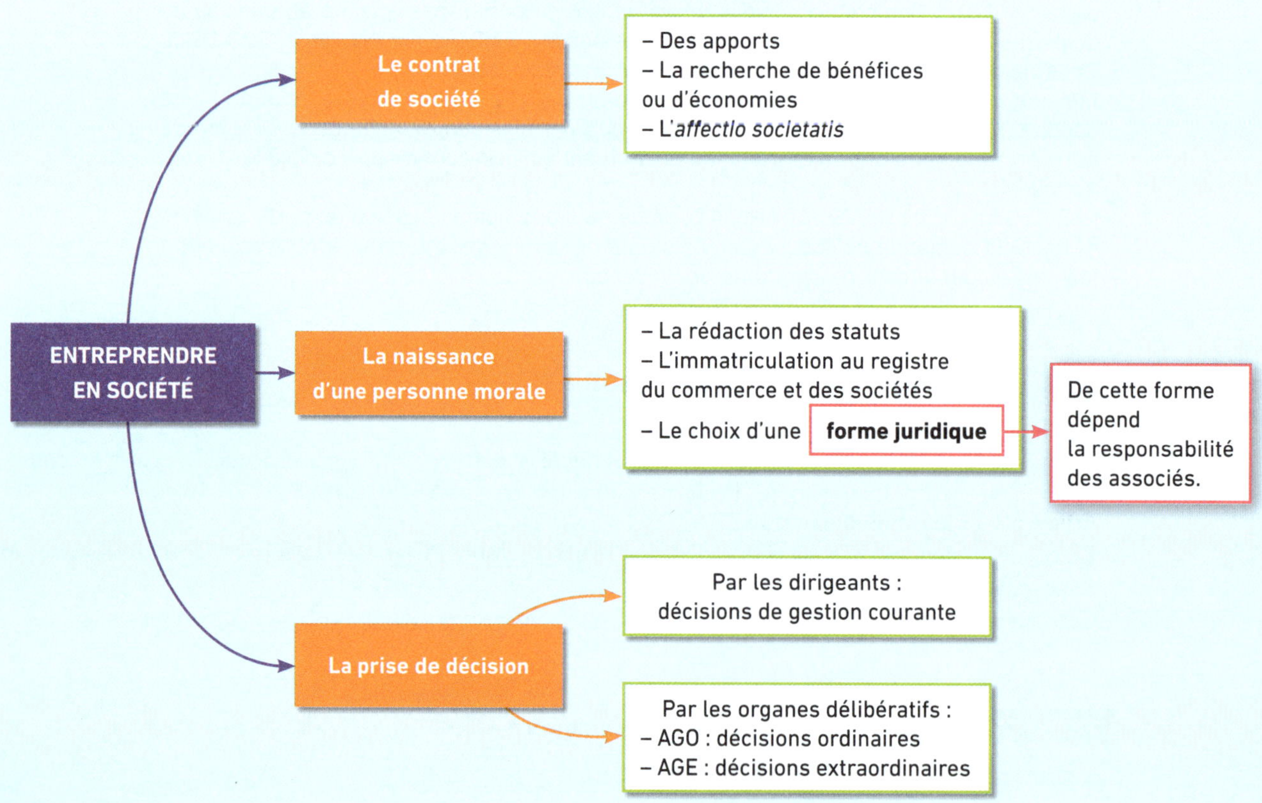

MOTS-CLÉS

- *Affectio societatis*
- AGE
- AGO
- Apports
- Associés
- Contrat de société
- Dirigeant social
- Droit de vote
- Intérêt social
- RCS
- SA
- SARL
- SCOP
- SNC

12 Le partenariat

MISE EN SITUATION

En 2008, Flavie Djokovic fonde son entreprise de création de vêtements et ouvre une boutique dans le quartier de la Bastille, à Paris. Elle achète ses tissus auprès de différents fournisseurs du IIe arrondissement. Souhaitant se concentrer sur la création et la vente, elle confie la production à un atelier de confection.

Rédactrices de mode et bloggeuses sont immédiatement séduites par ses créations et le concept de sa boutique, qu'elle aménage et met en scène pour plonger les clientes dans un univers et une expérience d'achat unique.

Face au succès de son enseigne Fringgs, Flavie ouvre une succursale, dans le Ier arrondissement de la capitale, grâce à un emprunt bancaire. Elle recrute deux vendeuses, qui travaillent sous son autorité. Celles-ci sont formées à prodiguer les conseils aux clientes et à mettre en œuvre les techniques de fidélisation qui forgent l'identité de Fringgs.

Cette nouvelle expérience étant également une réussite, Flavie décide de poursuivre l'expansion de son entreprise. Actuellement, elle entretient des relations avec des partenaires clients et fournisseurs, au travers de contrats de vente et d'achat. Mais elle réfléchit à nouer des alliances et développer des relations de partenariat avec d'autres entreprises pour stabiliser son environnement, réduire la concurrence et limiter les risques pris.

1. Qui dirige la succursale récemment créée ?
2. À quelle difficulté Flavie est-elle confrontée pour assurer la croissance de son entreprise ?
3. Quels sont les points forts de l'entreprise de Flavie ?
4. L'entreprise de Flavie assure-t-elle toutes les fonctions liées à son activité ? Justifiez.

I Le contrat de franchise

A. Les caractéristiques du contrat de franchise

MISE EN SITUATION Flavie n'entend pas gâcher ses premiers succès en optant pour une forme de développement de son entreprise qui lui serait défavorable. Comme elle ne dispose pas des moyens financiers suffisants pour gérer à elle seule l'ouverture de nouveaux points de vente, elle pense recourir à la franchise.

DOCUMENT 1 Le contenu de la franchise

La franchise est une technique contractuelle par laquelle des revendeurs, prestataires de services ou fabricants, traitent avec le propriétaire de signes distinctifs (enseigne, marques) détenteur d'un savoir-faire technique et/ou commercial, afin d'obtenir de lui la communication permanente de ce savoir-faire, une assistance commerciale ou technique, et le droit d'utiliser ces signes distinctifs.

Lamy Droit économique, Éditions Lamy.

DOCUMENT 2 Les différents types de franchise

La franchise peut être utilisée dans différents cadres :

– les contrats de franchise de **service**, en vertu desquels le franchisé offre un service sous l'enseigne, le nom commercial, voire la marque du franchiseur, et en se conformant aux directives de ce dernier ;

– les contrats de franchise de **production**, en vertu desquels le franchisé fabrique lui-même, selon les indications du franchiseur, des produits qu'il vend sous la marque de celui-ci ;

– les contrats de franchise de **distribution**, en vertu desquels le franchisé se borne à vendre certains produits dans un magasin qui porte l'enseigne du franchiseur.

1. Affectez à chaque exemple le type de franchise qui lui correspond.

Intermarché | SUBWAY préparés sous vos yeux. | Eléphantbleu

2. Quel est l'objet du contrat de franchise envisagé par Flavie ?

3. À quel type de franchise le projet de Flavie s'apparente-t-il ?

4. Pourquoi dit-on que la franchise est une forme d'expansion de l'entreprise ?

DOCUMENT 3 Les principaux éléments du contrat de franchise

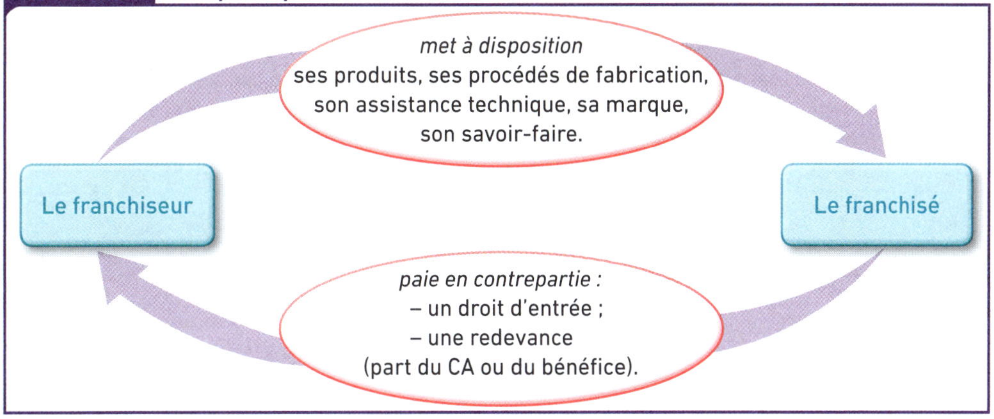

5. **En quoi le contrat de franchise se distingue-t-il des contrats de vente et d'achat classiques conclus par Flavie ?**

....

....

B. La franchise et les besoins du franchiseur

MISE EN SITUATION Après avoir consulté un ami juriste, Flavie rédige un projet de contrat de franchise. Elle vérifie à cette occasion que cette solution est adaptée à son désir d'ouvrir plusieurs boutiques malgré ses ressources financières limitées. Elle se demande également si elle pourra contrôler efficacement l'activité de ses franchisés pour s'assurer qu'ils appliquent ses méthodes de vente et de communication, et qu'ils gèrent correctement leurs magasins.

DOCUMENT 4 Extraits du contrat de franchise de Flavie

[…]

Article 6 – Le franchisé est totalement responsable de son exploitation. Il conservera seul les risques ou avantages de son entreprise, s'engageant à remplir toutes ses obligations administratives, fiscales, de Sécurité sociale et autres.

Article 7 – L'implantation et l'installation du point de vente sont à la charge du franchisé. Celui-ci veillera à ce que l'aménagement du point de vente soit en tout point conforme aux spécifications du franchiseur.

[…]

Article 9 – En rémunération du transfert du savoir-faire, de l'assistance initiale, de la marque et de l'exclusivité territoriale, un droit d'entrée unique et non récupérable est fixé à 50 000 € hors TVA. Ce montant est payable à la signature du présent contrat.

Article 10 – En contrepartie des services et droits accordés au franchisé, celui-ci versera une redevance égale à 5 % de son chiffre d'affaires global hors TVA.

6. **Montrez que les caractéristiques du contrat de franchise sont bien adaptées aux besoins financiers et économiques de Flavie.**

....

....

....

DOCUMENT 5 Les avantages majeurs de la franchise pour le franchiseur

Diminution des frais de gestion et d'exploitation par l'achat et la distribution groupés en grandes quantités	**+**	**Économies d'échelle dans la commercialisation et le développement des ventes**

www.franchise.org.il

DOCUMENT 6 Extraits du contrat de franchise de Flavie (suite)

[...]

Article 2 – Le contrat est conclu pour une période de cinq années renouvelable à compter de la date de signature. [...]

Article 8 – Le franchisé s'engage à communiquer chaque mois au franchiseur une copie de son livre de caisse ainsi que son chiffre d'affaires et ce, au plus tard 8 jours ouvrables après la fin du mois en question. [...]

Article 11 – Le franchisé s'engage à garder le secret sur tous les éléments appris du franchiseur.

Article 12 – Le franchisé s'engage à s'approvisionner exclusivement auprès de Fringgs, le franchiseur.

DOCUMENT 7 L'implication des franchisés

- Dans de nombreux cas, les résultats commerciaux des unités de franchise sont meilleurs que ceux des magasins appartenant au franchiseur, et ceci en raison du fait que les magasins du réseau en franchise sont gérés par des personnes (franchisés) ayant de fortes motivations pour réussir et gagner de l'argent. Il est difficile d'obtenir une telle motivation chez des directeurs salariés.
- Contribution accentuée à la réputation de la société sur le marché.
- Communication à double sens, efficiente et rapide, entre le franchiseur et les franchisés, permettant un transfert d'informations et la réalisation de modifications et d'améliorations de manière constante.

www.franchise.org.il

7. Pourquoi le franchisé a-t-il de fortes motivations pour réussir et gagner de l'argent ?

....

....

8. Expliquez en quoi la réputation de Fringgs sur le marché est augmentée.

....

....

9. Montrez que les caractéristiques du contrat de franchise sont bien adaptées aux besoins commerciaux de Flavie.

....

....

....

10. Pourquoi le savoir-faire de Flavie doit-il rester secret ?

....

....

DOCUMENT 8 Une obligation absolue

L'équilibre entre franchisé et franchiseur est garant du contrat de franchise.

Le franchiseur doit laisser une marge de manœuvre à son franchisé dans la gestion de son activité, faute de quoi il risque de voir le contrat de franchise requalifié en contrat de travail avec des conséquences sévères. Il devra en effet payer les arriérés de salaires, verser le rappel dû pour les heures supplémentaires, les congés payés et les indemnités pour rupture du contrat (de travail) sans cause réelle et sérieuse en cas de rupture du contrat de franchise requalifié.

Les juges requalifient le contrat de franchise en contrat de travail si quatre conditions sont réunies :

– le franchisé vend les biens fournis exclusivement par le franchiseur ;
– le choix de l'implantation du local est prescrit par le franchiseur ;
– les conditions commerciales d'exploitation sont dictées par le franchiseur ;
– les prix de vente sont déterminés par le franchiseur.

11. **À quels risques Flavie s'expose-t-elle si elle s'immisce dans la gestion du franchisé ?**

C. La franchise et les besoins du franchisé

MISE EN SITUATION En reconversion professionnelle, Jules a racheté récemment une boutique de vêtements à Nice sans avoir aucune expérience dans ce domaine. Les premiers résultats s'étant avérés décevants, il a pris contact avec Flavie car il est attiré par le concept de Fringgs. Les propositions de Flavie relatives à la formation et à la transmission de son savoir-faire l'ont un peu rassuré.

DOCUMENT 9 Les obligations du franchiseur (extrait du contrat de franchise de Flavie)

Article 1 – Le franchiseur accorde au franchisé le droit d'emploi de la marque commerciale « FRINGGS » et de l'enseigne portant ce sigle. Il lui accorde également son assistance et son accompagnement continu dans le but exclusif de vendre sa gamme de produits. Il assure la publicité en faveur du réseau.

[…]

Article 3 – Le franchiseur accorde au franchisé le droit exclusif pour la commercialisation des produits FRINGGS dans sa ville.

Article 4 – Le franchiseur ne pourra transmettre son savoir-faire ni autoriser la distribution de ses produits en dehors de son réseau de franchises. Il assurera la formation gratuite du franchisé et de son personnel durant une semaine dans un de ses magasins pilotes.

12. **En quoi la mise à disposition de la marque Fringgs est-elle essentielle pour le franchisé ?**

13. **Selon vous, quelle relation peut-on établir entre le montant de la redevance due au franchiseur et la notoriété de sa marque ?**

DOCUMENT 10 Les avantages pour le franchisé

- Même après la création de l'entreprise, le franchisé continue de bénéficier d'une assistance permanente de la part du franchiseur et il bénéficie de la structure commerciale et de marketing du réseau.
- Le franchisé bénéficie de la représentation exclusive du réseau dans une région définie.
- La formation et l'assistance accordées au franchisé par le franchiseur offrent à une personne sans aucune expérience, ou possédant une expérience limitée dans le domaine, une bonne chance de créer une entreprise prospère.
- En dépit du fait que le franchisé crée une entreprise indépendante, il n'est jamais seul pour affronter les difficultés et les risques. D'un autre côté, en dépit du fait que le franchisé acquiert une concession d'une chaîne de franchise, il est le propriétaire exclusif de son entreprise.
- Le franchisé obtient une assistance professionnelle du franchiseur, qui lui permet d'éviter les erreurs commises par d'autres entrepreneurs.

www.franchise.org.il

14. Pourquoi le risque commercial assumé par le franchisé lors de l'ouverture de son magasin est-il faible ?

.....

.....

.....

15. Quel avantage concurrentiel le franchisé vise-t-il ?

.....

.....

.....

16. À quels besoins économiques et commerciaux du franchisé le contrat de franchise répond-il ?

.....

.....

.....

.....

17. En conclusion, en quoi le contrat de franchise assure-t-il une certaine sécurité au franchisé ?

.....

.....

.....

.....

.....

II La commission-affiliation

MISE EN SITUATION

Malgré la sécurité propre à la franchise, Jules n'est pas encore décidé à signer ce type de contrat. Son inexpérience, la difficulté de prévoir les volumes de vente, le risque lié à l'acquisition d'un stock de vêtements relativement chers sont autant d'éléments qui le font hésiter.
Flavie est elle aussi un peu inquiète face au manque d'expérience de Jules mais elle aimerait ouvrir un point de vente sur la Côte-d'Azur. Aussi envisage-t-elle de lui proposer un contrat de commission-affiliation, particulièrement adapté au secteur textile. Jules n'aurait pas à supporter le coût du stock, qui resterait chez Flavie. Il suffirait de mettre en place un système informatique intégré permettant le réapprovisionnement rapide du magasin de Nice.

DOCUMENT 11 Les caractéristiques de la commission-affiliation

La commission-affiliation est particulièrement adaptée au secteur textile. Elle s'y développe d'ailleurs largement depuis quelques années. Si ses fondements sont identiques à ceux d'un contrat de franchise (enseigne, assistance, savoir-faire), elle s'en distingue toutefois par la gestion du stock, qui reste la propriété du commissionnant (franchiseur).

La formule présente un double intérêt : elle réduit les risques du commissionnaire puisqu'il n'a pas d'avance de trésorerie à effectuer, le stock ne lui appartenant pas ; elle permet, en outre, au commissionnant de gérer au plus près son réseau et d'adapter son offre à la demande en temps réel *via* un système informatique intégré.

Elle comporte cependant un risque important, celui d'une trop grande immixtion du fournisseur dans la gestion des affaires du commissionnaire (gestion du personnel ou absence de liberté dans la fixation des prix) susceptible d'entraîner la requalification du contrat en contrat de travail.

Direction générale de la compétitivité, de l'industrie et des services,
« La franchise en 10 questions ».

18. Quelles sont les parties à un contrat de commission-affiliation ?

....

19. Quelles sont leurs obligations ?

....

....

20. À quels besoins du commissionnaire ce type de contrat répond-il ?

....

....

21. En quoi le contrat est-il, en général, bien adapté aux besoins du commissionnant ?

....

....

22. À votre avis, quels inconvénients la commission-affiliation présente-t-elle pour Flavie ?

....

....

....

III La concession commerciale

MISE EN SITUATION La concession commerciale est un autre type de partenariat interentreprises susceptible d'intéresser Flavie. Dans ce cadre, elle contracterait avec des commerciaux maîtrisant parfaitement leur métier.

DOCUMENT 12 **Les caractéristiques du contrat de concession commerciale**

La concession se rencontre surtout dans la distribution automobile ou dans les domaines de l'habitat ou de l'ameublement. Proche de la franchise, ce partenariat n'envisage aucune obligation d'assistance, de formation ou d'accompagnement. Le concessionnaire a le libre choix des méthodes de vente, des méthodes de promotion et de la politique de prix.

La « concession » est le contrat commercial conclu *intuitu personae* par lequel un commerçant indépendant, dit « concessionnaire », se procure auprès d'un autre commerçant, fabricant ou grossiste, dit le « concédant », des marchandises qu'il s'engage à commercialiser sous la marque du concédant, lequel lui confère une exclusivité pour un temps et dans une aire géographique délimitée. Il s'agit en général d'une exclusivité de vente.

www.juritravail.com/lexique/

23. Quelles sont les parties à un contrat de concession commerciale ?

24. En quoi consiste l'exclusivité pour chacune des deux parties au contrat ?

25. À quelles attentes du concédant ce contrat répond-il ?

26. À quelles attentes du concessionnaire ce contrat répond-il ?

27. À partir des obligations du franchiseur et du concédant, distinguez la concession commerciale de la franchise.

28. Ce contrat est-il adapté aux besoins de Flavie ? Justifiez votre réponse.

1 L'exclusivité d'exploitation

Le 11 janvier 2006, la société Motos accessoires Delta Bike (le franchiseur) a conclu un contrat de franchise avec la société Orléanaise GSR (le franchisé) pour l'exploitation d'un magasin d'accessoires de motos. Mais dès 2009, l'activité de la société Orléanaise décline. De plus, aux dires de ses dirigeants, le franchiseur a créé un site Internet pour la vente de ses produits et diffusé des catalogues mentionnant ses coordonnées Internet avec des prix moindres et la livraison des produits chez le franchisé sans rémunération de ce dernier. La cour d'appel d'Aix-en-Provence a accueilli favorablement la résiliation du contrat de franchise demandée par le franchisé et a condamné le franchiseur à verser la somme de 90 000 € à la société GSR à titre de dommages et intérêts. Cependant, la Cour de cassation a annulé l'arrêt de la cour d'appel.

1. **Qualifiez juridiquement les faits.**
2. **Justifiez la présence de l'article 1 dans le contrat de franchise.**
3. **Formulez le problème juridique posé par l'affaire donnant lieu à l'arrêt du 10 septembre 2013.**
4. **Retrouvez le raisonnement de la cour d'appel.**
5. **Formulez le raisonnement de la Cour de cassation.**
6. **Quelles sont les conséquences de cet arrêt pour les franchiseurs et les franchisés ?**

DOCUMENT 1 Article 1er du contrat de franchise

Afin de garantir au franchisé, en termes de clientèle, une zone d'attractivité suffisante par rapport au concept, le franchiseur s'interdit d'installer un autre point de vente franchisé sur le territoire défini à l'annexe 3 des présentes.

DOCUMENT 2 Cour de cassation, chambre commerciale, arrêt du 10 septembre 2013 (extrait)

Attendu que pour prononcer la résiliation du contrat de franchise aux torts du franchiseur et le condamner à payer à la société GSR […] une certaine somme à titre de dommages-intérêts, l'arrêt retient que la modestie des ventes faites par le franchiseur par Internet ne suffit pas à écarter la violation par celui-ci de l'exclusivité qu'il avait lui-même accordée au franchisé en s'interdisant d'installer un autre point de vente franchisé sur le territoire concerné ;

[Mais] attendu qu'en statuant ainsi, alors que le contrat se bornait à garantir au franchisé, la société GSR, l'exclusivité territoriale dans un secteur déterminé et que la création d'un site Internet n'est pas assimilable à l'implantation d'un point de vente dans le secteur protégé, la cour d'appel a violé le texte susvisé.

2 Un exemple de franchise

VIDÉO

Répondez aux questions suivantes à l'aide de la vidéo 12-1 :

1. **Précisez le domaine d'activité de cette franchise.**
2. **Quelles sont les qualités requises du franchisé pour entrer dans le réseau Hyper Minceur ?**
3. **Quelles sont les obligations financières du franchisé ?**
4. **Quels sont les points forts de la franchise Hyper Minceur ?**

TESTEZ VOS CONNAISSANCES !

Indiquez la (ou les) bonne(s) réponse(s) aux propositions suivantes.

1. La création d'une succursale est un partenariat.
- ❑ Vrai.
- ❑ Faux.

2. Le partenariat d'entreprises :
- ❑ réduit les coûts des entreprises.
- ❑ accroît la concurrence.

3. La franchise est une forme d'expansion des entreprises.
- ❑ Vrai
- ❑ Faux

4. Franchiseur et franchisé sont deux entreprises juridiquement indépendantes.
- ❑ Vrai
- ❑ Faux

5. Le franchiseur peut s'immiscer dans la gestion de son franchisé.
- ❑ Vrai.
- ❑ Faux.

6. La commission-affiliation peut être requalifiée en contrat de travail.
- ❑ Vrai.
- ❑ Faux.

7. Dans un contrat de concession commerciale, une exclusivité de marque engage :
- ❑ le concessionnaire.
- ❑ le concédant.

L'ESSENTIEL

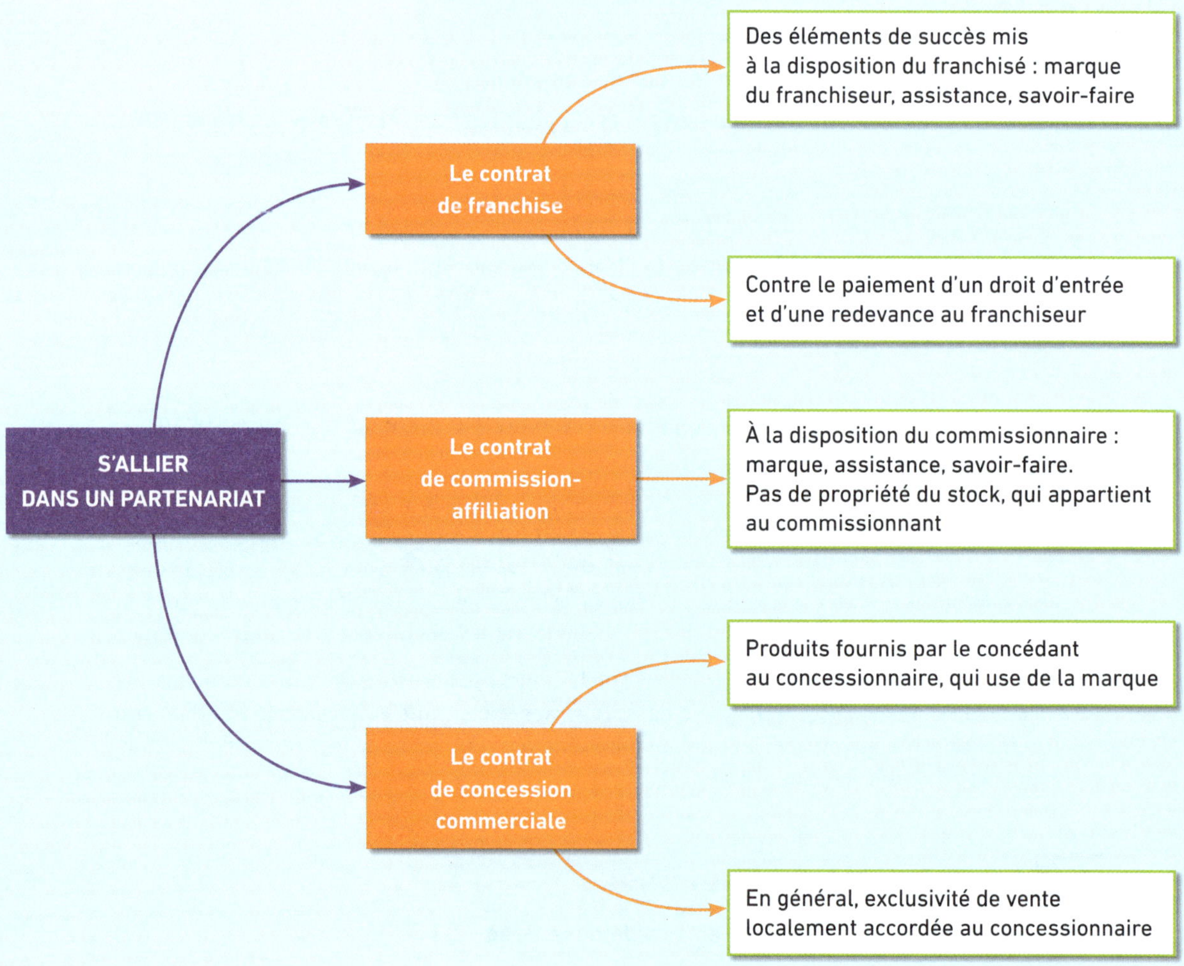

MOTS-CLÉS

- Commission-affiliation
- Concession
- Franchise
- Redevance

Entreprendre seul ou en société

Situation 1

Eva Radigo, 35 ans, dirige l'entreprise « La Pédale alerte », spécialisée dans la vente et la réparation de bicyclettes, qu'elle a créée en 2013. À l'époque, elle ne disposait d'aucun bien personnel et louait un local à Fayence, dans le Var. Elle a opté pour la forme juridique de l'entreprise individuelle et elle emploie Georges Ménil, mécanicien.
Les affaires se sont bien développées durant les trois premières années et Eva a pu acquérir, en mai 2016, un appartement de deux pièces à Fayence pour la somme de 150 000 euros. Elle a fait également l'acquisition d'un parking dans une propriété voisine afin d'y garer sa voiture personnelle.

1.1. **Indiquez la responsabilité qu'Eva encourt sur son patrimoine en tant qu'entrepreneur individuel (documents 1 et 2).**

1.2. **Quelle mesure pourrait-elle prendre pour atténuer cette responsabilité aujourd'hui ?**

1.3. **Quel autre statut juridique aurait présenté pour elle les avantages de l'entreprise individuelle tout en lui permettant d'atténuer sensiblement ses risques patrimoniaux ?**

Situation 2

Ayant un penchant pour les bonnes tables, Eva fréquente assidûment le restaurant de son ami Adrien Tiramo. Celui-ci est le gérant de la SARL qui exploite l'établissement Onserégalici depuis 1985 à Seillans, dans le Var. La réputation du restaurant n'est plus à faire et les clients n'hésitent pas à venir s'y attabler depuis Draguignan, Cannes et même Nice. Cette notoriété résulte des qualités de gestionnaire d'Adrien mais aussi des compétences particulières de Maurice Torré, le cuisinier salarié du restaurant, ex-meilleur ouvrier de France. La SARL est constituée de trois associés : Adrien Tiramo, Maurice Torré et son commis de cuisine qui lui est très dévoué, Hervé Titou. Les statuts sont conformes à la loi.
En juillet 2017, Adrien apprend qu'il est atteint d'une grave maladie. Afin d'assurer la continuité de son entreprise en cas de malheur, il souhaite passer les commandes de la gérance à Maurice. Celui-ci est d'accord mais il ne veut pas quitter son emploi salarié. Une assemblée générale ordinaire est donc convoquée, avec pour unique résolution le remplacement du gérant, Adrien Tiramo, démissionnaire, par Maurice Torré.

Pour chacune des questions ci-dessous, identifiez la ou les règles juridiques applicables en l'espèce puis indiquez la ou les solutions possibles.

2.1. **Maurice peut-il cumuler son statut de salarié et celui de gérant de la SARL (document 3) ?**

2.2. **Dans quelles conditions de majorité le cuisinier peut-il être nommé gérant de la SARL (document 4) ?**

Situation 3

Eva suit de près l'épisode du changement de direction à la tête de la SARL de son ami Adrien. Elle pense alors au statut de sa propre entreprise et elle se demande si elle n'aurait pas intérêt à en changer pour préparer l'avenir, en particulier pour ne plus être seule aux commandes et plus tard, pour transmettre plus facilement son entreprise si elle a des enfants.

3.1. **Quel statut juridique permettrait à Eva de préparer le passage éventuel de l'entreprise individuelle à une société pluripersonnelle ?**

ACTIVITÉ DE SYNTHÈSE

DOCUMENT 1 Le droit de gage général des créanciers

Code civil – Article 2284

Quiconque s'est obligé personnellement, est tenu de remplir son engagement sur tous ses biens mobiliers et immobiliers, présents et à venir.

DOCUMENT 2 La responsabilité de l'entrepreneur individuel

Principe : une responsabilité totale et indéfinie

L'entrepreneur est indéfiniment responsable des dettes professionnelles sur l'ensemble de son patrimoine personnel, à l'exception de sa résidence principale*.
Le choix du régime matrimonial peut donc s'avérer important pour ne pas engager les biens du conjoint.

* Depuis la loi du 6 août 2015, la résidence principale échappe, de plein droit (sans aucune formalité à effectuer) à la poursuite des créanciers professionnels de l'entrepreneur individuel.

Exceptions à cette responsabilité indéfinie

1. L'entrepreneur individuel peut protéger ses biens fonciers bâtis ou non bâtis non affectés à son usage professionnel des poursuites de ses créanciers professionnels en effectuant une déclaration d'insaisissabilité devant notaire.
La formalité est publiée au bureau des hypothèques et fait l'objet, selon les cas :
– d'une mention sur le Registre du commerce et des sociétés (RCS) pour un commerçant ;
– d'une mention sur le Répertoire des métiers pour un artisan ;
– ou, d'une publication dans un journal d'annonces légales du département où l'activité professionnelle sera exercée, pour un professionnel libéral, un agriculteur ou un autoentrepreneur. [...]
2. L'entrepreneur individuel peut limiter sa responsabilité financière à un patrimoine professionnel d'affectation en choisissant le régime de l'entrepreneur individuel à responsabilité limitée (EIRL).
En cas de difficultés, seul ce patrimoine peut être saisi par les créanciers professionnels. De même, seul le reste de son patrimoine peut être saisi par les créanciers personnels.
Peuvent y prétendre les entrepreneurs existants et les créateurs d'entreprises, quelle que soit l'activité exercée. Les micro-entrepreneurs (y compris les autoentrepreneurs) sont également éligibles à ce régime.

www.apce.com

DOCUMENT 3 Le cumul des fonctions de gérance d'une SARL et d'un contrat de travail

La jurisprudence a posé de strictes conditions à la validité du cumul. Le contrat de travail doit correspondre à un emploi effectif ; les fonctions salariées doivent être nettement distinctes de la gérance et rémunérées séparément ; l'intéressé doit être subordonné à la société dans l'exercice de ses fonctions de salarié [ce qui exclut le gérant associé majoritaire].

Sociétés commerciales, Éditions Lamy.

DOCUMENT 4 Extrait des statuts de la SARL Onserégalici

Objet. – la SARL a pour objet l'exploitation du restaurant Onserégalici, situé 12 rue Condorcet à Lavaur (81)

Capital et parts sociales. – Le capital est fixé à la somme de 100 000 euros et divisé en 1 000 parts de 100 euros chacune. Les parts sont numérotées de 1 000 à 1 000 et attribuées en rémunération des apports respectifs : Adrien Tiramo 650 parts numérotées de 1 à 650, Maurice Torré 300 parts numérotées de 651 à 950, Hervé Titou 50 parts numérotées de 951 à 1 000.

À l'aide de vos connaissances et des ressources documentaires jointes en annexes, analysez la situation juridique ci-dessous et répondez aux questions posées.

Situation juridique

Lucile, une jeune alsacienne de 20 ans, vient d'emménager à Bordeaux pour suivre ses études de droit. Après trois semaines passées loin de ses proches, elle rentre à Strasbourg pour passer un weekend. Lorsque le train qu'elle emprunte entre en gare de Strasbourg, Lucile est très heureuse à l'idée de retrouver ses proches et, dès que les portes s'ouvrent, elle bondit du train. Alors qu'elle aperçoit ses parents venus l'accueillir, elle entend le signal de départ du train et, en le voyant repartir, elle réalise que ses bagages sont restés dans le wagon. Elle tente alors de remonter dans le train pour récupérer ses affaires mais, les portes du train étant fermées, elle n'y parvient pas. Alors que le train commence à prendre de la vitesse, elle essaie de sauter mais chute violemment sur le quai.

Les secours interviennent rapidement et Lucile est conduite à l'hôpital. Après plusieurs jours d'hospitalisation, la conclusion des médecins est sans appel : Lucile boitera toute sa vie.

Lucile et ses parents souhaitent que la SNCF soit reconnue responsable de l'accident.

1. **Identifiez la victime et qualifiez les dommages qu'elle subit.**
2. **Pourquoi la victime ne peut-elle pas agir en responsabilité contractuelle contre la SNCF ?**
3. **Quel type de responsabilité la victime doit-elle engager pour obtenir réparation ?**
4. **Qualifiez le comportement de la victime.**
5. **Identifiez le problème juridique qui se pose concernant le comportement de la victime.**
6. **La SNCF peut-elle invoquer le comportement de la victime pour s'exonérer totalement de sa responsabilité ? Justifiez cette solution juridique.**
7. **Quelle forme d'indemnisation la victime peut-elle espérer obtenir ?**
8. **Quel préalable à l'indemnisation sera imposé à la victime ? Résumez-en brièvement la procédure.**
9. **Si la victime était décédée des suites de ses blessures, quel préjudice la famille aurait-elle pu invoquer pour obtenir une indemnisation ?**

Annexe 1 Article du Code civil

Article 1242
On est responsable non seulement du dommage que l'on cause par son propre fait, mais encore de celui qui est causé par le fait des personnes dont on doit répondre, ou des choses que l'on a sous sa garde. [...]

Annexe 2 Extrait de jurisprudence : Arrêt de la 2e chambre civile de la Cour de cassation, 3 mars 2016

LA COUR DE CASSATION, DEUXIÈME CHAMBRE CIVILE, a rendu l'arrêt suivant :

Attendu, selon l'arrêt attaqué, que le 23 novembre 2010, M. X, qui était descendu d'un train à la gare d'arrivée de son voyage et avait commencé à se diriger vers la sortie, a été blessé à la suite d'une chute intervenue alors qu'il tentait de remonter dans ce train qui avait redémarré pour récupérer un bagage oublié ; que M. X a assigné la SNCF en responsabilité et en indemnisation de ses préjudices [...] ;

Mais attendu qu'ayant d'abord retenu que M. X en tentant de remonter dans le train alors que celui-ci se trouvait dans sa phase de démarrage et que les portes avaient été fermées à l'initiative du contrôleur a commis une faute en effectuant une manœuvre interdite et dangereuse, puis souverainement relevé que celle-ci n'était ni imprévisible, la SNCF étant régulièrement confrontée à ce type de comportement, ni irrésistible puisque des moyens peuvent permettre d'empêcher les passagers de remonter dans le train [...], la cour d'appel a pu déduire que la faute d'imprudence relevée à l'encontre de la victime ne présentait pas les caractères de la force majeure seule de nature à exonérer totalement la SNCF de sa responsabilité ; [...]

[Mais] Attendu que le gardien d'une chose instrument du dommage est partiellement exonéré de sa responsabilité s'il prouve que la faute de la victime a contribué à son dommage ;

Attendu que pour déclarer la SNCF totalement responsable de l'accident, l'arrêt retient que M. X a commis une faute en effectuant une manœuvre interdite et dangereuse mais que cette faute ne présente pas les caractères de la force majeure ;

Qu'en statuant ainsi, la cour d'appel [...] a violé le texte susvisé [article 1384 alinéa 1 du Code civil – aujourd'hui article 1242] ;

PAR CES MOTIFS : CASSE ET ANNULE, mais seulement en ce qu'il a déclaré la SNCF seule et entièrement responsable des conséquences dommageables de l'accident [...].

Annexe 3 Les modalités de la réparation

IV) LES MODALITÉS DE LA RÉPARATION (capital ou rente)

Les modalités de la réparation sont sans doute parmi les questions les plus délicates dans la mesure où le recours à l'une ou l'autre des modalités a une incidence directe sur la méthodologie de la réparation et sur la « réalité » des montants accordés.

Les juges du fond sont souverains pour décider de cette modalité. [...]

Si on fait l'état des lieux, chef de préjudice par chef de préjudice, on constate que pour :

- l'IPP* dans sa composante physiologique, 90 % des indemnités sont accordées en capital ;
- l'IPP dans sa composante économique, plus de la moitié sont accordées sous forme de capital ;
- frais futurs autres que les tierces personnes : 95 % sous forme de rentes [...] ;
- tierce personne : 95 % sont allouées sous forme de rente ;
- préjudices économiques en cas de décès : 80 % sous forme de capital ;
- préjudices extrapatrimoniaux : 100 % pratiquement sous forme de capital.

www.courdecassation.fr

* Incapacité permanente partielle.

Annexe 4 Les différentes victimes

Il y a la victime directe et les victimes par ricochet.

Les victimes directes

Ce sont les victimes immédiates, la personne qui a chuté dans l'escalier, celle qui a été renversée par un véhicule. Elles sont indemnisées […]

À ces victimes, s'ajoutent celles qui sont touchées parce que la victime directe est touchée. Ce sont les victimes par ricochet.

Les victimes par ricochet

Elles sont touchées parce que bien que n'ayant pas été blessées directement elles perdent un être cher. L'on admet que la perte d'une vie doit être indemnisée, c'est le prix de la douleur, même si la douleur n'a pas de prix.

www.avocat-velly.com

Annexe 5 L'expertise médicale, la clef d'une bonne indemnisation

En matière de dommage corporel, l'expertise médicale est nécessaire pour l'évaluation de l'indemnisation de la victime. […]

Qu'est-ce qu'une expertise médicale ?

L'objectif principal de l'expertise médicale est d'évaluer l'ensemble des préjudices corporels subis par une victime.

Il appartient à des médecins diplômés de la réparation du préjudice corporel qui ont pour mission de se prononcer sur des chefs de préjudice imputables au dommage initial.

Cet examen est donc nécessaire pour qualifier et quantifier les préjudices que le blessé endure depuis son accident. […]

L'expert rend ensuite ses conclusions médicales et adresse un rapport complet aux destinataires (assurances, victime, ou avocat dans le cadre d'une procédure judiciaire).

Mikaël Ikedjian, Juriste, www.village-justice.com, 1er octobre 2014.

Entraînement au bac n° 2

À l'aide de vos connaissances et des ressources documentaires jointes en annexes, analysez la situation juridique ci-dessous et répondez aux questions posées.

Situation juridique

La SARL Gravier, qui emploie 125 salariés, est spécialisée dans la fabrication de matériel de plage (matelas, parasols, etc.). Ses clients sont de deux types : la grande distribution et les plages privées. Le directeur des ressources humaines (DRH) de cette entreprise, M. Ciais, est confronté à plusieurs problèmes.

Il doit procéder au recrutement de deux salariés pour l'atelier de fabrication des parasols, mais il voudrait privilégier la candidature d'hommes, jeunes de préférence, à celle des femmes et des personnes d'âge mûr. Aussi a-t-il conçu une annonce d'offre d'emploi dans ce sens.

Par ailleurs, M. Ciais connaît un litige avec Mlle Valère, salariée depuis douze ans dans l'entreprise Gravier, dont le CDI vient d'être rompu pour insuffisance professionnelle : malgré un stage de formation, cette aide-comptable s'est montrée incapable d'exploiter le nouveau logiciel de comptabilité utilisé dans son service. Mlle Valère veut saisir la justice et mettre en avant sa conscience professionnelle et l'absence de toute faute au travail de sa part.

Enfin, le DRH s'interroge sur le coût des heures supplémentaires qu'il envisage de faire effectuer le mois prochain, pour répondre à une importante commande.

1. **Identifiez le problème juridique posé par le contenu de l'offre d'emploi envisagée par M. Ciais.**

2. **Présentez et expliquez les conditions dans lesquelles M. Ciais serait fondé juridiquement à mettre à l'écart la candidature d'une femme ou d'un homme d'âge mûr.**

3. **Qualifiez juridiquement la rupture du CDI de Mlle Valère.**

4. **Précisez si Mlle Valère a été indemnisée. Justifiez votre réponse.**

5. **Quelle juridiction Mlle Valère doit-elle saisir pour contester cette rupture de contrat ?**

6. **Envisagez les arguments des parties à ce litige et indiquez quelle devrait être la solution apportée par les juges.**

7. **Définissez la notion d'heures supplémentaires et précisez les obligations découlant du recours à ces heures.**

8. **Quelle serait la situation la moins coûteuse pour l'entreprise Gravier ?**

Annexe 1 Projet d'annonce d'offre d'emploi

SOCIÉTÉ GRAVIER RECRUTE

Pour son atelier de fabrication de parasols

Ouvrier de moins de 30 ans, en CDI

Motivé, dynamique, capable de s'intégrer à une équipe expérimentée

Poste à pourvoir immédiatement

Salaire : 1,3 SMIC + prime trimestrielle

Lettre et CV à adresser à :

SARL Gravier

M. Ciais, DRH

26 rue de l'Étang

26000 Valence

Annexe 2 Articles du Code du travail (extraits)

Article L. 1132-1

Aucune personne ne peut être écartée d'une procédure de recrutement ou de l'accès à un stage ou à une période de formation en entreprise, [...] en raison de son origine, de son sexe, de ses mœurs, de son orientation ou identité sexuelle, de son âge, de sa situation de famille ou de sa grossesse, de ses caractéristiques génétiques, de la particulière vulnérabilité résultant de sa situation économique, apparente ou connue de son auteur, de son appartenance ou de sa non-appartenance, vraie ou supposée, à une ethnie, une nation ou une race, de ses opinions politiques, de ses activités syndicales ou mutualistes, de ses convictions religieuses, de son apparence physique, de son nom de famille, de son lieu de résidence ou en raison de son état de santé ou de son handicap.

Article L. 1133-1

L'article L. 1132-1 ne fait pas obstacle aux différences de traitement, lorsqu'elles répondent à une exigence professionnelle essentielle et déterminante et pour autant que l'objectif soit légitime et l'exigence proportionnée.

Article L. 1133-2

Les différences de traitement fondées sur l'âge ne constituent pas une discrimination lorsqu'elles sont objectivement et raisonnablement justifiées par un but légitime, notamment par le souci de préserver la santé ou la sécurité des travailleurs, de favoriser leur insertion professionnelle, d'assurer leur emploi, leur reclassement ou leur indemnisation en cas de perte d'emploi, et lorsque les moyens de réaliser ce but sont nécessaires et appropriés.

Ces différences peuvent notamment consister en :

1° L'interdiction de l'accès à l'emploi ou la mise en place de conditions de travail spéciales en vue d'assurer la protection des jeunes et des travailleurs âgés ;

2° La fixation d'un âge maximum pour le recrutement, fondée sur la formation requise pour le poste concerné ou la nécessité d'une période d'emploi raisonnable avant la retraite.

Article L. 1142-1

Sous réserve des dispositions particulières du présent code, nul ne peut :

1° Mentionner ou faire mentionner dans une offre d'emploi le sexe ou la situation de famille du candidat recherché. Cette interdiction est applicable pour toute forme de publicité relative à une embauche et quels que soient les caractères du contrat de travail envisagé ;

2° Refuser d'embaucher une personne, prononcer une mutation, résilier ou refuser de renouveler le contrat de travail d'un salarié en considération du sexe, de la situation de famille ou de la grossesse sur la base de critères de choix différents selon le sexe, la situation de famille ou la grossesse ;

3° Prendre en considération du sexe ou de la grossesse toute mesure, notamment en matière de rémunération, de formation, d'affectation, de qualification, de classification, de promotion professionnelle ou de mutation.

Annexe 3 Cour de cassation – chambre sociale – arrêt du 27 janvier 2016 (extraits)

Attendu, selon l'arrêt attaqué (Angers, 17 décembre 2013), que M. X... a été engagé par la société Nec computers le 9 décembre 2000 en qualité d'ingénieur test ; qu'ayant fait l'objet d'un licenciement pour insuffisance professionnelle le 16 août 2006, il a saisi la juridiction prud'homale de diverses demandes ; [...]

Attendu que le salarié fait grief à l'arrêt de le débouter de sa demande d'indemnité pour licenciement sans cause réelle et sérieuse, alors, selon le moyen :

1°/ que tout licenciement pour motif personnel doit être justifié par une cause réelle et sérieuse ; qu'il appartient au juge d'apprécier le caractère réel et sérieux des motifs de licenciement invoqués par l'employeur ; [...] que la cour d'appel a écarté les arguments du salarié [...] ; concluant que le premier grief était établi ; [...]

2°/ que la lettre de licenciement reprochait en dernier lieu à M. X... de ne pas avoir « recherché et mis en place un nouveau logiciel afin de remplacer dans le cadre du Burn In, le process TG TEST qu'il ne pouvait pas mettre à jour » ; que toutefois, pour dire ce dernier grief établi, la cour d'appel a retenu qu'il était avéré que « le logiciel TG TEST ne pouvait pas être maintenu par M. Alain X... du fait que ce dernier manquait de connaissances des systèmes de développement sous Windows » ; [...]

Mais attendu que la cour d'appel qui a [...] retenu que certains faits d'insuffisance professionnelle étaient établis et imputables au salarié, a [...] dit que le licenciement reposait sur une cause réelle et sérieuse ; que le moyen n'est pas fondé ;

PAR CES MOTIFS : REJETTE le pourvoi ; [...].

Annexe 4 Les heures supplémentaires : contreparties

En contrepartie des heures supplémentaires effectuées par les salariés, l'entreprise est tenue de leur accorder une majoration de salaire (éventuellement remplacée par un « repos compensateur de remplacement »). Les heures supplémentaires accomplies au-delà du contingent (et celles accomplies dans la limite du contingent si un accord collectif le prévoit), ouvrent également droit à une contrepartie obligatoire en repos.

Quelles sont les majorations de salaire applicables ?

La majoration de salaire au titre des heures supplémentaires est fixée :

- par voie de convention ou d'accord de branche étendu ou par convention ou accord d'entreprise ou d'établissement, à un taux qui ne peut être inférieur à 10 % ;
- en l'absence d'accord visé ci-dessus, à un taux de 25 % pour les 8 premières heures supplémentaires et 50 % au-delà.

http://travail-emploi.gouv.fr/

À l'aide de vos connaissances et des ressources documentaires jointes en annexes, analysez la situation juridique ci-dessous et répondez aux questions posées.

Situation juridique

Kevin Roux, Nouheila Daanan et Joseph Blanc ont créé en 2010 la SARL « La Clé », spécialisée dans la vente de maisons individuelles.

Après la rédaction des statuts, Kevin Roux a été désigné gérant de la SARL. C'est le plus entreprenant des trois associés et il a beaucoup d'idées pour développer l'activité de la société. Mais au cours de ces dernières années, la SARL a connu une baisse sensible de son chiffre d'affaires. Aussi, il y a 9 mois, Kevin Roux a proposé à ses co-associés de modifier l'objet social de leur société pour ajouter à la vente de maisons individuelles l'activité de construction. Cette idée a été adoptée grâce au soutien de Joseph Blanc. Nouheila Daanan s'y est en effet vainement opposée, faisant valoir que si Kevin était un très bon vendeur, il ne connaissait rien au métier de constructeur.

Fort de la modification des statuts, Kevin Roux s'est rapidement mis à l'œuvre et a réussi à vendre la réalisation d'un pavillon dans la région à un couple de retraités, M. et Mme Salaru. Hélas, une fois terminée et payée, la construction révéla de nombreuses fissures et une inclinaison bizarre et inquiétante vers un côté rappelant dangereusement la Tour de Pise. Évidemment, les malheureux retraités ont attaqué la SARL « La Clé » et Kevin Roux qui, pour faire quelques économies, n'avait pas souscrit d'assurance décennale afin de couvrir (pendant 10 ans) les risques liés à la construction de ce pavillon.

La cour d'appel, qui n'a pas retenu la responsabilité de la SARL « La Clé », a condamné Kevin Roux à payer aux deux retraités la somme de 280 000 euros pour la démolition et la reconstruction du pavillon. Consterné par cet arrêt, Kevin Roux a formé un pourvoi en cassation pour faire valoir qu'il a agi en qualité de gérant au nom et pour le compte de la SARL « La Clé », que c'est elle qui a conclu le contrat, que c'est elle qui n'a pas souscrit un contrat d'assurance, et qu'à ce titre, c'est elle qui devrait être condamnée, ce qui n'est pas du tout du goût de Nouheila Daanan. Celle-ci est rassurée par un arrêt de la Cour de cassation dans une affaire voisine.

1. **Qualifiez la relation juridique qui existe entre Kevin, Nouheila et Joseph.**
2. **Quel est l'organe de la société qui a autorisé la modification de l'objet de la société ? Expliquez pourquoi Nouheila Daanan n'a pu s'opposer à cette modification.**
3. **Citez les parties au contrat de construction du pavillon et leur obligation principale respective. Leurs engagements ont-ils été respectés ?**
4. **Formulez le problème juridique posé dans l'affaire relative aux malfaçons de la construction.**
5. **Présentez l'argumentation juridique que Kevin Roux soulève pour s'exonérer de sa responsabilité.**
6. **À la lumière de l'arrêt de l'annexe 5, retrouvez la solution et le raisonnement que retiendra la Cour de cassation.**

Entraînement au bac n° 3

Annexe 1 Extrait des statuts de la SARL

Les soussignés : Kevin Roux, demeurant 7 Rue Jules-Ferry à Bouc bel Air, Nouheila Daanan, demeurant 45 avenue Condorcet à Vitrolles, Joseph Blanc, demeurant 2 rue Diderot à Marseille, ont établi les statuts de la SARL devant exister entre eux ainsi qu'il suit.

Article 1 - Forme de la société

Il est formé entre les propriétaires de parts sociales, signataires du présent acte constitutif une société à responsabilité limitée SARL régie par les lois en vigueur ainsi que par les présents statuts.

Article 2 - Objet

La société a pour objet la vente et la construction de maisons individuelles.

Article 3 - Dénomination

La société prend la dénomination de : La Clé.

Article 4 - Siège social

Le siège social est fixé à Bouc Bel Air, 6 route de Gardanne.

Article 7 - Capital social et parts

Le capital est fixé à la somme de 10 000 euros et divisé en parts de 100 euros chacune. Les parts sont numérotées de 1 à 100 et attribuées en rémunération des apports respectifs : Kevin Roux 48 parts numérotées de 1 à 48, Nouheila Daanan 12 parts numérotées de 48 à 60, Joseph Blanc 40 parts numérotées de 61 à 100.

Article 8 - Droits et obligations attachés aux parts sociales

Chaque part donne droit dans les bénéfices à une fraction égale et proportionnelle au nombre de parts créées. Elle donne droit à une voix dans tous les votes et délibérations.

Chaque associé contribue aux pertes proportionnellement au nombre de parts qu'il détient.

Pour la suite, les statuts sont conformes à la loi.

Annexe 2 Article L.223-30 (extrait) du Code de commerce – Chapitre III Des SARL

[…] les modifications (statutaires) sont décidées à la majorité des deux tiers des parts détenues par les associés présents ou représentés.

Annexe 3 Code de commerce – Chapitre III : des SARL (extraits)

Article L. 223-18 (extrait)

Dans les rapports avec les tiers, le gérant est investi des pouvoirs les plus étendus pour agir en toutes circonstances au nom de la société, sous réserve des pouvoirs que la loi attribue expressément aux associés. [...]

Article L. 223-22 (extrait)

Les gérants sont responsables, individuellement ou solidairement, selon le cas, envers la société ou envers les tiers, soit des infractions aux dispositions législatives ou réglementaires applicables aux sociétés à responsabilité limitée, soit des violations des statuts, soit des fautes commises dans leur gestion. [...]

Annexe 4 Article 1792 du Code civil (extrait)

Tout constructeur d'un ouvrage est responsable de plein droit, envers le maître ou l'acquéreur de l'ouvrage, des dommages, même résultant d'un vice du sol, qui compromettent la solidité de l'ouvrage ou qui, l'affectant dans l'un de ses éléments constitutifs ou l'un de ses éléments d'équipement, le rendent impropre à sa destination.

Annexe 5 Code des assurances (extraits)

Article L. 241-1

Toute personne physique ou morale, dont la responsabilité décennale peut être engagée sur le fondement de la présomption établie par les articles 1792 et suivants du Code civil, doit être couverte par une assurance. [...].

Article L. 241-2

Celui qui fait réaliser pour le compte d'autrui des travaux de construction doit être couvert par une assurance de responsabilité garantissant les dommages visés aux articles 1792 et 1792-2 du Code civil et résultant de son fait. [...]

Article L. 243-3

Quiconque contrevient aux dispositions des articles L. 241-1 à L. 242-1 du présent code sera puni d'un emprisonnement de six mois et d'une amende de 75 000 euros ou de l'une de ces deux peines seulement.

Annexe 6 D'après un arrêt de la Cour de cassation, 3e chambre civile, du 10 mars 2016

Attendu, selon l'arrêt attaqué (Aix-en-Provence, 4 juillet 2013), que M. et Mme Z... ont confié à la société Clé du Sud, ayant pour gérant M. X..., la construction de cinq chalets ; que, se plaignant de désordres de construction, les maîtres de l'ouvrage ont, après avoir obtenu la désignation d'un expert et une provision, assigné en indemnisation la société Clé du Sud, [...] et M. X... à titre personnel ;

Attendu que M. X... reproche à l'arrêt de l'avoir condamné à payer à M. et Mme Z... diverses sommes, alors que, pour lui, le défaut de souscription des assurances de dommage et de responsabilité constitutives d'une infraction pénale et caractérisant une abstention fautive imputable au dirigeant de la personne morale n'est **pas séparable des fonctions de dirigeant de cette personne morale** ; qu'en déclarant le contraire, la cour d'appel a violé les articles L. 223-22 du Code de commerce, L. 241-1, L. 242-1 et L. 243.-3 du Code des assurances ;

Mais attendu qu'ayant retenu que M. X..., gérant de la société Clé du Sud, qui n'avait pas souscrit d'assurance décennale, avait commis **une faute intentionnelle, constitutive d'une infraction pénale,** la cour d'appel en a exactement déduit qu'il avait commis une faute séparable de ses fonctions sociales et engagé sa responsabilité personnelle ;

PAR CES MOTIFS : REJETTE le pourvoi ;

Cahier méthodologique

SOMMAIRE des fiches

Fiche révision

1 Qualifier juridiquement une situation

Comprendre la consigne

Le sujet d'examen énonce une situation concrète décrite dans un langage courant. Il vous est demandé de la qualifier juridiquement. Cela signifie qu'il faut traduire cette situation dans un langage juridique. Cette étape permettra d'identifier les règles de droit générales applicables à cette situation particulière. Il faut donc commencer par une analyse rigoureuse des informations fournies dans le cas pratique.

Repérer les principales informations de la situation

Il s'agit de repérer les parties impliquées dans la situation, le lien juridique entre elles, les faits relatés et les éventuelles suites envisagées.

Éléments à repérer	Comment les repérer ?
Les parties impliquées dans la situation	Qui est impliqué ? Quels sont les acteurs ?
Le lien juridique	Quelle relation unit les acteurs de la situation ?
Les faits relatés	Qu'est-ce qu'il s'est passé ? Quelles sont les conséquences ?
Les suites, le dénouement	Y a-t-il une suite envisagée ?

Exemple

Pierre, microentrepreneur, propose des travaux d'élagage aux propriétaires chez qui l'accès est difficile. Le 25 juin 2016, il travaille en utilisant un nouveau harnais acheté chez son fournisseur, la société Attachetout, un producteur de matériel de sécurité. Malheureusement, au cours de l'élagage d'un grand pin, Pierre tombe. Les médecins diagnostiquent une fracture du tibia qui contraindra Pierre à l'inactivité durant 4 mois. L'examen du harnais révèle une rupture des coutures. Privé de revenus pendant 4 mois, Pierre recherche une solution pour être indemnisé.

Utiliser des termes juridiques pour qualifier la situation

Chacun des éléments doit ensuite être exprimé avec le bon terme juridique.

Éléments	Exemples de qualification
Parties impliquées	Employeur/salarié, vendeur/client, assureur/assuré...
Lien juridique	Contrat de travail, contrat de vente, contrat d'assurance, contrat de transport...
Faits	Défaut de conception, négligence... Accident d'automobile, attaque d'un chien errant, dégâts causés par des enfants... Dommages corporels, extrapatrimoniaux, matériels, patrimoniaux...
Suites	Le montant des réparations attribuées, l'exécution en nature du contrat...

Exemple

Éléments	Langage courant	Termes juridiques correspondants
Parties impliquées	Pierre La société Attachetout	Client, professionnel de l'élagage Société commerciale, produit du matériel de sécurité
Lien juridique	Achat d'un harnais	Contrat de vente
Faits	La rupture du harnais provoque la chute de Pierre	Un défaut du harnais entraîne la chute de Pierre et des dommages corporels et matériels (financiers)
Suites	Pierre veut être indemnisé	Pierre veut faire reconnaître la responsabilité de l'auteur du dommage et obtenir réparation

Rédiger de façon concise en utilisant les termes juridiques

Il faut se limiter aux informations indispensables et qui ont une conséquence juridique.

Exemple

Pierre, un professionnel de l'élagage, conclut un contrat de vente d'un harnais de sécurité avec un producteur de matériel de sécurité, la société Attachetout. Au cours d'une opération d'élagage, le harnais se rompt à cause d'un défaut des coutures. Pierre est victime d'un dommage extrapatrimonial, corporel : la fracture du tibia. Il subit un dommage patrimonial : la perte de ressources pendant 4 mois. Il veut engager une action en responsabilité contre le producteur.

EXERCICE 1 Repérer les principales informations de la situation

• **Dans la situation suivante, repérez les parties impliquées, le lien juridique et les faits relatés en les surlignant de couleurs différentes.**

M. Tournevis se rend dans la grande surface Bricoravi et y achète une perceuse. Il constate dès son premier usage qu'elle ne fonctionne pas.

EXERCICE 2 Repérer les termes juridiques

• **Soulignez dans la qualification suivante les termes juridiques utilisés.**

Johnny Bricot est salarié de l'entreprise Highlife, employeur. Il a conclu un contrat de travail à durée indéterminée (CDI). Il porte des vêtements décontractés mais son employeur s'y oppose. En effet, ce dernier estime que le caractère haut de gamme de la clientèle est incompatible avec ce type de tenue. Il menace Johnny de rompre le contrat de travail par un licenciement.

EXERCICE 3 Rédiger en utilisant des termes juridiques

• **Dans les exemples ci-dessous, choisissez la rédaction juridique qui vous semble la plus pertinente.**

Situation 1

- ❑ Kévin est ingénieur depuis 20 ans dans la société Case Pilote.
- ❑ Kévin est salarié en contrat à durée indéterminée de la société Case Pilote.
- ❑ Kévin travaille dans l'entreprise Case Pilote.

Situation 2

- ❑ Niels possède un appartement.
- ❑ Niels est propriétaire d'un appartement.
- ❑ Niels est propriétaire d'un bien immobilier.

Situation 3

- ❑ Robert, ingénieur, refuse de quitter Paris pour Fort-de-France malgré la demande de sa direction.
- ❑ Robert, ingénieur, prétend que la clause de mobilité insérée dans son contrat de travail n'est pas applicable pour une mutation de Paris à Fort-de-France.
- ❑ Robert, ingénieur, ne veut pas rejoindre son nouveau poste de travail malgré la clause de mobilité incluse dans son contrat de travail.

EXERCICE 4 Sélectionner les informations et rédiger de façon concise

• **Dans la situation ci-dessous, sélectionnez les informations importantes (parties impliquées, lien juridique, faits relatés et suites envisagées) et rédigez la qualification juridique.**

DOCUMENT

M. Simonet est boulanger-pâtissier à Neuville (88) et propose la livraison de ses produits à ses clients fidèles.
M. Simonet reçoit un appel de Mme Thierry, hôtelière, une cliente furieuse de n'avoir pas reçu sa livraison de viennoiseries à 7 heures comme prévu pour préparer les petits-déjeuners des clients de l'hôtel.
M. Lebras, salarié de la boulangerie chargé des livraisons, lui explique qu'il s'est perdu et qu'il y avait beaucoup de circulation.
Ce type de retard étant fréquent, M. Simonet envisage d'installer un dispositif de géolocalisation dans le véhicule de livraison. Ce dispositif permettrait de mieux contrôler les trajets de son salarié et de mieux répondre aux attentes des clients en donnant à l'employeur la possibilité de suivre la tournée du livreur en temps réel.
M. Lebras considère que cela constitue une atteinte à sa liberté individuelle. Il considère que l'important est que les livraisons soient faites en temps et en heure mais qu'il doit rester libre de l'organisation de sa tournée.

(Sujet Métropole septembre 2014)

Fiche révision

2 Formuler le problème de droit

Comprendre la consigne

Formuler le problème juridique, c'est traduire le cas proposé en une question juridique d'ordre général dont la solution découlera de règles de droit. Cette tâche suppose au préalable d'avoir qualifié les faits juridiquement.

Il est le plus souvent demandé de « formuler le problème juridique », mais on peut également vous demander d'« identifier le(s) problème(s) juridique(s) » ou d'« énoncer le(s) problème(s) juridiques », etc.

Généraliser

Les règles de droit sont générales et impersonnelles. Aucun texte juridique n'envisage précisément le cas de Pierre, élagueur professionnel qui à cause du défaut de son harnais a été victime d'un grave accident. Il faut donc :
– dépasser le cas concret et élargir la réflexion à tous les cas voisins, à toutes les affaires de même nature ;
– extrapoler, passer du particulier au général.

Exemple

La qualification juridique a été élaborée dans la Fiche 1 :

Pierre, un professionnel de l'élagage, conclut un contrat de vente d'un harnais de sécurité avec un producteur de matériel de sécurité, la société Attachetout. Au cours d'une opération d'élagage, le harnais se rompt à cause d'un défaut des coutures. Pierre est victime d'un dommage extrapatrimonial, corporel : la fracture du tibia. Il subit un dommage patrimonial : la perte de ressources pendant 4 mois. Il veut engager une action en responsabilité contre le producteur.

Termes de la qualification juridique	Termes juridiques élargis
Pierre, un professionnel de l'élagage La société Attachetout, un producteur de matériel de sécurité	La victime Le producteur
Le harnais et son défaut	Un produit défectueux
La rupture du harnais a provoqué des dommages graves demandant réparation	La mise en cause de la responsabilité du vendeur

Formuler le problème de droit

Il s'agit alors d'énoncer en termes concis, généraux, impersonnels, la question posée par la situation.

Exemple

La question pour le juriste est alors :
À quelles conditions la victime d'un produit défectueux peut-elle engager la responsabilité du producteur ?
OU
Comment la victime d'un produit défectueux peut-elle engager la responsabilité du producteur ?

La question juridique qui se pose est le point de départ d'un raisonnement fondé sur textes juridiques (loi, règlements, contrats).

Quelques exemples de problèmes de droit

Exemple

– Le gérant d'une SARL peut-il cumuler ses fonctions de gérant avec un contrat de travail ?
– Toute forme d'erreur de la part d'un contractant entraîne-t-elle la nullité de son contrat ?
– La clause limitative de responsabilité d'un contrat conclu entre deux professionnels est-elle une clause abusive ?
– Un employeur est-il en droit de pratiquer des différences de rémunération entre hommes et femmes ? *(Sujet 2014)*
– Quelles sont les conséquences de la violation d'une clause de non-concurrence par un salarié ? *(Sujet 2016)*

EXERCICE 1 Généraliser

1. Traduisez les termes de la qualification juridique en termes juridiques élargis.

2. Déduisez-en le problème de droit posé.

Termes de la qualification juridique	Termes juridiques élargis
Adel, propriétaire d'un Kebab La société Everypizza, professionnel vendeur de pizzas	…………………… ……………………
Adel souffre du dénigrement et des propos malveillants que diffuse son voisin et concurrent Everypizza, qui le discréditent auprès de ses clients.	…………………… ……………………
Le nombre de ses clients et son chiffre d'affaires diminuent. Adel veut obtenir réparation.	…………………… ……………………

Le problème de droit est : ……………………

EXERCICE 2 Formuler le problème de droit

• **À partir des qualifications juridiques suivantes, formulez le problème juridique posé par chaque situation.**

Faits qualifiés juridiquement	Problème juridique
Lee, vendeur chez un grand joaillier parisien, veut se faire tatouer un signe maori sur ses joues. Le directeur menace de le licencier s'il le fait.	…………………… ……………………
Louise, salariée de l'entreprise Rattu, envisage de créer seule sa propre entreprise en protégeant l'appartement qu'elle occupe en étant propriétaire.	…………………… ……………………
Antoine, régulièrement embauché en CDD par l'entreprise ARDG, considère que ces nombreux contrats lui permettent de revendiquer l'existence d'un CDI entre l'employeur et lui-même.	…………………… …………………… ……………………
Isabelle Ducosse a mis en place un système de vidéosurveillance dans les locaux de son entreprise à l'insu de son personnel.	…………………… ……………………
Yannis a commandé une voiture à crédit. Après avoir refait ses comptes, il a souhaité annuler son contrat qui ne mentionnait pas la faculté de rétractation.	…………………… ……………………
Jean-Jacques, victime d'un jet de pierre lui ayant causé une blessure au visage, pense mettre en œuvre la responsabilité civile extracontractuelle des parents de l'enfant imprudent ayant lancé la pierre.	…………………… …………………… ……………………

3 Identifier la ou les règles juridiques applicables

Comprendre la consigne

Pour résoudre le problème juridique posé par la situation du sujet, vous devez repérer la ou les règles générales qui vont pouvoir s'appliquer au cas. Ces règles sont généralement rappelées dans les annexes.

Il peut s'agir d'articles de loi (Code civil, Code du travail, Code pénal...), d'extraits de contrats (de travail, de vente...), d'extraits de décisions de justice (arrêts de la cour d'appel ou de la Cour de cassation), etc.

Identifier les règles propres à résoudre le problème juridique posé

Identifier les règles applicables consiste à reconnaître ou distinguer les éléments relatifs au cas proposé.

1. Repérer les mots clés du problème juridique

Les mots clés sont autant de jalons pour trouver la solution. Il peut s'agir de termes juridiques qui guident vers le domaine du droit concerné (ex. : responsabilité, producteur, produit défectueux), mais également des éléments qui précisent les points à examiner dans le cadre juridique retenu (ex. : conditions [de la responsabilité]). Il est donc essentiel d'avoir bien formulé le problème juridique préalablement.

Exemple

Le problème de droit a été formulé dans la Fiche 2 :

À quelles conditions la victime d'un produit défectueux peut-elle engager la responsabilité du producteur ?

2. Les mettre en relation avec les informations utiles dans les documents fournis

Cela conduit à rattacher les éléments de la documentation à chacun des mots clés.

Exemple

Le principe de la responsabilité

La définition juridique du produit défectueux

La définition juridique du producteur

La preuve de la responsabilité

DOCUMENT

Code civil – Article 1245

Le producteur est responsable du dommage causé par un défaut de son produit, qu'il soit ou non lié par un contrat avec la victime.

Extrait d'un commentaire de la Cour de cassation

Le défaut, fait générateur de la responsabilité de plein droit du fabricant ou producteur du produit concerné, est exclusivement un défaut de sécurité, celle à laquelle on peut légitimement s'attendre [...], à l'égard des personnes ou des biens [...]. Il peut s'agir d'un défaut intrinsèque [...] d'une caractéristique ou d'une propriété telles que le produit n'offre pas la sécurité que l'on peut attendre [...], compte tenu de l'usage qui peut en être raisonnablement prévu. [...]

Code civil – Article 1245-5

Est producteur, lorsqu'il agit à titre professionnel, le fabricant d'un produit fini, le producteur d'une matière première, le fabricant d'une partie composante. [...]

Code civil – Article 1245-8

Le demandeur doit prouver le dommage, le défaut et le lien de causalité entre le défaut et le dommage.

EXERCICE Identifier les règles juridiques applicables

- **Affectez à chacun des problèmes juridiques posés la ou les règle(s) juridique(s) appropriée(s).**

PROBLÈMES JURIDIQUES

A. L'exploitant d'un commerce peut-il imposer la fouille des sacs de ses clients par ses vendeurs à l'entrée de son magasin ?

B. Un chef d'entreprise peut-il imposer une tenue vestimentaire à ses salariés ?

C. Un chef d'entreprise peut-il installer des caméras dans la salle de pause pour surveiller ses salariés ?

D. L'époux divorcé et déchu de l'autorité parentale peut-il être mis en cause si son enfant mineur blesse un camarade de jeu par imprudence ?

E. Peut-on contester le comportement d'un transporteur livrant un meuble et prétendant ne pas être tenu de le décharger du camion et de l'installer dans la maison de l'acheteur ?

F. La vente faite par un antiquaire à un client naïf peut-elle être contestée dès lors qu'il lui a vendu pour authentique une commode copiant le style Louis XV ?

G. Le commerçant peut-il imposer la vente d'un bien à un client qui revient sur sa commande pourtant confirmée par le versement du tiers du prix ?

RÈGLES DE DROIT

1. Article 1130 du Code civil
L'erreur, le dol et la violence vicient le consentement lorsqu'ils sont de telle nature que, sans eux, l'une des parties n'aurait pas contracté ou aurait contracté à des conditions substantiellement différentes. [...]

2. Article 9 du Code civil
Chacun a droit au respect de sa vie privée. [...]

3. Article L. 613-2 du Code de la sécurité intérieure
Les personnes physiques exerçant l'activité [de surveillance] mentionnée à l'article L. 611-1 peuvent procéder à l'inspection visuelle des bagages et, avec le consentement de leur propriétaire, à leur fouille. [...]

4. Article 1194 du Code civil
Les contrats obligent non seulement à ce qui y est exprimé, mais encore à toutes les suites que leur donnent l'équité, l'usage ou la loi.

5. Article L. 214-1 du Code de la consommation
Sauf stipulation contraire, pour tout contrat de vente ou de prestation de services conclu entre un professionnel et un consommateur, les sommes versées d'avance sont des arrhes. [...] Dans ce cas, chacun des contractants peut revenir sur son engagement, le consommateur en perdant les arrhes, le professionnel en les restituant au double.

6. Article 1242 du Code civil
On est responsable non seulement du dommage que l'on cause par son propre fait, mais encore de celui qui est causé par le fait des personnes dont on doit répondre [...]. Le père et la mère, en tant qu'ils exercent l'autorité parentale, sont solidairement responsables du dommage causé par leurs enfants mineurs habitant avec eux.

7. Article L. 1121-1 du Code du travail
Nul ne peut apporter aux droits des personnes et aux libertés individuelles et collectives de restrictions qui ne seraient pas justifiées par la nature de la tâche à accomplir ni proportionnées au but recherché.

8. Article 1240 du Code civil
Tout fait quelconque de l'homme, qui cause à autrui un dommage, oblige celui par la faute duquel il est arrivé à le réparer.

9. Article 1131 du Code civil
Les vices du consentement sont une cause de nullité relative du contrat.

4 Indiquer la ou les solutions juridiques possibles et rédiger la réponse

Appliquer les règles pour dégager la solution juridique

Appliquer les règles consiste à les utiliser, c'est-à-dire faire précisément correspondre les règles générales que vous avez identifiées avec le cas particulier de la situation. Il faut comprendre les éléments de droit des documents et vérifier leur adéquation à la situation concrète. Ce rapprochement va construire une argumentation juridique qui doit conclure sur une réponse, soit positive (les conditions sont réunies, par exemple X est responsable), soit négative (les conditions ne sont pas remplies, par exemple la responsabilité de X n'est pas engagée).

Exemple

Documents de référence	Cas particulier
Peut-on dire que le harnais de Pierre est un produit défectueux ?	
Extrait d'un commentaire de la Cour de cassation – Le défaut [...] est exclusivement un défaut de sécurité, celle à laquelle on peut légitimement s'attendre [...], à l'égard des personnes ou des biens [...]. Il peut s'agir d'un défaut intrinsèque [...] d'une caractéristique ou d'une propriété telles que le produit n'offre pas la sécurité que l'on peut attendre [...], compte tenu de l'usage qui peut en être raisonnablement prévu. [...]	La rupture du harnais a conduit à la chute de Pierre, laquelle a entraîné une fracture. Le produit n'a pas offert la sécurité à laquelle Pierre pouvait s'attendre. → On peut donc bien dire que le harnais de Pierre est un produit défectueux.
Peut-on dire que la société Attachetout est un producteur ?	
Article 1245-5 – Un producteur est, lorsqu'il agit à titre professionnel, le fabricant d'un produit fini, ou d'une matière première ou d'une partie composante.	Le vendeur qui a lui-même fabriqué le harnais est un producteur au sens juridique. → La société Attachetout est donc bien un producteur.
Peut-on dire que la société Attachetout est responsable du dommage ?	
Article 1245 – Le producteur est responsable du dommage causé par un défaut de son produit, peu importe qu'il soit lié ou non par un contrat avec la victime.	La société Attachetout est bien le producteur du harnais. → La société Attachetout est donc responsable du dommage. C'est une responsabilité de plein droit.
Pierre peut-il prouver la responsabilité de la société Attachetout ?	
Article 1245-8 – Le demandeur doit prouver le dommage, le défaut et le lien de causalité entre le défaut et le dommage.	La rupture du harnais est la cause de la chute et des blessures de Pierre. Sans rupture du harnais, pas de chute et pas de blessures. Le lien de causalité est incontestable. → Pierre peut donc prouver la responsabilité de la société Attachetout.

▶ **Conclusion :** La responsabilité du producteur est engagée, alors même qu'aucune faute ne peut lui être imputée. Il doit assumer les conséquences de la mise sur le marché d'un produit qui a occasionné des dommages corporels à l'utilisateur dans le cadre d'une responsabilité extracontractuelle.

Rédiger la réponse

La solution doit découler d'un raisonnement. L'utilisation des mots ou d'expressions de liaison tels que « or, mais, donc, par conséquent, il en résulte, etc. » est un soutien nécessaire à l'énoncé de la solution.

Votre réponse devra comporter plusieurs parties :

1. le résumé des faits à l'origine du problème ;
2. la présentation des éléments de droit applicables ;
3. la mise en correspondance du droit avec les faits ;
4. la déduction de la solution.

EXERCICE 1 Appliquer une règle de droit

• **Retrouvez quelle règle de droit a été appliquée pour chacun des cas particuliers ci-dessous.**

RÈGLE DE DROIT	CAS PARTICULIER
A. Article 1103 du Code civil Les contrats légalement formés tiennent lieu de loi à ceux qui les ont faits. •	• **1.** Louise a accidentellement brisé un vase de grande valeur chez la personne qui l'emploie pour faire le ménage. Elle doit assumer sa responsabilité.
B. Article L. 221-18 du Code de la consommation Le consommateur dispose d'un délai de quatorze jours pour exercer son droit de rétractation d'un contrat conclu à distance, à la suite d'un démarchage téléphonique ou hors établissement, sans avoir à motiver sa décision [...]. •	• **2.** Jean-Jacques peut contester en justice la mise à pied disciplinaire dont il fait l'objet. En effet, son employeur ne lui a pas fait savoir par écrit le motif de la sanction qui lui est infligée.
C. Article L. 1332-1 du Code du travail Aucune sanction ne peut être prise à l'encontre du salarié sans que celui-ci soit informé, dans le même temps et par écrit, des griefs retenus contre lui. •	• **3.** S'il en est fait mention dans les termes de son bail, le locataire d'un appartement ne peut pas contester son obligation de payer les charges du garage mis à sa disposition au prétexte qu'il n'a pas de voiture.
D. Article 1241 du Code civil Chacun est responsable du dommage qu'il a causé non seulement par son fait, mais encore par sa négligence ou par son imprudence. •	• **4.** Rachel est associée avec son frère dans une société en nom collectif, qui, du fait de ses difficultés, est incapable de rembourser un prêt bancaire. Le banquier peut exiger le paiement de sa créance en poursuivant Rachel.
E. Article L. 221-1 du Code de commerce Les associés en nom collectif ont tous la qualité de commerçant et répondent indéfiniment et solidairement des dettes sociales. Les créanciers de la société ne peuvent poursuivre le paiement des dettes sociales contre un associé, qu'après avoir vainement mis en demeure la société par acte extrajudiciaire. •	• **5.** L'entreprise de vente en ligne Nemo a reçu le bordereau de rétractation d'un client qui a passé commande d'un canapé huit jours auparavant. Le client peut se dédire.

EXERCICE 2 Rédiger la solution juridique

• **Complétez l'analyse de la situation énoncée ci-dessous en rédigeant la conclusion juridique.**

Zélia a été licenciée au prétexte qu'elle est arrivée deux fois en retard – de quelques minutes – à son travail. Ces incidents se sont déroulés sur une période d'un an.

La loi précise que tout licenciement pour motif personnel doit être fondé sur une cause réelle et sérieuse. Si l'employeur ne respecte pas cette règle, le salarié peut obtenir une indemnité pour licenciement sans cause réelle et sérieuse.

Ici, la réalité des retards de la salariée est incontestable, mais au regard de la période durant laquelle ils ont été relevés et de l'ampleur très limitée de ces retards, il apparaît que la cause du licenciement n'est pas sérieuse.

...

Fiche révision

5 Exploiter les documents juridiques : le contrat

La situation juridique du sujet d'examen peut impliquer d'analyser une relation contractuelle et proposer un ou des extraits de contrats en annexe. L'identification des éléments clés du contrat pourra vous aider à qualifier juridiquement la situation, à formuler le problème de droit et/ou à indiquer la solution juridique possible.

Identifier les éléments clés d'un contrat

LE TYPE DE CONTRAT
Exemples : contrat de travail, contrat de vente...

LES PARTIES DU CONTRAT
Sont cités ici les parties concernées, leur nom et leur qualité en droit.
Exemples : salarié/employeur, fournisseur/distributeur, vendeur/acheteur...

L'OBJET DU CONTRAT
Dans cette partie est détaillé plus précisément le contenu du contrat.
Il s'agit ici d'un CDD aux fins de remplacement d'une salariée en congé maternité.

LES CLAUSES GÉNÉRALES
Cette partie précise les obligations des différentes parties :
– obligations de la salariée
– obligations de l'employeur

LES CLAUSES PARTICULIÈRES
Exemples : clause de mobilité, droit à l'indemnité de précarité, clause de non-concurrence, clause de réserve de propriété...

LA SIGNATURE DU CONTRAT
À la fin du contrat, on trouve les lieu, date et signatures des parties.

Contrat de travail à durée déterminée

Entre les soussignés :
La société CIENNE SA, au capital de 40 000 euros, immatriculée au Registre du Commerce et des sociétés sous le numéro 854456982 RCS Annonay
Dont le siège social est situé à Annonay, 14 bd Général-de-Gaulle (07100)
Représentée par M. Alain PERDEAU, directeur des ressources humaines
Ci-après dénommé l'employeur, d'une part,
Et
Mlle Sylvie BAILE, de nationalité française
Demeurant 26 rue Mallarmé à Annonay (07100)
Ci-après dénommée la salariée, d'autre part,
Il a été arrêté et convenu ce qui suit :

Article 1 : Objet du contrat – Engagement
La salariée est engagée en vue de remplacer Mme Juliette SYLVAIN, comptable, en congé maternité à compter du 1er octobre 2017. Le présent contrat est conclu pour une durée minimale de 90 jours. Si l'absence de la salariée devait se prolonger au-delà de cette période, la fin du contrat serait fixée au retour de Mme SYLVAIN.

Article 2 : Fonctions et attributions
La salariée est engagée en qualité de comptable et exercera les fonctions d'adjoint au chef comptable.

Article 3 : Période d'essai
Il est convenu entre les parties au contrat de travail une période d'essai de 8 jours, au cours de laquelle chacune des parties pourra rompre le contrat sans indemnité et sans avoir à motiver sa décision.

Article 4 : Lieu du contrat
La salariée exercera ses fonctions au siège social de l'entreprise situé à Annonay.

Article 5 : Rémunération
En contrepartie de son activité, la salariée percevra une rémunération mensuelle brute de 1 950 euros pour une durée hebdomadaire de travail de 35 heures.

Article 7 : Congés payés
La salariée bénéficiera des congés payés calculés selon les règles appliquées aux autres salariés de la société, soit actuellement sur la base de 30 jours par an. Si elle n'a pu prendre ses congés payés, la salariée bénéficiera d'une indemnité compensatrice versée en fin de contrat.

Article 8 : Clause de mobilité
Selon les besoins de l'entreprise, la salariée accepte d'avance une éventuelle mutation vers l'établissement de la société CIENNE situé à Clermont-Ferrand.

Article 9 : Fin du contrat
Au terme de son contrat, le salarié percevra une indemnité de précarité égale à 1/10e des salaires bruts de la période de travail.

Fait à Annonay (07100), le 30 septembre 2017, en deux originaux.
Signatures de l'employeur, de la salariée,

EXERCICE 1 Identifier le type de contrat et les parties concernées

• **Dans les exemples suivants, indiquez de quel type de contrat il s'agit et qualifiez juridiquement les parties concernées.**

Situation	Type de contrat	Qualification juridique des parties
Kévin est recruté comme vendeur chez Auchan.		
Antoine a pris en location un studio appartenant à Jean.		
Robert est recruté comme directeur général d'une firme internationale.		
Louis a pris son billet SNCF pour se rendre à Paris.		
La SA Frutafreda et la société Icix ont conclu un contrat de distribution de glaces.		
L'entreprise Airbus a vendu 250 A320neo à la compagnie indienne IndiGo.		

EXERCICE 2 Repérer les éléments clés et les effets d'un contrat

Dans le contrat donné en document :

1. **Identifiez le type de contrat, les parties en présence, les obligations respectives et les clauses particulières.**
2. **Que se passera-t-il si l'acheteur ne paye pas aux échéances convenues ?**

DOCUMENT

Contrat de vente d'un véhicule d'occasion (extraits)

Entre M. Jules Andruet
(Adresse)

et la société Expo Sport Auto
(Adresse)

Modèle vendu : Maserati, type Granturismo, 4,7 l. V8S – année 2013
(caractéristiques détaillées)

Prix : 74 000 €

Garantie commerciale : Pièces et main-d'œuvre – 1 an

Paiement : en 3 fois : 24 000 € à la livraison, 25 000 € à deux mois d'échéance et 25 000 € à trois mois d'échéance.

Livraison du véhicule : après le 1er versement de 24 000 € par l'acheteur.

Clauses particulières :

1. Le vendeur se réserve la propriété du bien désigné jusqu'au paiement intégral du solde de son prix aux échéances convenues. À défaut de paiement de la somme restant due, le vendeur pourra reprendre le véhicule et la vente sera résolue de plein droit si bon semble au vendeur.

2. La voiture restera la propriété du vendeur jusqu'au paiement intégral, mais l'acheteur en deviendra responsable dès sa remise matérielle, le transfert de possession entraînant celui des risques. L'acheteur s'engage, en conséquence, à souscrire, dès à présent, un contrat d'assurance contre les risques de vol, perte ou destruction du véhicule désigné au présent contrat.

[...]

6 Exploiter les documents juridiques : comprendre la décision de justice

Le sujet d'examen peut proposer en annexe un ou plusieurs extraits de décision de justice. Comprendre les éléments clés de ces textes pourra vous aider à identifier les règles de droit applicables à la situation et à indiquer la solution juridique possible.

Situer la décision de justice dans les étapes d'un procès

La décision peut être une réponse à d'autres décisions antérieures. Il faut donc repérer de quelle juridiction elle émane, et donc à quelle étape du procès on se situe.

Exemple

Un magazine de la presse people publie, sans son autorisation, des photos d'une célébrité dans une situation peu avantageuse. La star décide de saisir la justice pour obtenir réparation de son préjudice.

TRIBUNAL DE GRANDE INSTANCE

La célébrité contre le magazine
→ **Jugement** : Indemnise la célébrité

Le magazine fait appel

COUR D'APPEL (CA)

Le magazine contre la célébrité
→ **Arrêt :** Indemnise la célébrité

Le magazine forme un pourvoi en cassation

COUR DE CASSATION

Le magazine contre la Cour d'appel

Deux possibilités

Arrêt de cassation
→ Casse l'arrêt de la cour d'appel : l'affaire doit être rejugée par une autre cour d'appel

OU

Arrêt de rejet
→ Rejette le pourvoi (approuve la décision de la cour d'appel) : fin du procès

Identifier la décision de la Cour de cassation dans un arrêt

Les arrêts de la Cour de cassation sont composés de plusieurs paragraphes, comportant chacun une information distincte, et retracent l'historique de l'affaire. La structure des arrêts varie selon qu'il s'agit d'un **arrêt de cassation** ou d'un **arrêt de rejet**.

ARRÊT DE CASSATION	ARRÊT DE REJET
Énoncé de la règle de droit *Vu...*	
Exposé des faits *Attendu* → Faits *Attendu que* → Raisonnement de la CA	**Exposé des faits** *Attendu* → Faits *Attendu que* → Raisonnement du pourvoi
Argumentation de la Cour de cassation *Qu'en statuant ainsi, qu'en se déterminant...*	**Argumentation de la Cour de cassation** *Mais attendu que...*
Solution de la Cour de cassation CASSE ET ANNULE	**Solution de la Cour de cassation** REJETTE

Identifier les éléments clés d'un arrêt de cassation

Arrêt de la Cour de cassation du 12 juillet 2016, Chambre commerciale

ÉNONCÉ DE LA RÈGLE DE DROIT
Sont énoncés ici le ou les textes sur lesquels la Cour de cassation fonde sa décision.

Sur le moyen unique :

> Un **moyen** est un « argument » de l'auteur du pourvoi, c'est-à-dire de celui qui, insatisfait de la décision précédente, a saisi la Cour de cassation d'un « pourvoi ».

Vu l'article 1150 du Code civil*, ensemble l'article L. 133-8 du Code de commerce ;

EXPOSÉ DES FAITS
Rappel des faits
La Cour de cassation rappelle les faits tels qu'elle les tient de la juridiction précédente. Les faits énoncés nous permettent de comprendre pourquoi une histoire banale a fini devant les tribunaux et ce que le demandeur réclame au défendeur qui ne se laisse pas faire…

Décision et arguments de la juridiction précédente
La décision attaquée est clairement exprimée ainsi que ses motifs.

> Mot introductif des paragraphes d'une décision de justice

Attendu, selon l'arrêt attaqué, que la société Sun Riviera a, le 28 octobre 2010, confié à la société Alpes Maritimes Express l'acheminement d'un dossier de soumission à un appel d'offres à destination de Paris ; qu'invoquant la remise tardive du dossier le 2 novembre 2010 dans l'après-midi, après la clôture de l'appel d'offres, la société Sun Riviera a assigné la société Alpes Maritimes Express en paiement de dommages-intérêts, au titre de la perte de chance de remporter l'appel d'offres ; que la société Alpes Maritimes Express a opposé la limitation de l'indemnisation prévue par l'article 22.3 du contrat. […]

Attendu que, pour écarter la limitation de responsabilité, l'arrêt constate que la société Alpes Maritimes Express s'engageait, selon ses documents publicitaires, à livrer à Paris le vendredi après-midi les plis qui lui étaient remis la veille, comme en l'espèce, et constate que l'enveloppe mentionnait clairement qu'elle contenait une soumission à un marché à exécuter à Menton et comportait l'adresse exacte du destinataire dans le quinzième arrondissement de Paris ;

ARGUMENTATION DE LA COUR DE CASSATION
La Cour de cassation indique pourquoi elle censure la décision attaquée : elle énonce ses arguments.

Qu'en se déterminant par de tels motifs, impropres à caractériser la faute inexcusable du transporteur, laquelle est une faute délibérée impliquant la conscience de la probabilité du dommage et son acceptation téméraire sans raison valable, la cour d'appel n'a pas donné de base légale à sa décision ;

PAR CES MOTIFS :

> À la fin des **arguments** de la Cour

SOLUTION DE LA COUR DE CASSATION
La Cour de cassation indique ici si elle casse l'arrêt de la cour d'appel ou si elle rejette le pourvoi.

CASSE ET ANNULE, en toutes ses dispositions, l'arrêt rendu le 17 avril 2014, entre les parties, par la cour d'appel d'Aix-en-Provence ; remet, en conséquence, la cause et les parties dans l'état où elles se trouvaient avant ledit arrêt et, pour être fait droit, les renvoie devant la cour d'appel de Nîmes ;

> **Décision** de la Cour de cassation : censure de la juridiction précédente

*Aujourd'hui article 1231-3.

EXERCICE 1 Identifier les éléments d'un arrêt de cassation

1. Dans l'arrêt suivant, identifiez en surlignant de couleurs différentes : la partie à l'origine du pourvoi, les arguments de la juridiction précédente, les motifs retenus par la Cour de cassation, la solution retenue.
2. Indiquez quelle sera la suite de la procédure.

DOCUMENT

Cour de cassation – chambre sociale – 8 février 2017 (extrait)
[...] Sur le premier moyen du pourvoi de la salariée [...] :
Vu l'article L. 3123-17 du Code du travail [...] ;
Attendu que pour débouter la salariée de sa demande de requalification de son contrat de travail à temps partiel en temps complet, l'arrêt retient par motifs adoptés que l'avenant conclu entre les parties stipulait expressément un passage provisoire à temps complet jusqu'au 14 août 2014, puis à compter de cette date le retour aux horaires antérieurs, soit 16 heures par semaine ;
Qu'en statuant ainsi, alors qu'il résultait de ses propres constatations que les heures effectuées par la salariée en exécution de son avenant avaient eu pour effet de porter la durée hebdomadaire du travail de celle-ci, employée à temps partiel, au niveau de la durée légale, la cour d'appel a violé le texte susvisé ; [...]
PAR CES MOTIFS ; CASSE ET ANNULE [...] l'arrêt rendu le 10 septembre 2015, entre les parties, par la cour d'appel de Paris. [...]

EXERCICE 2 Identifier les éléments d'un arrêt de rejet

1. Dans l'arrêt suivant, identifiez en surlignant de couleurs différentes : les parties à l'origine du pourvoi, les faits à l'origine du litige, la décision de la cour d'appel et ses arguments, les arguments de la Cour de cassation.
2. Indiquez quel sera l'état de la procédure après cet arrêt.

DOCUMENT

Cour de cassation – 3e chambre civile – 9 février 2017 (extrait)
Attendu, selon l'arrêt attaqué (Aix-en-Provence, 18 juin 2015), que Mme B... est propriétaire d'une parcelle située en contrebas de la parcelle appartenant à M. et Mme X... ; que Mme B... a assigné ces derniers [...] en réparation du préjudice consécutif à des éboulements de rochers et de terres sur le chantier de construction de sa maison et à l'effondrement de la voie d'accès ; [...]
Attendu que M. et Mme X... font grief à l'arrêt de dire qu'ils sont responsables pour moitié des conséquences dommageables relatives à l'effondrement de la voie d'accès ;
Mais attendu qu'ayant relevé que les eaux qui s'infiltraient sous la voie d'accès depuis 14 ans provenaient de la pluie, de la vidange de piscine, [...] la cour d'appel [...] en a exactement déduit que leur responsabilité était engagée pour partie [...] ;
D'où il suit que le moyen n'est pas fondé ; [...]
PAR CES MOTIFS : REJETTE le pourvoi [...].

EXERCICE 3 Comprendre une décision de justice

En vous appuyant sur les documents des exercices 1 et 2, répondez aux questions suivantes :

1. Dans ces deux arrêts, les demandeurs au pourvoi avaient perdu en appel. ❑ Vrai ❑ Faux
2. Les décisions de la Cour de cassation sont toujours des arrêts de cassation. ❑ Vrai ❑ Faux
3. Après un arrêt de la Cour de cassation, l'affaire est toujours rejugée sur le fond. ❑ Vrai ❑ Faux
4. La formule « arrêt attaqué » renvoie à la décision de la cour d'appel critiquée. ❑ Vrai ❑ Faux
5. « Faire grief à un arrêt » est synonyme de « attaquer un arrêt ». ❑ Vrai ❑ Faux

A

- **Abus de position dominante :** comportement d'une entreprise profitant de sa position dominante sur le marché pour fausser le jeu de la concurrence.
- **Accord collectif :** accord conclu entre un employeur (ou des groupements patronaux) et des organisations syndicales représentatives de salariés, portant sur un point particulier des conditions de travail (accord salarial, accord sur la formation professionnelle continue, etc.).
- ***Affectio societatis* :** désigne l'intention de s'associer, la volonté de collaborer à l'œuvre commune. Les associés ne se considèrent plus comme des rivaux qui se disputent un bien mais comme des compagnons ayant un intérêt commun. On est frère en société.
- **AGE (assemblée générale extraordinaire) :** réunion des associés d'une société pour modifier les statuts de ladite société.
- **AGO (assemblée générale ordinaire) :** réunion des associés d'une société dans un but autre que de modifier les statuts de ladite société. L'AGO, réunie au moins une fois par an, approuve les comptes, répartit les bénéfices et nomme les dirigeants, notamment.
- **Aménagement du temps de travail :** dispositif permettant, par voie d'accord collectif, d'organiser le temps de travail autrement que sur la semaine : la durée du travail reste fixée à une moyenne de 35 heures par semaine, mais avec des périodes de semaines plus courtes et des périodes de semaines plus longues, les unes compensant les autres.
- **Apports :** biens que les associés mettent à la disposition de la société en vue de l'exploitation commune et en contrepartie desquels ils reçoivent des droits sociaux (parts ou actions) soumis aux aléas de la société. Les apports contribuent (à l'exception des apports en industrie) à la constitution du capital.
- **Apport en industrie :** mise à la disposition de la société par un associé de ses connaissances techniques, de son travail, de ses services. Ce type d'apport ne concourt pas à la formation du capital de la société.
- **Apport en nature :** bien autre que de l'argent qui peut être évalué en argent et cédé à la société par un associé.
- **Apport en numéraire :** somme d'argent apportée à la société par un associé.
- **Associés :** personnes physiques ou morales regroupées dans une société.
- **Assurance :** contrat prévoyant d'indemniser l'assuré en cas de survenance d'un risque défini contre paiement d'une cotisation ou de primes.
- **Astreinte :** décision judiciaire obligeant l'auteur d'un dommage à payer une somme d'argent à la victime aussi longtemps que la réparation du dommage en nature n'est pas exécutée.
- **Autorité de la concurrence :** autorité administrative indépendante spécialisée dans la régulation du fonctionnement de la concurrence sur les marchés.

B

- **Brevet :** titre délivré par l'Institut national de la propriété industrielle (INPI) à l'auteur d'une invention, lui accordant un monopole d'exploitation.

C

- **Clause de confidentialité :** clause du contrat de travail interdisant au salarié de révéler des informations sensibles concernant son entreprise.
- **Clause de mobilité :** clause du contrat de travail prévoyant à l'avance une éventuelle mutation du salarié.
- **Clause de non-concurrence :** clause du contrat de travail qui interdit au salarié quittant l'entreprise de faire concurrence à son ancien employeur, soit en s'installant à son compte, soit en se faisant embaucher par un concurrent.
- **Clémence :** mesure qui permet aux autorités nationales de concurrence de détecter, de faire cesser ou de réprimer les ententes en contrepartie d'un traitement favorable accordé aux entreprises qui en dénoncent l'existence et qui coopèrent à la procédure engagée à leur sujet.
- **Comité d'entreprise :** institution représentative du personnel, obligatoire à partir de 50 salariés, disposant de deux types d'attributions : d'une part, la gestion des œuvres sociales, culturelles, sportives de l'entreprise, d'autre part, l'information et la consultation en matière économique et sociale.
- **Commission d'examen des pratiques commerciales :** commission qui a pour mission de donner des avis sur les pratiques concernant les relations commerciales entre producteurs, fournisseurs, revendeurs qui lui sont soumises. Elle exerce un rôle d'observatoire régulier de ces pratiques.
- **Commission-affiliation :** contrat par lequel une personne (le commissionnant) accepte de mettre sa marque, ses procédés de fabrication, ses produits à la disposition d'une autre personne (le commissionnaire). Le commissionnant reste propriétaire du stock et le commissionnaire reçoit un pourcentage sur les ventes.
- **Concentration :** processus de rapprochement, de prise de contrôle ou de réunion de plusieurs entreprises entraînant une diminution du nombre des offreurs sur le marché.
- **Concession :** contrat par lequel une entreprise (le concessionnaire) s'engage à distribuer les produits d'une autre entreprise (le concédant) qui lui garantit en général une exclusivité territoriale. Il n'y a ni droit d'entrée ni redevances.
- **Concurrence déloyale :** pratique commerciale consistant à capter ou à tenter de capter la clientèle d'un concurrent par des moyens illicites.
- **Congés payés :** période de repos durant laquelle le salarié est rémunéré.
- **Contrat de société :** contrat constitutif de la société ou statuts de la société (voir *Société*).
- **Contrat de travail :** contrat par lequel une personne fournissant une prestation de travail (le salarié) obtient en échange une rémunération de celui sous la subordination duquel le travail est exécuté (l'employeur).

- **Contrat de travail à durée déterminée :** contrat de travail dont le terme est fixé lors de sa conclusion.
- **Contrat de travail à durée indéterminée :** contrat de travail dont le terme n'est pas fixé et dont l'interruption résulte de causes spécifiques : démission du salarié, licenciement par l'employeur, rupture conventionnelle homologuée par l'Administration, etc.
- **Contrat de travail temporaire :** contrat de travail conclu entre un salarié intérimaire et l'entreprise de travail temporaire qui le met à disposition d'une entreprise utilisatrice.
- **Contrefaçon :** délit pénal constitué par l'imitation, plus ou moins fidèle, d'un signe distinctif d'une entreprise, en particulier d'une de ses marques déposées à l'INPI.
- **Convention collective :** accord conclu entre un employeur (ou des groupements patronaux) et des organisations syndicales représentatives de salariés, en vue de fixer en commun les conditions de travail, d'emploi et les garanties sociales des salariés.

D

- **Délégué du personnel :** salarié élu dans toute entreprise d'au moins 11 salariés, chargé de présenter à l'employeur les réclamations individuelles et collectives de ses collègues.
- **Délégué syndical :** salarié désigné par un syndicat pour le représenter dans l'entreprise et y exercer deux activités principales : la présentation des revendications et la négociation des accords d'entreprise avec l'employeur.
- **Démission :** rupture du contrat de travail à durée indéterminée, décidée unilatéralement par le salarié.
- **Dénigrement :** fait constitutif de concurrence déloyale consistant à dire du mal d'un concurrent, de ses activités ou de ses produits.
- **Dénomination sociale :** appellation sous laquelle une société est enregistrée au registre du commerce et des sociétés (RCS).
- **Désorganisation :** fait constitutif de concurrence déloyale consistant à mettre en œuvre des moyens illicites d'affaiblissement d'une entreprise concurrente (exemple type : le débauchage de salarié).
- **Dessin ou modèle :** figure à deux dimensions (dessin) ou à trois dimensions (modèle) permettant de représenter un produit original dont la protection contre les copies est assurée au profit de son créateur.
- **Dirigeant social :** mandataire social désigné par l'assemblée des associés d'une société pour assurer la gestion et la représentation de ladite société.
- **Dommage :** préjudice matériel, corporel ou moral subi par une personne, trouvant son origine soit dans l'inexécution d'un contrat, soit dans d'autres situations de responsabilité.
- **Dommages-intérêts :** somme d'argent dont le paiement est mis à la charge du responsable pour indemniser la victime ou le créancier d'une obligation non exécutée.
- **Droit de grève :** droit fondamental reconnu aux salariés de cesser le travail de façon collective et concertée pour défendre des revendications professionnelles.
- **Droit de vote :** droit fondamental des associés d'une société de participer aux décisions collectives de ladite société.

E

- **EIRL (entreprise individuelle à responsabilité limitée) :** forme simple et souple d'entreprise individuelle qui permet à l'entrepreneur de définir un patrimoine affecté à son activité (patrimoine d'affectation) séparé de son patrimoine personnel. Ce patrimoine est le gage des créanciers professionnels.
- **Entente :** accord explicite ou tacite passé entre des entreprises.
- **Entente illicite :** accord explicite ou tacite passé entre des entreprises ayant pour but ou pour effet de fausser le jeu de la concurrence.
- **Entreprise :** organisation qui combine les facteurs travail et capital pour produire des biens et/ou des services qu'elle vend sur un marché. Il n'y a pas de définition juridique de l'entreprise.
- **Entreprise individuelle :** forme juridique d'entreprise dans laquelle il n'y a pas de distinction de patrimoine entre le propriétaire de l'entreprise et l'entreprise elle-même.
- **Entreprise sociétaire :** forme juridique d'entreprise dans laquelle il y a séparation du patrimoine de l'entreprise de celui de ses associés.
- **Entretien préalable :** étape indispensable dans la procédure de licenciement, consistant, pour l'employeur, à justifier la mesure visant le salarié et à entendre le point de vue de ce dernier.
- **EURL (entreprise unipersonnelle à responsabilité limitée) :** société constituée d'un seul associé. C'est une personne morale distincte de l'associé qui la crée.
- **Exonération de responsabilité :** dispositif juridique écartant, dans certains cas, la responsabilité de l'auteur du dommage (ou de celui qui répond des actes dommageables d'une personne : parents, employeur).

F

- **Faute :** attitude d'une personne qui, par malveillance (faute délictuelle), ou imprudence ou négligence (faute quasi délictuelle), cause un dommage à autrui.
- **Faute grave :** en droit du travail, tout comportement du salarié rendant impossible le maintien du contrat de travail.
- **Faute lourde :** en droit du travail, faute très grave du salarié manifestant une intention de nuire à l'employeur.
- **Faute sérieuse :** en droit du travail, faute du salarié assez grave pour justifier d'être sanctionnée par le licenciement.
- **Fonds de garantie :** fonds d'indemnisation destiné à protéger les victimes de l'insolvabilité du responsable de leur préjudice ou de l'impossibilité de le connaître.
- **Force majeure :** événement extérieur, imprévisible et irrésistible exonérant de toute responsabilité, tant contractuelle que délictuelle.
- **Franchise :** contrat par lequel une personne (le franchiseur)

accepte de mettre sa marque, ses procédés de fabrication, ses produits à la disposition d'une autre personne (le franchisé), moyennant une redevance.

H

• **Heures supplémentaires :** heures de travail effectuées à la demande de l'employeur au-delà de la durée légale du travail (35 heures/semaine, en principe).

I

• **Imitation :** fait constitutif de concurrence déloyale consistant à usurper un élément de notoriété d'un concurrent (son nom, son enseigne, un produit, etc.).

• **Injonction :** mesure à la disposition de l'Autorité de la concurrence pour faire cesser les pratiques anticoncurrentielles. L'Autorité peut enjoindre (ordonner) à l'entreprise ou à l'organisme en cause de mettre fin à la pratique incriminée.

• **Insaisissabilité :** caractère d'un bien qui ne peut faire l'objet d'une saisie par une autorité judiciaire ou administrative dans le but de payer un créancier. Un entrepreneur individuel peut déclarer insaisissable tout bien foncier qui n'est pas affecté à son usage professionnel.

• **Institutions représentatives du personnel (IRP) :** organes élus au sein d'une entreprise pour assurer des missions intéressant les salariés. Les principales IRP sont les délégués du personnel et le comité d'entreprise.

• **Intéressement :** dispositif permettant de récompenser les salariés par un complément de rémunération (primes) en fonction de performances atteintes par l'entreprise. Il est toujours facultatif.

• **Intérêt social :** intérêt de la société qui s'oppose à celui de ses dirigeants et à celui d'un associé ou d'un groupe d'associés. Le dirigeant d'une société peut accomplir tous les actes de gestion dans l'intérêt de la société.

L

• **Liberté de concurrencer :** droit de développer sa clientèle au détriment des concurrents et de se défendre de leurs attaques commerciales.

• **Liberté d'entreprendre :** droit pour toute personne d'exercer n'importe quelle activité commerciale ou professionnelle.

• **Liberté d'exploiter :** liberté pour l'entrepreneur de conduire ses affaires comme il l'entend.

• **Liberté d'expression :** dans l'entreprise, droit fondamental reconnu à tout salarié de s'exprimer librement sur ses conditions de travail.

• **Liberté du commerce (et de l'industrie) :** droit de valeur constitutionnelle, en vertu duquel toute personne peut user des libertés de concurrencer, d'entreprendre et d'exploiter.

• **Licenciement économique :** rupture du CDI à l'initiative de l'employeur, fondée sur des difficultés économiques, des mutations technologiques ou la nécessité de sauvegarder la compétitivité de l'entreprise.

• **Licenciement personnel :** rupture du CDI à l'initiative de l'employeur, justifiée par une cause inhérente au salarié, soit une faute, soit un fait non fautif (incapacité professionnelle, inaptitude, etc.).

• **Licenciement sans cause réelle et sérieuse :** rupture du CDI par l'employeur sous un faux prétexte et/ou un motif non raisonnable.

• **Lien de causalité :** relation de cause à effet entre un dommage et le fait générateur de ce dommage.

• **Lien de subordination :** élément essentiel du contrat de travail manifesté par le pouvoir de l'employeur de donner des ordres au salarié, d'en contrôler l'exécution et de sanctionner les manquements du travailleur.

M

• **Marque :** signe distinctif permettant la différenciation d'un produit ou d'un service proposé par une entreprise. La marque permet la reconnaissance des produits de l'entreprise par ses clients et leur fidélisation.

• **Microentrepreneur :** personne physique exerçant une activité commerciale, artisanale ou libérale sous le statut de microentreprise, forme simplifiée d'entreprise individuelle offrant des avantages fiscaux et sociaux.

O

• **Ordre public :** règles de droit auxquelles nul ne peut déroger. L'ordre public a pour but d'assurer la protection de l'intérêt général ou de défendre des sujets de droit en situation de faiblesse relative (salariés, consommateurs).

P

• **Parasitisme :** comportement de concurrence déloyale consistant à exploiter sans droit l'idée, le savoir-faire ou la notoriété d'un concurrent.

• **Partenariat :** accord entre entreprises en vue de mener à bien un projet ou une activité.

• **Participation aux résultats :** dispositif permettant de récompenser les salariés en leur attribuant un complément de rémunération constitué par une fraction des bénéfices réalisés. Elle est obligatoire dans les entreprises de 50 salariés et plus.

• **Patrimoine :** ensemble des droits et des obligations à caractère pécuniaire d'une personne juridique (physique ou morale).

• **Patrimoine d'affectation :** ensemble des biens, droits et obligations nécessaires à l'activité professionnelle d'un entrepreneur individuel exerçant son activité sous la forme juridique de l'EIRL. C'est la garantie des créanciers professionnels.

• **Plan d'épargne d'entreprise (PEE) :** dispositif d'épargne résultant d'un accord d'entreprise, permettant aux salariés de faire gérer des éléments de rémunération. Ceux-ci sont gelés un temps après leur dépôt sur un compte, dont les fonds sont placés sur le marché financier.

• **Plan de sauvegarde de l'emploi (PSE) :** ensemble de mesures destinées à réduire le nombre des licenciements économiques collectifs, par des propositions de reclassement, de mutation, d'aide à la retraite anticipée, etc.

- **Pouvoir de direction :** pouvoir de l'employeur en vertu duquel il peut décider des mesures d'organisation du travail et de la vie de l'entreprise.
- **Pouvoir disciplinaire :** pouvoir reconnu à l'employeur de sanctionner les fautes commises par les salariés.
- **Pouvoir réglementaire :** pouvoir de l'employeur d'édicter les règles de fonctionnement de l'entreprise et de rédiger le règlement intérieur qui les contient.
- **Pratique commerciale trompeuse :** publicité, promotion ou toute forme de communication entraînant chez le consommateur une erreur d'appréciation sur un élément essentiel du produit ou du service présenté.
- **Pratiques anticoncurrentielles :** comportements d'une ou de plusieurs entreprises susceptibles de dégrader le caractère concurrentiel du marché, volontairement ou non.
- **Pratiques restrictives de concurrence :** pratique commerciale fondée sur les rapports de force sur le marché et créant un déséquilibre entre les partenaires économiques, soit les clients, soit les fournisseurs.
- **Préavis :** délai entre l'annonce de la rupture du contrat de travail (licenciement, démission) et sa mise en œuvre effective.
- **Préavis de grève :** délai entre l'annonce de la grève à l'employeur et son déclenchement effectif. Le préavis n'est obligatoire que dans le secteur public.
- **Préjudice :** voir *Dommage*.
- **Principe de spécialité :** règle spécifique aux personnes morales, selon laquelle ces personnes de droit ont une capacité « spéciale », limitée à la réalisation de leur objet social.
- **Publicité légale :** moyen d'informer les tiers de l'existence d'une entreprise (entreprise individuelle ou entreprise sociétaire). Elle se fait par le biais du registre du commerce et des sociétés (RCS) pour les commerçants et les sociétés et par celui du répertoire des métiers pour les artisans.

R

- **RCS (registre du commerce et des sociétés) :** fichier tenu par le tribunal de commerce qui regroupe les informations relatives aux entreprises commerciales et aux sociétés permettant d'informer les tiers.
- **Redevance :** somme qui doit être payée en contrepartie de l'utilisation du bien ou du droit d'autrui.
- **Réparation en nature :** mesures mises à la charge du responsable pour réparer le dommage qu'il a causé en remettant les choses dans l'état où elles étaient (démolition, information des tiers, etc.).
- **Réparation par équivalent :** attribution de dommages-intérêts à la victime pour réparer le dommage qu'elle a subi.
- **Répertoire des métiers :** fichier tenu par les chambres de métiers qui regroupe les artisans.
- **Requalification juridique :** pouvoir du juge qui peut modifier la désignation d'un contrat choisie par les parties si celle-ci est erronée.
- **Responsabilité civile :** obligation de réparer un préjudice pour l'auteur de ce préjudice.
- **Responsabilité contractuelle :** obligation de réparer un préjudice résultant de l'inexécution ou de l'exécution défectueuse d'un contrat par l'une des parties.
- **Responsabilité pénale :** obligation de supporter une peine en punition d'une infraction à l'ordre social.
- **Rupture conventionnelle homologuée :** procédure par laquelle le CDI peut être rompu d'un commun accord par le salarié et l'employeur, sous le contrôle de l'inspection du travail.

S

- **SA (société anonyme) :** forme juridique d'entreprise sociétaire dont le capital est divisé en actions librement négociables par les associés (actionnaires). La responsabilité des actionnaires est limitée à leurs apports.
- **Sanction civile :** mesure prise à l'encontre d'une personne ayant porté atteinte aux droits d'autrui (dommages-intérêts, nullité d'un contrat, expulsion, etc.).
- **Sanction pénale :** mesure prise à l'encontre d'une personne ayant commis une infraction portant atteinte à l'ordre social (emprisonnement, amende, retrait ou suspension du permis de conduire, etc.).
- **SARL (société à responsabilité limitée) :** forme juridique d'entreprise sociétaire dans laquelle la responsabilité des associés est limitée à leurs apports. Le capital est divisé en parts sociales qui ne sont pas librement négociables.
- **SCOP (société coopérative et participative) :** société, de type SA ou SARL, dont les salariés sont associés majoritaires et mettent un projet d'entreprise en commun tout en assumant un partage des risques et des décisions.
- **Siège social :** lieu du principal établissement d'une personne morale.
- **SMIC (salaire minimum interprofessionnel de croissance) :** salaire plancher fixé par la loi pour tous les salariés.
- **SNC (société en nom collectif) :** entreprise sociétaire dont tous les associés sont solidairement et indéfiniment responsables des dettes sociales.
- **Société :** personne morale instituée par un contrat conclu entre plusieurs personnes qui conviennent de mettre en commun des biens ou leur industrie dans le but de partager les bénéfices, une économie et, éventuellement, les pertes. Exceptionnellement, et dans les cas prévus par la loi, la société peut être créée par la volonté d'une personne seule.

V

- **Victime immédiate (ou directe) :** victime ayant subi le dommage dans sa personne ou dans ses biens.
- **Victime par ricochet (ou indirecte) :** victime qui a souffert d'un préjudice parce qu'une première personne, la victime directe, avec laquelle elle avait des liens, a subi un dommage.